细说盛宣怀家族

宋路霞　著

上海辞书出版社

序一

宋路霞

自 2001 年 1 月台湾立绪文化事业有限公司出版《百年家族·盛宣怀》以来，转眼十四年过去了。这期间，河北教育出版社于 2002 年 1 月出版了《盛宣怀》，上海科学技术文献出版社于 2009 年 8 月出版了《盛宣怀家族》。如今，由上海辞书出版社推出的《细说盛宣怀家族》已是第四个版本了，属于第三次修订再版。

这十四年来，中国发生了很大变化。自然，盛氏家族也发生了很多事情。首先，一批对我的写作有很大帮助的老先生先后故去了，他们是盛毓邮先生（盛宣怀的孙子）、孙蔚青先生（盛宣怀的侄女婿）、盛毓琛先生（盛宣怀的孙子）、盛毓珠女士（盛宣怀的孙女）、马芳踪先生（盛宣怀的孙女婿）、邵祖丞先生（邵洵美的长子、盛宣怀的曾外孙）、彭国裕先生（盛宣怀的外孙）、盛承业先生（盛宣怀的曾侄孙）。这对盛氏家族的研究来说，无疑是无可挽回的损失。他们是活资料，是"活宝"，可能心中还留有很多故事。比如在谈到某些敏感话题时，他们常常犹豫不决，然后说："唉，以后再跟你说吧。"人们思想的"解放"往往是渐进的，但是口述历史常常又等不及这种"渐进"。面对生老病死的自然法则，我深感家族史研究的无奈。

俗话说，"瘦死的骆驼比马大"，我想这不仅仅是指物质财富，也可以指精神层面。盛宣怀家族毕竟树大根深，影响深远，而且代有人才出，值得"捕捉"的人物有很多。从盛宣怀的祖父盛隆算起，到"乐"字辈已是第七代了。目前"颐"字辈在世者已是凤毛麟角，"毓"字辈人都已步入老年，正在精神抖擞地创业实干的是"承"字辈和"乐"字辈。十四年来，我有幸又"追踪"到一些有故事的盛家后人，于是，这本《细说盛宣怀家族》又增补了不少内容，比如盛宣怀的侄女盛范颐老人抗战中随夫上前线的故事；盛宣怀的孙女盛毓新、盛毓敏不堪后母虐待，从日本逃回中国的故事；盛宣怀的外孙庄元端在逆境中发奋图强、从玩小汽车到制造大卡车的事迹；盛宣怀的曾孙女盛承慧继承家族的慈善传统、大手笔"助困、助学、助医"的事迹；盛宣怀的曾侄孙王征（盛毓南的儿子，随母亲姓）为整理和利用"盛档"，勇闯丁关根病房的故事……从中可知，他们对社会的担当，对事业的追求，对灾难的忍受和抗争，对历史的宽容，可谓有声有色。

老上海常说"富不过三代"，尽管盛家在十年浩劫中也有过灾难，但已经富了六七代了。可贵的是，盛家以慈善为怀的传统还在延续。盛宣怀的曾孙女、盛恩颐的孙女、盛毓绶的女儿盛承慧女士是盛家第十七世后人，她富而不忘回报社会，在河南、安徽等地设立"盛承慧慈善基金"，帮助贫困学生完成学业；她还在广东江门市（其丈夫黄炳均先生的故乡）捐款一亿元（每年两千万元，分五年），设立"昌兴关爱基金"，帮助生活困难的父老乡亲摆脱困境，走入阳光生活；她甚至还带着女儿冒着风险，深入河南"艾滋病村"；在曾祖父创办的上海交通大学校庆115周年时，她慷慨捐款一千万元，在该校设立"盛毓绶细胞与免疫力研究中心"……

盛承慧是盛宣怀的"富四代"，身价数亿，但她质朴无华，谦和内秀，柔中有刚，常常念及祖上的恩泽。她常谦虚地说，自己没能继承祖上的本领和事业，但是做慈善，是她唯一可以继承的事业。纵观盛家的历史，我们不能不承认家风、家教、家训的力量。从这个意义上说，或许盛家的故事，对眼下热议的"富二代"、"富三代"问题，也是一面极好的镜子。

承蒙广大读者和出版社领导的厚爱，《细说盛宣怀家族》又推到了大家面前。但愿这本书能促进对家族史的关注和研究。如果我们每一个家庭、每一个家族都安静地、优质地生活和运转了，我们的和谐社会还离得远吗？

权作序言。

2015年1月

序二

王仲伟

一门望族，引领一段风骚，映照一个时代的起承转合，古今如此。近代中国舞台上，盛宣怀家族的兴衰就是国运颠簸、商埠开阖、社会转型、世风巨变的见证。

盛宣怀，这位洋务运动的能臣，实业救国、实业富国的先驱，没能阻挡大清帝国的倾覆，却传奇般地推动了上海商埠的崛起和中国近代工业的发展，也成就了一个家族财富名望、人丁兴盛的巅峰。李鸿章称赞他说："一手官印，一手算盘，亦官亦商，左右逢源。"然而，中国有句古话："富不过三代。"盛家也不例外，且衰败之速，令人莫名。最近，读了宋路霞同志的新著《盛宣怀家族》，我以为这部著作的价值在于，不仅讲了盛氏家族的"兴"，更讲了盛氏家族的"衰"，为读者打开了这座豪门的历史尘封，全景式地展示了盛宣怀身后五光十色、跌宕曲折的家族悲喜剧，揭示了盛宣怀家族衰败的密码。

在宋路霞同志这部著作中，我们看到，当年盛宣怀的胸中，充满着社会变革的激情，盘桓着现代实业、商业都会、机器设备、交通通讯、西式教育的精细蓝图，表现出那个时代政商大亨、文人墨客所罕有的大视野、大格局、大谋略、大运筹。他开办现代银行、电报局、办矿办路，组建大型钢铁联合企业，创立轮船招商局，兴办高等学府，皆为九州第一人。

为施展宏图，他长袖善舞，游刃于官绅、政商、华洋、妍媸之间，无堑不越，逢难必进，世事练达，皆成文章。这样超凡的洞察力、意志力、决断力和忍耐力，都不是仅凭家族香火可以一脉相传的。在盛宣怀的后辈里，虽然也不乏优秀之人才，但与盛宣怀相比，于时势衔接、气象开阖上依然逊色几分。高下之间不仅隐藏着某种宿命，也透出无限玄机。虽说"江山代有才人出"，但"无奈不曾一门出"。不过，在我看来，那个积贫积弱的半封建半殖民地的旧中国，才是盛宣怀家族衰败的真正原因。即便是盛宣怀，辛劳一生，不但不足以保身，亦不能保全所办的诸多洋务事业，更何况其子孙后代！

　　盛宣怀家族的兴衰变化，反映了中国近代社会的嬗变和中国工业化过程的艰辛，对其的研究有助于我们加深对近代中国史和近代上海史的认识。盛宣怀是江苏常州人，但发迹于上海，脱颖而出后又修建豪宅定居于上海，最后于上海辞世，前后四十余年。

　　上海图书馆保留着完整的盛宣怀个人及其家族的档案资料。上海一直十分重视对盛宣怀及盛宣怀档案的研究整理工作。20世纪70年代，上海的专家学者就联手对盛宣怀档案进行了专题整理，后由上海人民出版社出版了标点排印本《辛亥革命前后》、《湖北开采煤铁总局：荆门矿场总局》、《甲午中日战争》及《汉冶萍公司》等书。1996年上海图书馆新馆建成后，成立了"盛宣怀档案整理小组"，着手对"盛档"进行全面整理。经过十多年的努力，现已完成了17.5万件文书的整理编目工作，并建成了可供检索和查阅的电子数据库。2007年，在中共上海市委宣传部的主持下，又成立了"盛宣怀档案出版编纂委员会"与"盛宣怀档案研究中心"，宣告正式启动盛宣怀档案的全面出版和研究工作。正如著名学者王元化先生所言："盛宣怀档案的价值，是其他档案不可比的。其存世数量之大，内容之丰，涉及面之广，罕有匹配"；盛宣怀档案的出版"将能补史之阙、纠史之偏、正史之讹"。目前，上海世纪出版集团正全力推进盛宣怀档案的出版工作，力争在2010年出版全400册，计1亿字的《盛宣怀档案全编》，使我国近代史和上海史的研究进入新的阶段。我们期盼着有更多的有关盛宣怀及其家族的研究著作问世。

　　是为序。

2009年8月于上海

目录

317　第十三章　钓鱼岛之谜

327　第十四章　海上寻踪

第一章

龙城之望

运河边最富传奇的巷子

常州盛氏是江淮一带的大姓。

据说，他们的远祖是周文王的第七子郕叔武，至穆王时易"郕"为"盛"，于是后代就开始姓盛。后来盛氏又分为南北二宗，南宗从古梁迁至广陵，宋王朝南渡时又迁到金陵。到了明朝，有个叫盛睿的老祖宗，带了一支家眷队伍迁居到了常州，在城西北的龙溪河畔筑屋造室，从此在常州扎下了根。久而久之，盛氏子孙枝繁叶茂，族大根深，那地方就成了盛家湾，成了盛氏家族常州一脉的大本营。

常州又称龙城（还有延陵、毗陵、丹德、武进等古称），有龙溪河傍城而过。龙溪河近通运河，远达长江、太湖、东海，兼得襟江带湖之美和鱼米舟楫之利，故有"中吴要辅、八邑名都"之誉。然而这个龙城自古并未出过什么龙子龙孙和天王老子之类，文臣武将、富商巨贾倒是出了不少。到了明清两代，此地更是商贾如云，万舸争流，物华天宝，南北瞩望，惹得康熙帝和乾隆帝各自先后六次大驾光临。现在被称作"御码头"的地方，至今还树立着乾隆帝题写的御碑，共六块，是当时乾隆皇帝弃舟上岸之处。

盛氏之所以成为地方大姓，不仅是人多的缘故，还在于历朝历代出过不少知名人物。唐朝时有个盛彦师，好读书，少任侠，唐高祖兵陈汾阳时为大将。史书上称其"晋城一役斩李密及王伯当，以功封葛国公，授武卫将军"，由此可知他是李唐政权的一员干将。唐贞元年间又有个盛云鹤，学富五车，是大知识分子，授翰林院侍讲学士，后来当了皇帝的老师。

到了宋朝，盛家出了个盛度，是端拱二年的进士，因治理西部边疆有功，当上了副宰相。宋宣和年间，盛家又出了个有名的忠臣，名盛俊祥，在朝廷里当御史（纪律检查官），南渡后因揭发秦桧篡权误国，为秦氏所不容，被迫"乞病回乡"，回乡后书写了"孝

盛宣怀家的祖宅原有九进,现存两进

弟忠信,礼义廉耻"八个大字,分授给八个儿子,教育后代,不辱门风。

元明两朝至清代前期,盛氏家族的功名未有大显,但是出了几位艺术人才、专业人士——盛懋是山水画家,盛彧是诗人,盛寅是名医,盛时泰也是画家,盛年则是清代著名的围棋国手。

到了清代嘉庆、道光、咸丰年间,盛家的门风又为之一振。先是盛宣怀的祖父盛隆于嘉庆庚午年中举,当上了浙江海宁知州,接着他的父亲盛康于庚子(1840年)中举,进而在甲辰(1844年)考中进士,获得了封建社会的最高学历,当上了湖北武昌盐法道(分管食盐产、运、销的副省长),成了地方实力派。

盛康任职湖北,对于盛家来说最直接的影响是,这期间适逢李鸿章奉命攻打太平天国,盛康参与操办后勤军务,甚得赞赏,这就为后来盛宣怀进入李鸿章幕府打下了伏笔,也为这个家族后来的振兴,做好了最重要的人事铺垫。

盛家两代人居外做官,俸禄日增,家底渐厚,盛宣怀的父亲和叔父就在常州城里买地造屋,建起了前后九进的豪门深院。盛康在快要告老还乡之时,又在苏州买下一处偌大的旧式园林,精心修整后,作为盛家的别墅和祠堂所在地。这处园林,就是现在号称苏州四大园林之一的留园。

青出于蓝而胜于蓝,数年后,盛宣怀发迹后也来到故乡大兴土木,在常州周线巷建起了前后十一进的大宅院。盛家在常州的两处豪宅相距不过百米,重檐叠瓦,精巧工

盛宣怀故居石牌

致，时人莫不以之为瞻。

现在常州市嵌着"盛宣怀故居"大理石牌子的地方，叫马园巷，窄窄的巷道，显得逼仄而潮湿，其实这只是当年盛宣怀的父亲盛康造的九进大宅的边门，正门则开在马园巷尽头的一条马路上，现为常州市人民法院大厦的所在地。而法院门前的那条马路，就是古运河边上充满传奇故事的青果巷。

盛氏大宅门选址青果巷，可谓天时地利尽占。

初看青果巷，不过一条五六百米的巷子，然而这可是千里运河边最出人物的巷子，也可能是全国最"富产"人才的巷子。千百年来，不知出了多少文臣武将。近百年来，就出了好几十位名人，革命家、实业家、科学家、文学家、艺术家、藏书家、银行家、书法家、语言文字学家，几乎遍及各个领域，形成一道极有华彩的人文景观。

青果巷古称千果巷，与常州古运河有着不解之缘。明朝以前的运河从常州西水关穿城而过，流经这一带再东出吴门蜿蜒而去，所以不仅运河成了南来北往的主要交通线，沿运河的重要街区也都成了集市贸易的"旺铺"。不知从何时起，南来北往的水果贩子爱来这一带河沿卸货设摊，久而久之，就成了南北果品的"专用市场"了，因而有了"千果巷"之美称。明朝万历九年，常州知府在城外又辟新河，过往船只从此改道，而水果市场却继续火旺，"千果巷"被讹呼为"青果巷"而沿用至今。

只是随着岁月的演进，如今这个水果市场不知不觉中变成一个菜市场了，每天一大早，沿河两岸熙熙攘攘。天上若飘着小雨，河边的屋檐下就会出现两道"彩龙"——

由各色雨伞、雨衣和雨棚连接起来的买卖
摊子，红蓝青绿，沿河排开，自成一景。河
中仍有小船"欸乃"而过，河边那些竹篮、
竹筐里的青萝卜、紫菱角、小白菜，湿漉漉、
水灵灵的，鲜嫩可爱。

　　如果绕到那些雨伞和雨布连成的"彩
龙"背后，在蒙蒙细雨中寻找和品味那些
默默无语的枕河人家，更是别有一番滋
味——一道"风蚀"了的旧门槛、一扇残缺
了的花格窗、一道不经意的飞檐、一堵依然
挺立却已灰尘满面的封火墙……一不小
心，就会勾出一串动人心魄的往事。

　　青果巷的历史中，著名的住户有抗倭
名将唐荆川家族（其故居叫贞和堂，其大
厅是常州保存下来的最大的楠木厅）。他
家的祖先是宋代翰林唐华甫，后代很会读
书做官，举人、进士、知府、知州，等等，代有
才人出。著名书法家唐世英和画家唐世宁
兄弟都出自这个家族。多年后，唐荆川的
七世孙唐执玉又爆得大名，是康熙年间的
进士，官至刑部尚书、蓟门总督，是从青果
巷中走出的两位尚书之一（另一位就是盛
宣怀）。

　　唐家后人忠于明王朝，在清初因主张
反清复明，老房子被抄没，兄弟们隐名埋
姓，走伏草莽。被抄没的房子后来被官署
发卖，一部分被庄氏家族购得。这个庄氏

常州青果巷，近代以来诞生了数十位名人，如瞿秋白、李伯元、赵元任……盛宣怀故居在小巷东侧

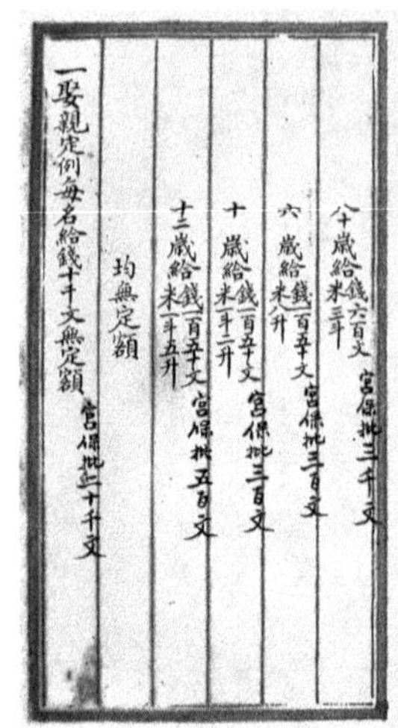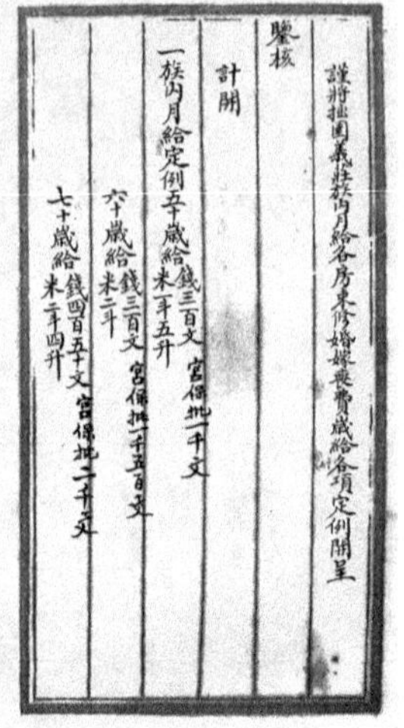

一娶亲定例每名给钱十千文无定额　宫保批二十千文
均无定额
十三岁给钱一百五十文　宫保批五百文　米一斗五升
十岁给钱一百五十文　宫保批三百文　米一斗二升
六岁给钱一百五十文　宫保批三百文　米八升
今岁给钱六百文　宫保批三千文　米三斗
鉴核
计开
一族内月给定例五十岁给钱三百文　宫保批一千文　米一斗五升
六十岁给钱三百文　宫保批一千五百文　米二升
七十岁给钱四百五十文　宫保批二千文　米三斗四升
谨将拙园义庄族内月给各房束脩婚嫁丧费岁给各项定例开呈

盛家的拙园义庄赡养族人的庄规

家族也是常州大户，即盛宣怀的继室夫人庄德华（盛氏家族后期的当家人）的娘家。

住在唐家对门的是董家，董家与唐家是世代姻亲，亦为常州著名的富户。盛宣怀的原配夫人董氏就是这个家族的小姐。董家的知名人物也不少，著名藏书家董康就是其中一个，他从日本买回来很多流失在外的中国古代珍籍，只是晚年因出任过伪立法院院长，终为人所不齿。

青果巷与雪洞巷相接之处是恽家老宅，一座古典的庭院环以雕花的回廊，里面长期住着明末清初著名书画家恽南田的后代。

与盛家老宅相邻的，是清末海派文学大师、谴责小说巨匠李伯元的故居——留余堂。李家原先在沿河一带有六十四间房屋，如今还存有两进三开间的院落，前厅大梁上荷花、寿桃等雕饰依稀可见，是一处被列入文化遗产的保护建筑。

从这里走向全国、走向世界的各路俊杰还有很多。他们有的留下了故居，有的现在只能从常州市志上了解其曾经的足迹。他们是著名实业家刘国钧，革命家瞿秋白、张太雷，实业家兼藏书家陶湘，著名语言文字学家赵元任，著名画家刘海粟、汤贻汾，著名文学家吴祖光、周有光，著名律师、爱国七君子之一史良，汉冶萍公司萍乡煤矿矿长张赞宸……

难怪，常州的老辈人说到青果巷时总免不了一番感慨——那可是一块风水宝地啊！

"花发如锦"与"和尚转世"

　　盛宣怀字杏荪，有兄弟六人，在盛家族谱上属于"怀"字辈，他是老大。老二盛寯怀（字椒荪）是附贡生；老三盛廷怀和老四盛寰怀均不幸早夭；老五盛星怀（字薇荪）是附监生，三品衔，候选知府，不幸在中日甲午战争中牺牲，朝廷恤赠其太仆寺卿的荣誉；老六盛善怀（字莱荪）也是附监生。说来也很奇怪，盛家这弟兄六个，除了盛宣怀之外均很不幸，夭折了两个，牺牲了一个，另外两个弟弟也不长寿，都在二十岁左右就去世了。唯独老大盛宣怀一枝独秀，不仅长寿而且官运亨通，多子多孙。这对盛家来说，不知是幸还是不幸。

　　关于盛宣怀的出生，盛氏家族的家谱上说得颇为传奇：盛宣怀出生的那年（1844年）春天，其父盛康正赴京赶考，祖父盛隆正在吉安县令任上。一天夜里盛隆忽然梦回老家，梦见老家宅院当中，一棵老杏树"发花如锦"，醒来即听说盛康之妻已经有孕在身，于是心中窃喜，认为是个祥兆。果然，这年科举发榜，儿子盛康考中了进士，到了秋天又喜得孙子，双喜临门，阖府上下自是喜气洋洋。盛隆念及梦中盛开的杏花，遂为这个孙子取字"杏荪"。1849年盛隆从浙江辞官回来，见孙儿"端凝朗秀，举止如成人"，心中大喜，曾对亲友说："是儿必成伟器。"后来的情况，果真不出老人家所料。

　　关于这件事，常州民间还有另外一说。说是盛宣怀出生的前一天晚上，常州天宁寺的一个老和尚正准备圆寂，他口中含着一颗青杏，嘱咐小和尚："明日往市中寻访，若有新生儿哭不出声音，即为其取出口中青杏，乃吾之托身也。"第二天一早，小和尚听说盛家老宅喜降一子，又听闻那小儿确是哭不出声音，就按师父之说，前去为小毛头取出口中异物，细察之，果一青杏也！小和尚急急回到寺院，老和尚已经圆寂……这个故事流传很广，甚至连盛家老人也相信这一说，所以几代人都尽力行善，对天宁寺亦多有捐

盛家祠堂（江阴）遗址

献和维护。

为了弄清盛家与天宁寺的关系，笔者曾于2000年在常州市政协文史办的同志引领下，参谒过天宁寺，亲耳听该寺的方丈讲过一个故事。说是清末有一年天宁寺要翻建大殿，万事俱备就要动工时，遭到某些地方乡绅的反对，说是天宁寺的大殿不可超过县学的高度，否则常州以后就出不了状元了。天宁寺不服，于是诉讼大开，弄得沸沸扬扬，最后还是盛宣怀出面，在朝廷上说了话，为天宁寺争理，其雄伟的大殿才得以建成。承蒙方丈好意，还捧出了线装本《天宁寺志》供笔者参考，翻至有关章节，果真有此记载！这说明盛家与天宁寺关系绝非一般。

在常州，还有老人家告诉笔者，说盛宣怀是穿着袈裟入殓的，没有穿官服，以此证明他是"和尚转世"。事有凑巧，那年笔者在江阴市政协文史办主任赵雪芬女士和常州市政协文史办主任陈吉龙先生引领下，走访位于江阴马镇老旸岐的盛家墓地时，恰逢当年为盛家看坟的坟亲也在场。这位坟亲已经七十多岁，自父亲一代就为盛家看坟。他说20世纪50年代时，盛家祖坟曾被人盗掘，盗墓者有五人（当时还在世）。据盗墓者说，躺在棺木中的盛宫保袈裟裹身，颈上还挂着一串念珠！于是，"和尚转世"一说就更

穿和尚服的盛宣怀

有了"凿凿证据"。

然而，"花发如锦"也好，"和尚转世"也罢，都没能给少年时代的盛宣怀带来快乐和安宁。他出生不久就碰上了太平天国运动，天下大乱，人心惶惶，数年后太平军横扫江南，常州城正是双方激战的重灾区，这就使盛府的生活一下子变了味，充满了离乱和艰辛。

1850年冬，盛康在安徽和州做官，六岁的盛宣怀跟着母亲和祖父母前往和州。两年后，太平军逼近安徽，和州告急，他们只好返回老家。1856年盛宣怀的伯父盛应（盛家后人称其彦人公）出任浙江归安县令，接他们前去暂住；但不到一年，浙西又告急，太平军已攻入浙江，他们只好再返故里。1860年2月，太平军破杭州城，盛应战死沙场，全家人充满了恐惧。不久，从镇江南下之太平军进逼常州，盛宣怀只得随家人转避于江阴长泾镇。常州陷落后又渡江北上，避居盐城。

此时盛宣怀的父亲盛康已任职湖北粮道，派人辗转东来接家眷赴鄂。可是当时太平军已占据长江天堑，内地水路不通，只得绕道海上。他们先航海至宁波，再从宁波走金华、衢县，经浙江、安徽、江西好几个省，辗转半年后才抵达湖北。一路上流离颠沛，艰苦繁难，行程数千里，使年方十七的盛宣怀初识人间滋味。

1864年，清政府费尽九牛二虎之力，总算把太平天国给"平"下去了。天下稍稍安定之后，盛家才重新过上较安稳的日子。盛宣怀十八岁（1861年）的时候，按照彼时的传统，要成家立业了，于是娶了董家小姐，第二年长子盛昌颐出世了；1866年二子盛和颐来到人间；1867年又生下了小三子盛同颐。盛康连得三个孙子，全家上下自是喜气洋洋。董夫人功劳很大，接下来又陆续生了三个女儿，人丁兴旺了，家族氛围就欢快了。当时老二出生的时候，正赶上盛家在苏州的房子通和坊建成，出生的月份又恰逢"清和月"，于是取名盛和颐。

可是世事有喜亦有悲，盛家这几年孩子生得多了，而去世的老人也不少。1867年，盛宣怀的老祖父盛隆去世，几个月后老祖母也去世了，第二年他的母亲也去世了。又过了两年，他的大弟弟盛椒荪也故去了。短短几年中，盛宣怀接连失去了四位亲人，而且都是最亲近的亲人，尤其是母亲的去世令盛宣怀悲恸欲绝。这时，他切切实实地感受到了男子汉肩头的重任。

因父母遭丧，按清廷的老规矩，盛康要奉讳家居（回家守孝）。盛宣怀陪父亲回到常州，办完丧事后，又"为惇宗睦族之事，设义庄，增祭田，建义学，修宗谱"，许多家族的具体事务都由他出面办理，决不让老人多操心。若不是后来杨宗濂来函招其入李鸿章幕府，他或许就在常州当他的大地主一直当下去了。然而人的命运常常会遇到一些契机，抓住这些契机，命运就彻底改变了。

1870年春天，又一个"花发如锦"的季节，盛宣怀应诏来到了李鸿章的身边，从此走上了一个无比精彩又无比惊险的人生舞台。这年他27岁。

盛家的拙园义庄碑记

朝廷著為令典，飭部存案，載入縣志，由布政使司給帖勒石，不得擅賣擅買，法至善也。惟方望溪侍郎戒子曰：吳郡范氏義田，計口授糧，俾愚者總於作業，非義也，且勢不能周。余謂文正置田時，歲入秔稻八百斛，族之聚者九十口，故以其所入給其所聚，毋虞缺乏。

之今族盛之家，入不數出，宜擇貧且老疾者、宜而苦守者，酌量贍給。若家本裕，如或子孫力能奉養，可毋與焉。少壯者自食其力，不得概給，以微游惰。有文正薄利後世之心，又有望溪防弊久遠之慮，其法益善。先王父資政公與本生王父中議公，敬慕先賢義行，

嘗謂收族之要有三：設義學以教子姓，給義糧以卹茕獨，置義塚以救凶喪。事不及舉，而本生王父齋志以殁；先王父復時以此勖先大夫。事不及舉，而先王父復齋志以殁，迫先大夫筮仕浙中。浙故凋敝，膚累日積，而先大夫祗奉遺訓，竭力擗擋，置常稔之田八

百餘畝，所謂義學、義糧、義塚，悉為之。及余兄弟輩先後登仕版，方期親承嚴訓，經畫其事，於義田外更置義莊。乃粵逆西來，郡城失守，祠宇悉為灰燼，而先大夫亦不數年棄養矣。回憶先大夫在日嘗云：義莊未建，假我數年，當與汝輩共籌之。嗚呼，安可得哉，安可復

得哉！丁卯歲，康讀禮家居，謹遵遺命，卽於本支祠側，建義莊三十餘楹，復置田并舊田共一千二百餘畝，有奇；又祠墓祭田一百餘畝。其田並莊規，各冊呈請大吏奏咨定案。康偕弟廙暨子姪輩，悉心經理，一秉文正公溥利之心，及望溪先生防弊之意，以期可大

且久，與吾家相終始。庶幾先祖敬慕先賢之心、先大夫仰承先祖之心，亦慰也。先大夫晚年以拙園自號，義莊成，故以拙園名。而謹誌其顛末如此。同治八年歲次己巳冬月。十三世孫康謹撰。

周東鎬鐫

盛家的拙园义庄碑记

世末才人

"武进文不进"的命

　　盛宣怀生前曾对其子孙说过："吾祖吾父以科第起家，吾少壮时锐欲继绳，而卒屡踬于秋驾；家有治谱，常以理繁治剧自许，而未尝假乎一州一邑为亲民之官；保使才，办洋务，日与友邦人士相周旋，而足迹未履欧美一步。此生平三憾事也！"生平三件憾事中，科举落第为首，可见其痛心疾首。或许盛宣怀就是这样的"命"，无论下多少功夫，科场功名总是与他无缘。

　　1866年，他与弟弟从湖北回常州参加童子试，兄弟二人同中秀才，这仅仅算是个初中毕业生，然而他的文凭也就到此为止了。1867年、1873年、1876年，他三次参加乡试（考举人），均榜上无名，这就是说，不要说大学文凭了，连高中文凭也没拿到。无奈，他只好从此绝意科举。然而封建官场是非常看重"出身"的，你"文不进"，在官场上就不算正途出身。没有过硬的学历文凭，在进士"成筐成篓"的封建官场，无形中就矮人一等，所以不能不引为生平大憾。

　　盛宣怀实为一个"武进"式的人才——从"武"而"进身"。他这一招非同小可，成就了一大帮子举人、进士、翰林都未曾成就也无法成就的伟业。

　　无独有偶，常州一地古称之一即为武进。三国时孙权经营江南，崇尚武功，制定了"以武为进"的战略，于是改丹徒为武进，致使尚武之风气大开。后来孙权建都于鄂，出于"欲以武而昌"的构想，把鄂县改为武昌。同时改名的还有武昌县、武昌山，他还把武昌、下雉、阳新、柴桑、沙羡组成一个武昌郡，取号为"黄武"。在此前后，吴国以"武"字命名的地方还有：武林（今安徽贵池）、武熙（今广西象县）、武义（今浙江金华）……

　　历代沿传下来，武进一地因"武"而"进"的不乏其人，南宋有抗元名将王安节，明朝的兵部尚书陈洽，明末又有抗倭名将唐荆川，清代有汤和、张士诚、方国珍……盛家

晚清重臣盛宣怀

常州祖宅的边门开在马园巷（今镶有"盛宣怀故居"牌子处），原先就是明清两代军营养马的地方，或许就是"出产"千里马的地方吧。

盛宣怀也是从"武"而"进"，自从踏入李鸿章的戎幕，他的人生从此步入了一个崭新的天地。

李鸿章乱世得英才

盛家后代在《盛宣怀行述》中说：庚午（1870年）四月，"李文忠公由鄂督师入陕，杨艺舫（芳）京卿宗濂函招府君入幕"。这位介绍盛宣怀入李鸿章幕府的杨艺芳，就是无锡大户杨氏家族的老太爷杨宗濂。北洋军阀时期出任财政总长的杨味云是他的侄子，荣德生先生的女婿杨通谊（荣漱仁的丈夫）是他的侄孙，荣毅仁先生的夫人杨鉴清女士也是杨家的后代。杨氏家族在晚清官场上的资历，不比盛家低。

杨家与李鸿章有着非同一般的交情，这层关系起于杨宗濂的上辈。

杨宗濂的父亲杨延俊,字菊仙,与李鸿章同为道光二十七年丁未科(1847年)进士。当初在考举人的时候(1844年乡试)他们就是同年;考进士的时候还是同一个号舍(同一个考场),在关键时刻杨菊仙还帮了李鸿章大忙——李鸿章在第一场考试结束后突发疾病,全靠同号舍的杨菊仙为之料理汤药,直到三场考试结束,才"扶掖出闱,遂同捷南宫"——两人同时金榜题名(考中进士),所以在同年中,他们两人交情最笃,这是人之常情。

李鸿章自然对杨氏感激不尽,爱屋及乌,在杨菊仙去世之后,就把杨菊仙的三个儿子——杨宗濂、杨宗瀚、杨以回三兄弟带进自己的幕府,并在与太平军作战中委以重任,加以历练,培养成才——杨宗濂在刘铭传麾下总管粮台,后担任淮军总营务;杨宗瀚在李鸿章身边司章奏(当秘书);杨以回佐豫军,转战数省,直至大局平定。太平军被平定后,杨氏兄弟均以战功而升任道员,并赏顶戴花翎,他们的家族在无锡渐成望族。

1870年,杨宗濂随李鸿章西征进入陕西剿捻,不久又奉命调到直隶(今河北省)。在赴直隶之前,他深感李鸿章身边缺乏人手,想来想去,于是千里驰函老友盛康,劝其不要老是把儿子拴在身边,现在军中缺人,赶紧送出来锻炼锻炼。杨宗濂还是著名的军事教育家,被神机营(晚清皇家禁卫军)的将军善庆叫去训练部队,1885年又奉命总理天津北洋武备学堂,到袁世凯小站练兵时,几乎所有的将校均出其门下,可以说他是后来的北洋军阀的祖师爷。

关于盛康与李鸿章的交往,盛家后人在《盛宣怀行述》中写道:"文忠夙与大父雅故。"至于"雅故"的具体内容则未展开。然而民间则把他们的关系传奇化了——说是李鸿章参加乡试时,盛康是主考官,当李鸿章大汗淋漓交不出卷时,盛康及时向他抛出"绣球",于是李鸿章释然,顺利过关,日后发达之时,便委盛康之子盛宣怀以重任……其实这全是以讹传讹。且不说无论是盛隆还是盛康,都没有当过主考官,盛康进士及第那一年也正是李鸿章中举的那一年(1844年)。盛康自己尚在考进士,如何能成为地方主考官?另外,盛宣怀入幕李鸿章是由杨宗濂推荐的,并不是盛康主动凑上去的,其时盛康早已因丁忧(父亲去世故离职居丧)而乡居数年。况且,盛宣怀初到李鸿章麾下时,正是李鸿章率军北上剿捻的紧张阶段,盛宣怀在军中当一个"文案"(秘书),也是要拿着命上的,根本不是什么享福的事,相反,却是戎马倥偬,席不暇暖,日驰百里,吃尽苦头!

盛宣怀的老上级李鸿章

　　盛康在湖北办粮、办盐的时候，倒确与李鸿章有一段军务上的交往。

　　1858年春，时任湖北巡抚的清廷名将胡林翼函招盛康。那时湘军与太平军正在安徽、江西、湖北一带杀得紧，三合镇一役湘军大败，损失惨重，急需补充人马和粮草。但邻近省份的"协饷"久不到位，胡林翼要"以楚中一隅之力，供水路六十万人之食"，任务之艰巨，可想而知。盛康不愧为理财能手（据他的后代说，盛康打算盘堪称一流，速度又快又精准），历来善于经营，到湖北后以道员的身份办理税收，以充军粮。那时湖北牙厘创办才一年，一切尚未步入正轨，盛康不得不断然采取各种措施，严禁"偷杜侵蚀"、"搀浮糜烂"，保证了前方粮草的供应。当时曾国藩驻节江西和湖北，正谋划以湖北为天下之重地，"以全楚一隅而规吴谋皖"，一时各路俊杰皆聚集于湖北。这都是有了充足的饷源方可作为的事。

　　1858年冬天，李鸿章也到了湖北，入曾国藩幕襄办营务，遂与盛康成为同事。他见盛康大办军需，功劳卓著，曾手书"萧何关中、刘晏河北"相推挹。1860年盛康升为湖北粮道，1862年授盐法武昌道，1863年任布政使、按察使二司，均以擅长理财、办理军需出名。

　　关于具体的税收方针，李鸿章曾对盛康说："财赋只可认真于额内，不当于额外求之。"意思是只能在规定的税收额度内严格执行，而不可于规定的额度之外乱收，一旦乱了规矩等于乱了全局。而对于那些占了官位而不做事或做不来事的人，应当严惩不贷。盛宣怀记下了李鸿章当时对其父的提醒："鄂事若不严惩府州县之泄沓，即桑孔复生，亦无实济。"于是主张："将不能战者杀之，不足惜！汰之惟恐不速！官不能筹饷者劾之，不足惜！罢之惟恐不速！"盛宣怀继续写道：于是"府君之理财用人褒益至当，宽猛交济，皆承文忠教也"。可见他们之间的默契。盛康后来由李鸿章以"才具优长"推荐给朝廷，终而得以步步高升。1867年盛康的父亲盛隆去世，他去官居家十余年，朋僚故旧敦迫其再出。后又去海宁做官，没几年就回家养老了。这个决定看来是对的，因为那时盛宣怀已经入了李鸿章幕府，成为李鸿章大办洋务的重要帮手，未竟之事可由儿子去完成了。

盛宣怀对科举考试不入门，但是日常公牍还是很能应付的，当年在父亲的衙署内他就曾协助处理过事情。盛宣怀办事机灵，是个干才，来到李鸿章的麾下不负厚望，吃苦耐劳，精明练达，克勤克俭，很快博得李鸿章的好感。初"派委行营内文案兼充营务处会办，属橐鞬，侍文忠"，他扮演的是秘书兼总务处副处长的角色，直接对李鸿章负责。

他到李鸿章在陕西的行营后不久，天津教案发生，奉朝廷之命，部队立马向天津开拔。时正值盛夏酷暑，部队常常要"日驰数十百里"，"涉函关，登太行，尽览山川扼塞形胜"，遇到紧要的公文，盛宣怀能"磨盾草檄，顷刻千言"，旁人无不刮目相看。不久，他就升任陕甘后路粮台淮军营务处，继而又因军功升任知府、道员，并获赏戴二品顶戴花翎的荣誉。此时距他入李鸿章戎幕，仅一年有余，可见李鸿章对他的器重。

长留天地之留园

历来江南达官贵人或是富豪人家，发迹之后，总想到苏州买一处产业，或深巷小院，或水边大宅，作为休闲、养老之处。据说是因为苏州这个地方"人好看、菜好吃、话好听"，风细水软，旱涝保收，难怪有"人间天堂"之誉。盛家也是如此。盛康在盛宣怀入幕李鸿章之后的第三年（1873年），就在苏州城西买下了一处占地35亩的大园林，即如今被誉为中国四大古典园林之一的留园。这是盛康留给后代的最大的一份不动产。

盛康对于财产问题看得很透彻，他在一封家书中对盛宣怀说，只能留给子孙们不动产，让他们守住不动产吃点利息已是福气了；如果留动产给他们的话，准保养出一大堆纨绔子弟来。

盛康一生，为家族、为社会做了不少好事。他字劫存，号旭人，别号待云庵主，晚号留园主人，于道光二十四年（1844年）即盛宣怀出生的那一年考取进士，授工部主事，后外放为地方官员，先后历任铜陵知县，庐州、宁国府知府，和州、直隶州知州，湖北督粮道、盐运使，武昌盐法道兼布政使、按察使等职，一度还负责过山海关海防转运事务。他在常州和苏州也做过不少善事，如建义庄、苏常栖流所、义冢、丙舍等。他创办的人范书院（后改为人范小学，新中国成立后改为解放西路小学），专门培养盛氏家族子弟，凡入读该校的，学费一律全免，所以在盛氏大家族中，享有很高的威望。

他买下的这个留园很有故事。说是太平天国攻苏州的时候，在城外放了一把火。大火从城西的浒墅关烧起，连绵十里，一直烧到阊门城下，三天三夜，火光冲天，把个水软风细的"东方威尼斯"一下子烧成了满目焦土。正在风声鹤唳之际，人们发现西城外有一

盛宣怀的父亲盛康买下的苏州园林——留园

㊤　留园中标志性的景观——冠云峰

㊦　盛宣怀的孙女盛冠云（左）与八小姐盛方颐

处绿地安然无恙，池水依旧湛蓝，高枝照样连理。此处原是明朝万历年间太仆寺少卿徐泰时的园林，后来被清嘉庆年间的柳州、庆远知府刘恕买了下来，苏州人称之为刘园。

这场兵灾过去后若干年，盛康又看中了这块劫余之地，视为风水之胜，斥银买了下来，"平之，攘之，剔之"，于是"嘉树荣而佳卉苗，奇石显而清流通，凉台燠馆，风亭月榭，高高下下，迤逦相属"。因苏州老百姓过去一直称其为刘园，不方便改口，盛康与盛宣怀商量下来，决定仿照袁子才称"随园"的办法，取其谐音，变"刘"为"留"，于是就有了留园之称。

关于留园的名称，俞曲园（即俞樾，当代红学大师俞平伯的祖父）在《留园记》里说得十分有趣。他与盛康是老朋友，常有诗酒往还。留园修整一新后，盛康请其写几句话，俞氏酒后才情大发，把留园之"留"发挥得淋漓尽致。

那《留园记》劈头就写道："出阊门外三里而近，有刘氏寒碧庄焉。而问寒碧庄，无知者，问有刘园乎？则皆曰有。盖是园也，在嘉庆初，为刘君蓉峰所有，故即以其姓姓其园，而曰刘园也。咸丰中余往游焉，见其泉石之胜，花木之美，亭榭之幽深，诚足为吴下名园之冠。及庚申、辛酉间，大乱（指太平天国打仗）洊至，吴下名园半为墟莽，而阊门之外尤甚。囊之阗城溢郭，尘合而云连者，今则崩榛塞路，荒葛胃涂，每一过之，故蹊新木，辄不可辨。而所谓刘园者则岿然独存。"文章首先是感慨这个园林的命运之独特，似有上苍的护佑。

说到留园的命名，俞氏又写道："方伯（指盛康）求余文为之记。余曰：'仍其旧名乎？抑肇锡以嘉名乎？'方伯曰：'否！否！寒碧之名至今未熟于人口，然则名之易而称之难也。吾不如从其所称而称之……即以其故名而为吾之新名。昔袁子才得隋氏之园而名之曰随园，今吾得刘氏之园而名之曰留园，斯二者将毋同？'余叹曰：'美矣哉斯名乎！称其实矣！'"这段对白道出了盛康老夫子的原意，还是主张取刘园的谐音而"留"之的，主要是方便世人称呼也。

然而俞曲园不愧为大师手笔，他偏偏于其"长留天地"之"特异功能"方面大加开发——"夫大乱之后，兵燹之余，高台倾而曲池平，不知凡几，而此园乃幸而无恙，岂非造物者留此名园以待贤者乎？是故，泉石之胜留以待君之登临也；花木之美留以待君之攀玩也；亭台之幽深留以待君之游息也，其所留多矣！岂止如唐人诗所云'但留风月伴烟萝'者乎？自此以往。穷胜事而乐清时，吾知留园之名长留于天地之间矣！"这一大段抒情，可谓对留园之"留"的底蕴，"开发"到极致了。

老百姓知俞曲园，多因其书唐人张继诗《枫桥夜泊》"月落乌啼霜满天"而已，继之以《留园记》出，留园与俞曲园更加大行其道。若干年后，刘园之"留"反为人轻，而"长留天地"之"留"的说法反成正宗了。

世传盛家的这块风水宝地果真"法力"无边。盛康买园后没几年（即1877年），李鸿章在给朝廷的一份奏折里就对他的儿子盛宣怀大加褒扬，说他"心地忠实，才识宏通，于中外交涉机宜能见其大，其所经办各事皆国家富强要政，心精力果，措置裕如，加以历练，必能干济时艰……"这样一份出自李鸿章笔下的褒扬，又是说给朝廷听的，自然预示了盛宣怀前程锦绣。

又过了几年，盛宣怀就将距苏州不远的上海滩打造成了晚清洋务工程的重镇，接连兴办起具有功勋意义的著名企业，使盛家的功名和业绩，真的有如留园一样，长留于天地之间了。

留园中明代的花坛

上　留园中这样的小景随处可见

下　盛家女眷在留园，左一四小姐盛稚蕙，
　　左二七小姐盛爱颐（摄于1917年）

洋务巨擘

招商局万事开头难

　　19世纪六七十年代，随着外国资本的不断渗入，中国沿海一线以及长江内河的航运大多被洋人的轮船占领，中国传统的船运已成衰落之势。尤其是英国的怡和洋行、太古洋行和美国的旗昌洋行，都拥有大规模的船队。他们不仅在沿海和内河各码头沿线揽货，还设法把朝廷的漕运生意（即每年按时运送的官粮）也拉过去，致使中国船队无货可揽，而且朝廷专拨的运粮费也大量流入了洋人的口袋。

　　鉴于这种情况，从19世纪60年代起，一些地方官员和开明之士就联络起来，向朝廷献计献策，主张中国人自办轮船运输，把船运之利从洋人手中夺回来。太平天国被平定之后，"天下承平"，海内似有"中兴"气象，李鸿章高举洋务大旗，号召师夷制夷，图谋振兴，除了军事工业之外，极用心的一件事就是办船运。时李鸿章已升任直隶总督兼北洋通商事务大臣，总揽了清廷外交、通商、洋务大权，成为洋务派的首领，由谁去举办中国人自己的近代船务，全凭他一句话。盛宣怀抓住机会，力劝李鸿章"此大利不可不兴"，并要求让自己前去试一试。他在《上李傅相轮船章程》（1872年）中纵论当今大势："伏思火轮船自入中国以来，天下商民称便，以是知火轮船为中国不能废之物。与其听中国之利权全让外人，不如藩篱自固。"明确提出，轮船非办不可。具体办法是主张官商合办，或者官督商办。

　　他在给李鸿章的信中还表示，会尽自己一切努力办好航运这件要政，并"竭我生之精力，必助我中堂办成铁矿、银行、邮政、织布数事"。他想得很远："百年之后，或可以姓名附列于中堂传策之后，吾愿足矣。"又说："中堂得无笑我言大而夸乎？职道每念督抚姓名得传后世者几人哉？遑论其下。"此信掏心掏肺，开诚布公，并以传名百世来"激将"李鸿章，表明其不仅仅是办船运，而是要将毕生精力投入洋务大业之志。

　　李鸿章最初确也有意让盛宣怀前去筹办轮船招商局，命他起草一个轮船公司的章程。盛宣怀心领神会，精心研究了外国船运公司的章程和经营办法，构思了一个中国轮船公司的发展草案。对于中国的弊病，他看得很透。像这类前人从未做过的，并且是有利可图的事情，没有官股是办不成的，因为民间商人力量太小。但光靠官办也办不成，因为官场有太多的门道。他指出："中国官商久不联络，在官莫顾商情，在商莫筹国计。夫筹国计必先顾商情。倘不能自立，一蹶不可复振。试办之初，必先为商人设身处地，知其实有把握，不致废弛半途，办通之后，则兵艘商船并造，采商之租，偿兵之费。息息相通，生生不已。务使利不外散，兵可自强。"这段精彩的论述，可算是把中国现实中官与商的关系说透了，尤其是"顾商情"的观点，实际上是主张在"官"的领导下，官方也入股，加以监督，以"商"为主体去具体操办。

轮船招商局（上海外滩9号）旧影

（上）　轮船招商局大门

（下）　轮船招商局的码头

然而事情并非那么简单，官督商办企业乃近代新生事物，官方许多大员均持怀疑态度，连李鸿章左右的亲信，如天津海关道陈钦、天津河间兵备道丁寿昌，均主张采用朱其昂的纯官办的办法，以求稳妥。李鸿章见事无十足把握，就来了个少数服从多数，采纳了朱其昂的意见，并且委任朱其昂、朱其诏兄弟负责筹建，因为朱家兄弟是上海宝山的沙船世家，与洋行里的买办关系较熟，或可便于参照洋人的办法，办好中国的事情。

结果不出盛宣怀所料，这种纯官府官办的企业，要想争取商人的投资谈何容易！商人为何要为官办企业投资呢？商人还怕你依仗权势欺压商人呢！而且朱其昂兄弟的具体做法也有点保守，仅仅运输漕粮，而不揽载客货，自是起不到与洋商争利的作用。事实上，各地漕运司已有不少与洋商挂钩了，现在要把生意再拉过去，你给漕运司什么好处呢？你的运费能比洋船便宜吗？吸收不到商股，官股有限，事业就难以发展。果然，这个轮船局1873年1月开业，不到半年就困难重重，陷入停顿，只好另想办法。

于是李鸿章回过头来再找盛宣怀，盛宣怀也不摆架子，再次细细谋划，提出了"委任宜专"、"商本宜充"、"公司宜立"、"轮船宜先后分领"、"租价宜酬足"、"海运宜分与装运"等六款；并提出应仿照外国洋商的做法，招集商股五十万两，一百两为一股，认票不认人，"以收银日为始，按年一分支息，一年一小结，总账公阅；三年一大结，盈余公派"。对于来自官场的阻挠，他也早有预见——"官场来往搭货搭客，亦照例收取水脚"，以使投资者安心勿虑。为使新生的招商局站稳脚跟，不至于一出台就被挤垮，他在这个章程里明文写上，要官方保证每年有四十万担的漕粮交轮船局装运，以"稍藉补苴"。如此等等可以看出，盛宣怀已经对这个生意的来龙去脉、营运门槛、关键部门，都做过深入的调查研究了，说出来的都是行话。这六条纲领，是轮船招商局章程最早的雏形。

然而这一回，李鸿章还是没让他领衔主管，而是把上海怡和洋行的买办唐廷枢给挖了过来，要其为国家办事。1873年6月，李鸿章任命唐廷枢为招商局总办，又任命宝顺洋行的买办徐润担任会办，指望利用他们在商界的影响，招募商股。朱其昂、朱其诏兄弟也是会办。至于盛宣怀，也是个会办，与徐润他们平起平坐。李鸿章如此布局，自有他的道理。要举办这样一个大型企业，话虽好说，而集资殊难。公款有限，只能出二十万两。盛宣怀牛犊出山，初涉洋务，在集资上难有号召力。而唐廷枢、徐润、朱其

当年留美幼童从招商局出发

昂等，已有多年的商场经验，在商人中号召力极大，他们本人还能带大笔投资进来。权衡下来，李鸿章只能再委屈一下盛氏。

　　盛宣怀不情愿当这个"牛后"，而李鸿章偏偏要他当这个重要的"牛后"。于是有了这样的分工：唐廷枢、徐润主管揽载、招股等营运各务，代表商方；朱其昂、朱其诏兄弟主管漕运事宜，代表官方；而盛宣怀的地位非常微妙，要兼管漕运和揽载二事，等于兼了"官"、"商"两个方面的角色，说具体也具体，说架空也架空，实际上是个非常重要但是有点尴尬的位置。李鸿章老谋深算，目的是要通过他掌握轮船招商局的一切。盛宣怀毕竟不是小肚鸡肠之人，尽管不情愿，还是走马上任了，后来果真派上了大用场。

　　唐廷枢任总办以后，凭借他个人在商界的影响力，招商局资金匮乏的局面一下子改观了，从不足二十万两一跃而为一百万两，其中徐润一人就投资了二十四万两，为招商

盛宣怀官服上的"补"（盛宣怀的外孙女庄元贞
提供）

局输了血。唐廷枢的办法原则上与盛宣怀是一致的，只是唐更多地强调"商"的利益，而盛则更强调"公私合营"，即官督商办。这在初办之时还看不出多大优势，然而时间一长，尤其是面临外商激烈竞争时，"官"的力量就成了可靠的后盾。在这一事关前途的大政方针上，盛宣怀可谓目光长远。

1873年年底，轮船招商局已经有天津、汉口、长崎等十九个分局，该局的"伊敦"轮已经能驶往日本长崎、神户及菲律宾吕宋岛等地了。1874年7月，招商局公布了第一届结账，盈余两千一百两银。1875年7月第二届结账，已能结余两万四千两银，首次分发花红六千七百余两。全局上下自是皆大欢喜。

1875年秋天，轮船招商局的事情基本稳妥了，盛宣怀又奉命去湖北，督办湖北煤铁局，暂时离开了轮船招商局。可奇怪的是，盛宣怀一离开就出问题了，1876年7月账结下来，居然亏损了三万五千两银子。

上海滩快刀斩"旗昌"

轮船招商局公开打出与洋行争利的旗号，要从原先被洋行霸占的船运市场中分一杯羹出来，这势必会引起洋行的忌恨。尤其是招商局通过"官"的力量，把漕运生意又抓了回去，挖了他们一块大肥肉，那洋行就非置之于死地不可。

　　美国旗昌轮船公司是个有二百万银两资本的老公司，凭着强大的实力，将水脚即水路运费的价格一减再减，最后减到原价的七成甚至一半。招商局没有办法，只得奉陪减价，通盘下来，只剩七厘之利。但盛宣怀认为，这种局面是暂时的，只要熬过难关，局面就会打开。果然，减价战打了一年，旗昌公司非但没有挤垮招商局，反而自己"暗亏已重"，原先市价一百两的股票，已跌至六七十两，等于搬起石头砸了自己的脚，从此一蹶不振。这家美国公司，高傲自大惯了，一向不肯认输，他们认为招商局也到了"自顾不遑，必无余力"之境，所以故意"悬其价以相胁"，放出风声，要出卖船产。可是他们低估了招商局的三位领袖，尽管他们在业务上有分歧，但在吞并旗昌上却是步调一致的，最终大刀阔斧地"吃"掉了旗昌！

　　"吃"旗昌，最现实的困难是钞票问题。招商局在竞价中只有七厘赚头，开办才几年，上哪去弄二百万两银子？当时议买旗昌船产时，唐廷枢与盛宣怀均不在上海，只剩徐润在主持日常工作，他一方面电请唐氏速归上海，一方面亲自去湖北武穴，找正在勘矿的盛宣怀。盛宣怀则直接报告李鸿章，想请中央帮助筹款。李鸿章回答说，如能将旗昌一举"吃"下，当然最好不过，壮大自己，争回利权嘛。至于筹款问题，可找地方政府、两江总督沈葆桢协商解决。盛宣怀本来也没指望中央能出钱，当年创办招商局的时候，中央也不过出资二十万两，现在要求中央拿出二百万两，岂非天方夜谭！盛宣怀要的仅仅是尚方宝剑，你叫我去找谁，我就奉旨找去，扛着你李中堂的大牌子，还愁对方不肯拿钱出来？

　　李鸿章此语一出，正中盛宣怀下怀，他即刻扛着李鸿章的大牌子去南京找两江总督沈葆桢。沈葆桢听盛宣怀张口就要一百万两，吓了一跳，他不干了。心想，你们招商局是中央和上海商贾合资的企业，干我地方政府什么事？况且要出这么多，哪来的钱？就算是借给你了，你那船局才七厘的赚头，猴年马月才能归还？总之是没钱借你。

　　盛宣怀岂肯罢休，跟他软磨硬泡，"历陈此局之关系国防大计，江海利源，苟囿于狭小，他日决不足与各国商轮竞，是归并旗昌厚我势力，实为此局生死存亡之一大关键"。并且"言之累日不已"，沈葆桢拗不过他，只好为之筹款，解决了一部分。结果尚有不足，沈葆桢说，其余慢慢再想办法吧。盛宣怀还不肯饶过他，第二天又来叩门请见，说是你某某处尚有二十万两资金，可以先拨给我用用嘛！可怜的两江总督被他逼得没办法，只好全数托出。总共从江苏的地方财政中拨款五十万两，再由他和李鸿章会同奏请朝廷令浙江拨款二十万两，江西拨款二十万两，湖北拨款十万两，共筹出一百万两贷给招商局，解决了招商局盘下旗昌的第一期付款。而这第一期付款付清之后，按照合同，旗昌公司的十六条轮船以及沿长江一线各城镇，还有在上海、天津、宁波各处的码头、栈房就全都归入招商局经营了。这么一来，招商局实力和名声大振，遂成为与怡和、太古轮船公司并驾齐驱的三大轮船公司之一，三分天下而有其一矣。

盘下旗昌这件壮举，显示了盛宣怀当机立断的决策能力和灵活有效的筹款本领。人云其"挟官以凌商，挟商以蒙官"，虽有过激之处，却反映了他于官于商均能游刃有余的高超技巧。吞并旗昌，若没有官款的支持，轮船招商局何来本钱？而在当时的条件下，不吃掉旗昌，又何来三分天下之局面？所以徐润在他的年谱中如实承认："……商局根基从此巩固，皆盛杏翁之力为多矣。"

谁知一波未平，一波又起，前面赶走了狼，后面又追来了虎。

怡和、太古两家轮船公司见旗昌被吃掉，于是联手来对付招商局，仍旧是老办法，大打减价战，招揽客户，想把招商局挤垮。他们见招商局为买旗昌而欠了一屁股债，以为不可能再与他们较量，故意减低水脚。上海至武汉每百斤货跌至水脚一钱；上海至汕头每百斤货跌至六分；又分出一只船专走宁波，与招商局抢生意。然而盛宣怀没有退却，他认为太古、怡和这样做不可能持久，"太古盛怒而减，我亦乐得随之而减"。他算了一笔账，认为招商局只要运三个月的漕粮，所得收入就够一年的花费了，即使货物全被他们揽去，水脚全行放低，招商局亦能与英商相抗。他预计，如此竞争下去，吃亏的肯定是对方。

这里一个关键问题，就是要切实抓住漕粮运输这一专利，抓住了这一头，就有了优势。在这个问题上，盛宣怀再次显示了他作为"官"的优势，不惜亲自一家家地拜访各地的总督、巡抚。这回不仅是"挟官以凌商"，而且是"挟大官以凌小官"了，好话说尽，务使各地的漕运交给招商局来做，以保证船局的基本收入。淮军名将刘秉璋到南昌时，盛宣怀就赶去南昌；刘秉璋后来又任浙江巡抚，他又赶到杭州，亲自延揽漕运事。刘秉璋之子刘晦之曾记其事曰："招商局创办之始，揽各省海运。武进盛杏荪观察至南昌，以李相书为介。"最后一笔说的就是盛宣怀又是扛李鸿章的大牌子，"文庄（刘秉璋）以李相故右观察，辄言其便利，反复申述"。然而下属并不全买其账，"忠诚命司道会议，多以为难行"。"同官中，候补道廖芷汀哂曰：'中丞所不许者也'……"可见拉漕运亦非易事,不知吃了人家多少白眼。

最后,太古、怡和果真坚持不住了,不得不与招商局坐到谈判桌上来,1877年签订了第一次"齐价合同",这就宣告了他们的竞争失败——大家休战,制订了统一的价格。这一胜利,人心大振,大大巩固了招商局的地位,从而走向良性循环的坦途。后来,盛宣怀在总结这段经历时,完全是胜利者的宣言书了:"戊寅、己卯、庚辰、辛巳共收缴一千三百余万,除支用修船、官利及提存保险外,净得盈余二百余万。欠款渐轻,而轮船三十号,皆已汰旧更新,码头十余处……嗣后该局每年必获盈五六十万,连提存保险可得百万,公款全部还清,商股争相附之。"

然而不久,头痛的问题又冒出来了——遇上了来自官场的弹劾,主要是说盛宣怀在收购旗昌时私拿回扣,构成贪污,一时舆论大哗,李鸿章只得派人查办。

李鸿章宰相肚里能撑船,不愧为朝廷倚重之帅才。他惜才如命,为把洋务诸端早早搞上去,不管白猫黑猫,抓住老鼠就是好猫。在"抓住老鼠"的前提下,他"高官"其允,有时也故意"黑白不辨",任下面"捣浆糊"去。因为他深知,此洋务系前无古人之业,处处得跟洋人斗,非凡夫俗子所能为。况且,这是在一个农业国家里办工业,在一个封建末世图振兴……万事开头难,"水至清则无鱼",得有一批胆大包天、敢拼死命的乱世英雄……为此,他必须保住盛宣怀,不管有多少人来弹劾!

不久,招商局总办唐廷枢出来为其辩污,说他在船局从未领过分文薪水,买旗昌一事只是主其议,而领款、付款,皆未经手,此"因公而未因私,不言可知"。

李鸿章接到邓玉轩、刘芝田的查案报告后,即向清廷递上奏折,折中为盛宣怀拍胸脯、作担保:"前派会办招商局,证明不经手银钱,不支领薪水,嗣以屡次代人受过,坚辞会办。臣严密考察,该道(指盛宣怀)勤明干练,讲求吏治,熟悉洋情,正直有年,于赈务河工诸要端,无不认真筹办,洵属有用之才,未敢稍涉回护。"好话说了一箩筐,然而也回避了盛宣怀到底有没有拿回扣这个实质问题。

李鸿章爱才如命,不忍把盛某打下去。他一出面作保,案子自然也就了了。但盛宣怀经此打击,自觉兴味索然,结果真的来了个"坚辞会办",老子不干了,谁也留不住。李鸿章只得准其"不预局务"。1882年,盛宣怀黯然离开了他精心创办起来又为之奋斗了十年的轮船招商局,转到矿业和电报等方面去了。

几年后，他卷土重来。1885年夏天，盛宣怀终于登上了轮船招商局督办的宝座（唐廷枢奉命北上专办开平煤矿事）。这回他大权在握，在督办的位子上甩开膀子，一干就是十七年，直到1902年其父盛康去世，他要回家"丁忧"为止。由于他与招商局渊源颇深，1909年又被选为董事会主席。辛亥革命政坛鼎革之后，他依然担任董事会副会长（1913年），直至离开人世。

盛宣怀去世之后，他的儿子盛恩颐、盛重颐、盛昇颐均先后在轮船招商局任过要职，这是因为盛家占股份较多的缘故。

"水线"之战

1880年秋，李鸿章又委派盛宣怀举办电报事业，统筹全国各地电线电缆的铺设，建立国家电报局，把洋人非法在中国铺设的"水线"，该拆的拆，该买的买，以争回电报自主权。这件事"创行之始，人皆视为畏途"，因为这不同于办一般的实业，前面虎狼成群，先得在谈判桌上"推磨"，扫除了障碍，事才能办成，这是一场政治、外交和个人胆识的较量。

早在19世纪60年代，英、美、法等国就数次向清廷提出，要在中国设立电报线。清廷出于维护自身利益，一次次拒绝。当时的江西巡抚沈葆桢讲得好——"倘任其安置飞线，是地隔数千里之遥，一切事件，中国公文尚未递到（那时朝廷的圣旨是靠五百里快骑、六百里快骑、八百里快骑马上传递），彼已先得消息，办事倍形掣肘。且该线偶值损坏，必归咎于官民不为保护，又必丛生枝节。""外洋之轮船捷于中国之邮递，一切公事已形掣肘，若再任其设立铜线，则千里而遥，瞬息可通，更难保不于新闻纸中造作危言，以骇观听！"可惜，此巡抚大人虽然看到了电报的神通广大，却没有建议清廷自办电报，而只是一味限制不让外国人办。在这种思想指导下，官府见有外国人私自铺电缆、架电杆了，就暗中鼓动百姓去拆电线、毁电线杆，进行阻挠。

1870年，清廷作出了外国"电缆线沉于海底，其线端不得牵引上岸，以分华洋旱线界线"的规定，对他们进行限制。但是既然已被允许铺设海底电缆，洋人必然会得寸进尺，想方设法把线头牵引上岸，他们总不能把电报房设在海上吧。

最跟清廷捣乱的是丹麦人。19世纪70年代初，他们派出一条船，在当时沙俄军舰的护卫下，悄悄驶出海参崴军港。船开得很慢，一边行驶一边拖着一根长长的"辫子"。原来这是一艘丹麦通信工程船，他们正在向海底铺设"水线"（即海底电缆）。其目标首先是到日本长崎，然后再伸到上海吴淞口，最后到达位于上海外滩的丹麦大北电报公司。

一个欧洲小国，何以竟敢在中国的海域铺设海底电缆？原来他们背后有老沙皇作靠山。老沙皇与丹麦王室有亲戚关系，为在中国设立电信系统，曾多次向清政府提出，要在中国陆上和海底铺设电报线路，并要求在上海设立大北电报公司，索取"水线"登陆权。那时沙俄已把整个东北划入其势力范围，向清廷施加种种压力，清廷迫于无奈，只好同意"大北电报公司在吴淞口外设置趸船，在船上收发电报"，但"水线不可以牵引上岸"，真的是让他们在水上发报！

然而大北电报公司岂肯长期漂浮海上？他们非要登陆不可，先用一艘停泊在长江口外大戢山岛的轮船，悄悄地把铺设在那里的"水线"牵引上岸，安置在事先盖好的房子里，建立了第一个电报房。接着，看清廷没有什么动静，就把"水线"偷偷地拖进黄浦江，在张华浜对岸的浦东，设立了第二个电报房。随后，又沿黄浦江将"水线"引到外滩。大北电报公司后期所在的建筑，就是现在外滩盘谷银行所在的那幢漂亮的大楼。

大北电报公司凭靠两条海底电缆营业，取得了巨额利润，自然也引起了英、美、日等列强的眼红，纷纷要"分切肥肉"，以此向清政府要挟，也要铺设自己的"水线"。

盛宣怀走马上任办电报，首先就面临着列强"争肉"的复杂局面。如果任其发展，那中国电报局势必无利可图，如果用清廷原有的规定来限制他们，那么就要杀鸡给猴看，先拿丹麦大北电报公司开刀。一场艰苦的谈判势不可免。盛宣怀以清廷1870年关于外国"电缆线沉于海底，其线端不得牵引上岸，以分华洋旱线界线"的规定为依据，命令大北电报公司拆除其非法设置的上岸之线。大北电报公司岂肯让步，盛宣怀就豁出时间来与其对阵。他心里明白，如果这个回合打不下来，后面的麻烦将接踵而至，英国人、美国人的气焰将更加嚣张。如果各国都在中国架线设电报局，僧多粥少，中国电报局创办之路就完结了。

于是盛宣怀坚持"拆丹麦旱线，以保中华国家之权，并以服各国商人之心"的原则，几经交涉，丹麦大北电报公司只好同意拆毁吴淞到外滩的旱线，但拒不答应拆除厦门上岸之线，强调"厦门线端系由海滨岸边由地下直达屋内"，与吴淞旱线不同，盛宣怀反唇相驳，强调厦门之线"虽与私立旱线有别，然毕竟已牵引上岸"，抓住厦门水线确已"上岸"这一基本事实，证明大北电报公司已违背了清政府的规定，所以一定要拆除不可。最后，经过数轮"唇焦舌敝"的斗争，终于迫使其拆除了岸线。

在大北电报公司于中国铺设海底电缆十年之后，中国终于有了自己的电报公司，清廷委任盛宣怀出任总办。然而形势依然严峻，因为海底电缆是大北和大东公司的，外洋电报和国内与欧洲的电报畅通与否，均掌握在他们手里。如何与洋人争利、分利，关系到中国电报局的生死存亡。于是盛宣怀主动找上门去谈条件。最后，他们不得不同意签订三家电报公司的"齐价合同"，即仿照轮船招商局与太古、怡和轮船公司签约的做法，对外必须价格一致，不允许任何一家单独行动，亦不允许利用减价来打击任何一方。这个办法的实施，使新生的中国电报局在强敌面前站住了脚跟。

在盛宣怀的主持下，中国电报局数年中有了很大的发展——1882年架起了苏、浙、闽、粤等省的旱线；次年办长江一线；1884年因海防吃紧，架设了济南至烟台、威海、刘公岛、金线顶等地线路；1886年因东北三省边防需要，遂由奉天接通吉林至珲春线；1887年因郑州黄河决口，为筹办赈灾事宜，又从山东济宁设电线至开封；1888年通九江至赣州、南雄线；1890年因"襄樊地方为入京数省通衢，楚北门户边境冲要"，乃由沙市设线直达襄阳；1896年从武昌设线至长沙；1898又设线长沙至湘潭、萍乡等地；1901年为迎"两宫回銮"，又添设了潼关至正定一线……主要干线和支线，几乎已覆盖全国。

为此，李鸿章写专折为盛宣怀请功。他在《盛宣怀请奖片》中称："……英、丹电报公司且于九龙及上海至吴淞安设陆线，方谓非常之举，中国未必果行，遂群起相争，多方阻挠，该道（指盛宣怀）奉饬设法抵制，相机操纵，一面集资赶设沿海陆线，使彼狡谋废然中止，保我自主之权，尤于国体商情所关匪细。今线路绵亘万数千里，京外军谋要政瞬息可通，成效昭著，其功实未可没。该员才具优长，心精力果，能任重大事件，足以干济时艰。"可知通过电报工程，李鸿章对盛宣怀更加信任了。

糊涂世界中办银行

1895年，中国甲午战败，全国上下对李鸿章一片声讨。看到自己的顶头上司一生忠心耿耿，权倾朝野，一旦失算，就落得个如此下场。盛宣怀心底不免阵阵凄凉，加上自己因长年劳累过度而体虚内亏，常常夜间咳喘不止，于是一纸奏折上去，申请退休回家。

然而朝廷此时正需要干才。在甲午战败的刺激下，朝廷必须设法挽回一些面子，何况上下、内外一片变法呼声，要自强，要改革，要励精图治，因此朝廷需要盛宣怀出来做事，不仅不同意他退休回家，而且派他大用场，要他出来办银行。

盛宣怀毕竟是朝廷忠臣，识大体，况且办银行是他多年前就向朝廷建议过的事，如今朝廷真要你去办了，你却要打道回家，是何居心？无奈，只有拼着命上。

此时清廷面对着两亿白银的战争赔款，一筹莫展。光绪皇帝问计于盛宣怀，如何才能摆脱困境，他直言不讳地和盘托出：仿照泰西各国的样子，办商业银行，"铸银币、开银行两端，实为商务之权舆，亟宜首先创办。不必畏难避嫌，一年即可建成，一年即可收效……如任用得人，一呼可集"。他又具体设计了公私两方如何集资的总体方案。针对当时时髦的话题，即变法问题，他劝说皇上头脑要冷静，现在空谈变法的人太多了，然而说起来容易做起来难，立个新法容易，而要收到实效并非那么简单。提醒他不要轻言变法，而要真抓实干。

然而此事毕竟错综复杂。

不久，京城传出消息，说是海关总税务司、英国人赫德准备组办中英合资银行，要抓中国银行的开办权。盛宣怀此时已失去了李鸿章这个最有力的支持者，他也不能天天对着皇帝叨叨，只好去盯张之洞。他给张之洞写信："闻赫德觊觎银行，此事稍纵即逝。应否预电总署颇有关系。"他唯恐张之洞认识不清此事的极端重要性，过了几天又写信去

中国通商银行旧址（上海外滩6号）

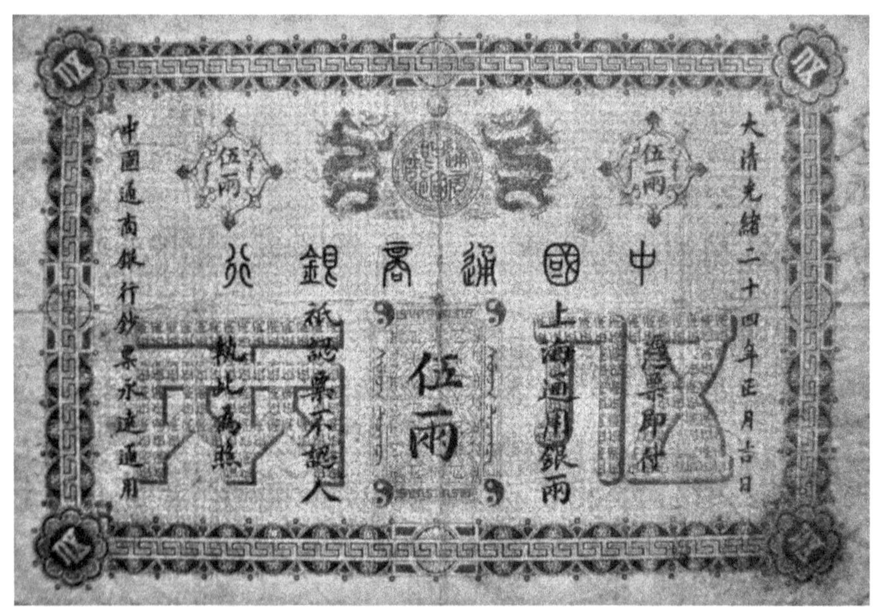

<table><tr><td>⊥</td><td>中国通商银行
支票</td></tr><tr><td>⊤</td><td>中国通商银行
初创时发行的
钞票</td></tr></table>

盯：“华商无银行，商民之财无所依附，散而难聚……若是银行权属洋人，则铁路欲招华股更无办法……铁路既以集华股归商办为主，银行似亦应一气呵成，交相附丽。”

光绪皇帝看到了他的忠诚，接连召其进京问策，盛宣怀及时地呈进《请设银行片》和《条陈自强大计折》，重申了在中国开办商务银行的极端重要性和紧迫性，尤其强调：“西人聚举国之财为通商惠国之本，综其枢纽，皆在银行。中国亟宜仿办，毋任洋人银行专我大利。”

那天，盛宣怀进宫向光绪皇帝辞行，皇帝对他说：“你的奏折已交总署讨论，但是事情总是人做的，今天这班督抚大员都在推诿延宕之中，你看怎么办呢？”光绪这是有意激发他勇挑重任，因为皇帝也知道，这些年办洋务，成果最显著的就数他盛宣怀。果然，圣旨下达了仅仅十几天时间，盛宣怀就把最关键的人物搞定了。他选定的八个董事会成员为：张振勋、叶澄衷、严信厚、施则敬、朱葆三、杨廷杲、严潆、陈猷。

这八个人，都是近代上海滩的实力派人物。张振勋是南洋华侨巨擘；叶澄衷是五金行业的巨头，号称五金大王，在上海及各商埠均有支店，又是纶华缫丝厂、燮昌火柴厂的老板，海上巨富；严信厚原是李鸿章的旧属，以盐务起家，积资巨万，是宁波通久源轧花厂、通久源纱厂、通久源面粉厂、上海中英药房等著名企业的老板，华商巨擘；朱葆三原是日商平和洋行的买办，后来自己开设商行，从事进出口贸易，大发其财，在华商中极富号召力；施则敬也是海上华商中举足轻重的大资本家。另外，严潆和陈猷是轮船招商局的会办，能带船局的资本进来；杨廷杲是电报局总办，亦能带大量资本入股。此时的盛宣怀，已经把这些大腕人物掌握在手中，随时都能派他们用场。

三百万商股不是很费劲地集起来了，其中仅轮船招商局就有八十万两。他又替王文韶留了五百股的份额，让朝廷里的大官投资于此，来进一步安定民心，致使商股招集“甚踊跃”。

然而朝廷常常是三分钟热度，忽冷忽热，商股落实了而官款却迟迟没有落实。盛宣怀一再催促，不仅迟迟没有下文，反而传出朝廷已批准中俄两国合办华俄道胜银行的消息，而且据说朝廷已拨款五百万两入了股。这么一来，已经入股中国通商银行的商人们议论纷纷，怕朝廷变卦，盛宣怀自然处于非常被动的地位。他一方面加紧向朝廷催促原定二百万两官款的落实，一方面给户部左侍郎张荫桓写信，因为他明白，节外

中国通商银行大楼现已成为休闲场所

生出华俄道胜这一枝，完全是翁同龢的主意。对于盛宣怀牵头办银行，翁氏嘴上不说不支持，背地里却把资金分流掉，让盛宣怀难办。

他在信中对张荫桓说："俄行已入官股五百万，而中国银行转无官款，不足取信，为外人笑，一经洋商之谣言倾轧，必致众商裹足。"他又强调，向政府借这二百万不是作为股份投入银行，而是按照过去办轮船招商局的办法，将此款"存放该银行，按年认缴息银五厘，不计盈亏，六年为限，限满或分年提还，或仍接存"。这种办法"有利无害，而外人知有官款在内，足以取信，可与中俄（道胜银行）争衡"。而且，如无官款，不足以号召各省汇票。张荫桓将盛宣怀的意见转达户部及朝廷，这帮人无以对答。

就在这个关键时刻，官场上又有人弹劾盛宣怀，说他揽银行、轮船、电报等大权于一身，全为图谋私利等等。这下可把盛宣怀给气火了，心想这些家伙不干正事罢了，还专干给人泼脏水的营生。他接连两次向北洋大臣王文韶（甲午战败后李鸿章的接班人，时任直隶总督、北洋大臣）提出辞呈："似此糊涂世界，何以尚想做事？"他准备"挈全眷而返"，"举亲耕读，从此再不与人言家国事"！王文韶为官，以圆滑著称。他当然不会允许盛宣怀就此撒手不管。他一方面尽力为盛氏开脱，在朝廷面前说好话，另一方面积极为之催官款，最后总算打了一半折扣，原拟的二百万两变成了一百万两，也算有所表示。

然而天有不测风云，又传来朝廷对办银行有所动摇的消息。如此朝三暮四，简直如同儿戏，国家大事已无章法可循。盛宣怀此时强忍愤怒，耐心地向总理衙门解释，指出中国通商银行势在必办，"中外早已传扬，若届期不开，失信莫大于是。商股必致全散，以后诸事万难招股，不仅银、铁两端也"！在盛宣怀苦口婆心的不懈努力下，这个眼看快要流产的中国兴办的第一个银行总算诞生了，时为1897年5月27日，地点就是现在外滩6号的那栋三层楼房（现已成为购物休闲场所）。

盛宣怀气得连开幕盛典都没有出席。接到银行已按期揭幕的电报时，他长长地吁了一口气。

中国通商银行如同一个难产儿，在千呼万唤之后，终于在外国银行林立的上海滩站稳了脚跟；开办不到一年时间，又先后在天津、汉口、广州、汕头、烟台、镇江和北京开办了七个分行；两年之后，已能每六个月结账一次，除开销外，发给股商利银四十万两，缴呈户部利银十万两……拿盛宣怀的话说就是："询诸汇丰开办之初，尚无如此景象。"而当时，汇丰银行已在上海开办了三十多年了；英商丽如银行已开办了52年了。

痛苦的钢铁工业先驱

盛宣怀一生致力于办实业，样样都算干净利索，然而，也碰到了一座巨大的"火焰山"，即办钢铁。他创办的汉冶萍公司，是中国第一个大型钢铁联合企业，先后耗资

萍乡煤矿旧影（明信片）

一千几百万，也是盛宣怀一生用力最大、磨难最深、倾注心血最多的一个企业。可悲的是，他一生与洋人争利权，谋振兴，最后使他蒙受"卖国"败名的，竟也是这个企业！

盛宣怀办其他洋务工程，少则一年，多则几年，都能搞定，而这个难产的汉冶萍却是"千呼万唤始出来"。若从他1896年从张之洞手里接办汉阳铁厂算起，至1907年新炉出钢为止，他整整耗去十一年光阴；若是从1875年李鸿章派他去湖北找煤勘铁矿时算起，那他就是花了三十二年光阴！盛宣怀绝非办事拖沓之人，相反是个心急火燎、事无巨细都要弄个水落石出的急性子。这32年中，自然穿插了许多重要工程，如办铁路、赈灾、治河、电报、津海关等，中间又经历了甲午之战及庚子之变的举国震荡，然而他毕竟为中国钢铁工业的创建付出了几十年艰辛。

那时办钢铁有几大问题，一是国内没有先例，二是技术上要靠洋人技师，三是没有资金，全靠自己去"招商"。更重要的是，那时人们还不明白炼钢尚有酸法、碱法之分，不明白重工业发展有绝不同于轻工业发展的独特规律，更不懂得钢铁工业自身存在的"瓶颈"问题……这可就苦了宫保大人喽！

如此，他必然会碰到多次挫折。几次大的挫折之后，他又面临着敢否再继续的痛苦抉择。盛宣怀的过人之处及其人格的伟大，正是在这个倒霉的汉冶萍身上，一再地凸显出光华！

当年他在李鸿章的领导下，亲赴湖北查矿找矿，还要求当时在福建的张鸿禄代为寻觅斯米德翻译的《五金矿论》。当他获得此书的第一卷时，真是如获至宝，喜出望外，同时请赫德（海关总税务司）和中国驻外使节推荐优秀矿师，前来参加工作。经过一段时间的调查，他认为湖北的煤矿铁矿确有开采价值，1876年1月，他与当地道员李墀明一起写了份报告《湖北开采煤铁总局试办开采章程六条》致李鸿章，主要内容是：地势宜择要审定；开采宜逐渐扩充；用人宜各专其责；官本宜核定支用；售款宜缴还资本；官煤宜广开销路。李鸿章是办事果断之人，当年就会同两江总督刘坤一、湖广总督李瀚章，札委盛宣怀作为督办开采湖北煤铁事宜，拨出官款，立即上马。

为了选择最好的突破口，盛宣怀不辞劳苦地乘小船，涉激流，穿回溪，入深山，力求掌握可靠的第一手资料。当他发现广济一带的煤质并不优质时，又亲自率矿师溯江而上，转到荆州和当阳地区继续勘查。他在写给李鸿章的信中曾道及当时的实情："（光绪三年）九月十九日，自宜昌启程，二十日行抵荆州府属之沙市。职道（即盛宣怀）即舍舟登陆，先赴当阳县属之观音寺，会同地方官查明产煤各山，并晓谕绅民……免疑阻生事端。部署既定，职道仍遄归沙市。于十月初七日亲率矿师乘舟，溯沙江、入漳河，时水竭滩多，日行二三十里，至十三日始获行抵观音寺。逐日督率矿师郭师敦等履勘荆、当所属各矿……拟即率该矿师前赴大冶复勘铁矿。"

盛宣怀千辛万苦地忙碌了一通，却并没有达到"一举成功"的目的，而且第一个回合败得还很惨。原来其中一个重要原因是，不知是哪位"好心人"，向他推荐了一个叫马立斯的洋矿师，此人自称勘矿找矿神通广大，而实际上根本就是"山寨货"，不仅对矿区的储藏、分布、走向都是"毛估估"，而且对煤质的品级也给你"毛估估"，误把劣质煤当成优质煤，实际上经他"勘定"的煤矿出产的煤，由于质劣根本不能用于炼铁，致使盛宣怀大上其当。等后来又聘请到了有真本事的矿师郭师敦前来任职时，资金已浪费很多了。

新来的矿师果然能干，不仅勤奋、扎实、能吃苦，而且精通矿务，兼谙采矿机器原理，于化学、绘图也触类旁通。在他的帮助下终于勘明，湖北大冶的铁矿"铁层平厚，一

上　汉阳兵工厂旧影

下　汉阳钢铁厂旧影

如煤层"，而且"邻境俱属富有铁矿"，不仅储藏量大而且质好。在荆门和当阳一带也找到了优质煤，"能与美国白煤相埒。"找到了好铁，又有了好煤，自然是天大的好事，铁样终于在1878年炼出了，但此举距最初找矿，已经三年过去了。

然而新的问题又出现了——广济之煤不能应大冶炼铁之需，而新找到的荆门、当阳之煤又距大冶铁矿太远，加上运输成本核算下来，所需资金大大超出原来的预算，也就是说，炼铁的成本太高了，反而不见得比进口铁合算了。于是盛宣怀开始考虑舍鄂他图，另找地方再干。然而老上司李鸿章不允许，怕传出去影响不好，松懈了斗志和士气。他对盛说，如果湖北煤铁"规画难成，不得已而改图北来，议其后者将谓不克取效于南，亦必不能取效于北"，仍旧是死命令，只能成功，不能失败，也不许转移阵地，必须在湖北把煤铁办成。盛宣怀心中苦也，退步不成，然而前进又谈何容易？延缓到1884年，李鸿章只好下令裁撤。但那时的"王法"很厉害，事情办不成，官方的投资是要追回的，追不回的部分就要算到你盛宣怀头上，算来算去，盛宣怀还要"吃倒账"，赔款一点六余万串钱！这下盛宣怀惨了，想不到这煤铁如此烫手！

事情还没算完，1884年又碰上世界性的经济危机，中国的制钱比光绪初年时，也就是比刚开始找矿的时候，每两要少换四百余钱，币值往下跌了不少，原来官款所余十四点三万串生息官本，又吃倒账，被"倒"去十余万串。这笔账，亦"倒"在盛宣怀个人头上。本已失，利尽赔，又赔上加赔，共要赔出十五万两银，他不得不喊出"宣怀以此败家"了。

这是他办矿办铁的第一次挫折。

第二次挫折是办金州矿务。19世纪80年代是清廷大力举办矿业的年代，这期间清廷又要盛宣怀负责山东登州铅矿和辽宁金州铁矿的开采工程。他被任命为金州矿务局督办，他的一个得力助手郑观应任总办，他还亲自草拟了《试办山东滨海各铅矿章程》。盛宣怀于1882年率矿师亲赴山东登州探矿，随后又到辽宁金州勘查煤矿铁矿，可是最终也不顺利，还得了个"降级调用处分"。盛宣怀当然不服，据理力争，最后还是曾国荃为他说了几句良心话。然而清廷为了顾全面子，还是将其"宽免降调处分，改为降二级留任"。接下来的事情，凡是关系到煤铁，仍是不顺。

1896年，办汉阳铁厂办了七年的张之洞被弄得焦头烂额，本赔尽不说，还欠了五百万两债，实在苦撑不下去了，跑到上海来求盛宣怀接办，这下让盛宣怀看了个大笑话。

当年（1889年）张之洞要办汉阳炼铁厂，曾在上海与盛宣怀商议办法。盛宣怀告诉他要商办而绝不能官办。商办，入股者均精打细算，心精力果，赔本买卖是不会做的；而官办，大家均不肉痛，反正是官本，死活无关其痛痒，就容易滋生是非，办事拖沓，事倍而功半。但张之洞不听，他踌躇志满，以为办重工业可像剿捻一样，凭一鼓作气加洋枪洋炮，就可望夺取山头。

如今张之洞办不好，盛宣怀又有什么高招呢？但他之所以敢于接下来，就是自信有办法。首先盛宣怀拖上了他的搭档郑观应，让郑出任汉阳铁厂的总办（其继任是李维格，亦为办厂好手），并抓住接办的机会，整顿该厂的要害。但是盛宣怀万万没有想到，汉阳铁厂到了他手里，仍是不顺利。

俗说话"不怕不识货，就怕货比货"。汉阳铁厂出产的钢材不知何故，看样子挺好，可是中看不中用，非常脆，动辄断裂，与外国进口的钢材实在不可同日而语。这么一来人家就有话讲了，你盛宣怀扛着朝廷和王文韶（李鸿章的继任者）的大牌子，责令各地督抚必须购买国产的钢铁材料，尤其是各地正大力举造铁路，清廷命令必须要买汉阳铁厂出产的钢轨，以挽回利权，但是你的质量不行又作何讲？钢轨一再断裂，经常更换费时费力且不说，成本必然上扬，更危险的是要是出了车祸，处处惨案，那谁还敢乘火车？如此，铁路办之何用？汉阳铁厂又办之何用？盛宣怀为此大伤脑筋。

人云"祸不单行"。正当盛宣怀为矿务、铁路等实务忙得心力交瘁之时，他的老父亲盛康去世了。按照清代旧制，父亲去世要回家守制，曰"丁忧"。在回家守制期间，一切公私职务均要辞掉，这下可给了袁世凯千载难逢的机会。他趁机安插亲信，把电报总公司及轮船招商局的实权夺了去，而这样一来，正在嗷嗷待哺的汉阳铁厂就像没了娘的孩子，日子又难过起来。过去铁厂借钱，是盛宣怀从中操持，并以轮、电二局作为担保，而袁世凯拿到了轮、电二局后就声明，以后不能借钱给铁厂，更不允许以其资产为彼作抵押，盛、袁间的矛盾即以此始。

产品质量实乃企业的生命线，盛宣怀立志非要把问题的症结找出来不可。他弄不明白，一样是煤是铁砂，一样是洋人技术和西式机器设备，为什么洋人炼出来的产品就优质，而我们炼出来的就不行呢？聘请的洋人技师也讲不清其中所以然，那么就只有一个办法，就是派人跑到国外的炼钢厂里去侦察，一个细节一个细节地对照，看看究竟有什么不同，问题究竟出在哪里。

1902年，就在他的老父盛康去世的那个月，心力交瘁的盛宣怀，病中提笔向清廷打报告，要求派员出国考察，他在《铁厂派员出洋片》中申诉："……制造必取法于人，耳闻不如目见，臣久思亲赴各国一观其布置而未得其暇，只得遴派妥员代往考查。兹查有总办湖北铁厂三品衔候选郎中李维格，心精力果，体用兼赅，本来诸熟方言，近复留心工学，臣与李维格坚明约束，铁厂之成败利钝，悉以付之……臣已代筹资斧派令该员带同洋工程师一名，克日驰赴日本，先阅其新开铁厂，即由日本放洋赴泰西各国，游历各厂，究其工作精奥之大端，彼何以良？我何以楛？彼何以精？我何以粗？他山之石，可以攻错。"为派李维格出洋考察，盛宣怀还专门向朝廷打了报告，可见此事非同小可，关系到成败大计。

李维格（字一琴，继郑观应之后出任汉阳铁厂总办），与盛宣怀为生死至交。他不仅精通英文、法文，于近代洋务诸事悉心精研，工科知识尤其渊博，又办事认真，作风踏

汉冶萍股票样张

李维格（坐者）与他的侄子李福基

实，盛宣怀认为他是个可依赖的重用之才。其他洋务派大官也看到了他的价值，清廷商部和北方实业界巨头周馥、周学熙父子，前后三次要求请调或借用李维格，都被盛宣怀"弹"了回去。"三军易得，一将难求"，"铁政关系制造，各国视为强弱关键，中土仅此一厂一矿，若为大局计，似未便听其蹉跌也"。李维格是铁厂之"将"，岂能随意搁置？

李维格果真不负厚望，考察国外各厂后，总结和对比，终于找出了汉阳炼铁厂炼钢技术上的症结。原来中国国产钢材太脆、易断裂的原因是矿石含磷太多，因而在冶炼过程中，理应采取去磷法。而当年张之洞买炼钢设备时，却忽略了这样一个关键性的问题，所采用的机炉都使用酸法，这么一来，不仅不能去磷，反而情况更糟。这一南辕北辙的战略错误，使中国的钢铁工业"糜去十余年之光阴，耗尽千余万之成本"，损失惨痛之极。究其原因是自己不懂技术，只好相信洋人，而洋人居然"挂羊头卖狗肉"，或者根本就在故意捣乱、阳奉阴违，依据背后人的指示在行事也说不定。事过百年之后来看这个问题，不能不引起人们的怀疑：连李维格这个非内行人员都能解决的问题，难道那些内行的洋技师真的解决不了？无论是张之洞还是盛宣怀，当初都是花重金聘用他们的，然而问题真正的解决还是盛宣怀派李维格出洋之后。中国钢铁工业起步之艰难，由此可见一斑！

李维格一行赴欧考察，"方若夜行得烛"，情况一目了然。他回国后立即向盛宣怀建议，重新购置新设备，改造旧炉，将原来的贝色麻酸法废弃，改用马丁碱法之炉，同时改进工艺，以去磷质。这样，就使"十余年未解之难题，一朝涣然冰释"。从李维格回国到炼出合格的钢材，又用了五年时间，距盛宣怀接手办汉阳铁厂，已耗去十一年光阴；距盛宣怀第一次到湖北找煤办矿，已经三十年过去了……至此，拿出了真正合格的钢材，汉冶萍才算真正站稳了脚跟。于是，费尽千辛万苦，汉冶萍终于在1909年正式挂牌宣告成立。编制上改督办为总理，盛宣怀出任第一任总理，李维格出任协理。后来担任过汉冶萍公司经理的浙江兴业银行老板叶景葵先生，曾撰文总结过汉冶萍的这段曲折经历。

中国人积三十年之沉痛经验，方炼出了第一炉真正合格的钢材，建立了第一个集煤、铁、钢于一体的大型联合钢铁企业，掀开了中国近代钢铁史的第一篇章，盛宣怀的高兴劲真是无以复加。他亲自赶到湖北去验视新钢，"居然媲美欧洲，东西人来阅者，皆称中国亦能做到如此，真出意外，洋报称羡不置"。他还赶到萍乡煤矿，乘"大槽"入井下，又乘电气车在矿井下行走四里许，亲自从井下抱起一大块煤块而出。出井后又见"荒山十里，炉厂如栉"，自忖明年以往，大利将见，"商股争投如水趋壑，二千万元已操左券"。其兴奋之情，可以想见。事情办到了这个份儿上，他总算尝到了钢铁带来的一丝甘甜。

汉冶萍后来的情况确如盛宣怀估计的那样，情况一天天好转：汉阳铁厂出铁从原来的每年两三万吨，上升为十万吨以上；钢产量从一万吨左右上升为六万吨；大冶矿石从十几万吨发展为四十万吨；萍乡煤矿从二十万吨发展为六十万吨；焦炭也相应地提高了产量。由于钢铁材料质量的提高，1909年，汉冶萍接到的订单猛增，铁路、桥梁、轨件均来订货，且有应接不暇之势。

1909年的中国，距辛亥革命只有两年了。两年后辛亥革命爆发，盛宣怀逃亡日本，差不多一年后才回国，汉冶萍又经历了一场来自政治因素的剧烈动荡。日本人趁中国之乱，想方设法插足汉冶萍，加上重工业发展中本身固有的种种矛盾和困难，汉冶萍——这盛宣怀亲手"抱大"的心肝宝贝，直到1916年他离开人世，依旧是一块无法痊愈的心病。

中国高等教育的领头羊

盛宣怀实为总理式的人物，考虑问题是全方位的，并非就一事而论一事，而是从"富国强兵"的全局整体谋划。从19世纪70年代初到90年代中后期，经过近三十年的洋务经营，他基本控制了轮船、电报、铁厂、铁路、矿物、纺织、银行等关系国家经济命脉的大型企业，被他的对立面经元善说成是"一只手捞十六颗夜明珠"。其实确然如此，凡是他经办的事业没有不成功的，样样光彩夺目，而且都是中国前无古人、筚路蓝缕的开创式的事业。这"十六颗夜明珠"里除了上述各项，还应包括一项——高等教育，他是中国高等教育的开路先锋。

盛宣怀在洋务企业的经营中，深感光靠洋技师不行，急需中国自己的新式人才，即科学技术人才和新式企业的管理人才，这在今天已是一般常识，但在当时，除了有洋务实践经验者外，鲜为人们所理解。盛宣怀认为，"实业与人才相表里，非此不足以致富强"。所以他早在办电报公司时就附带办了电报学堂，即类似短期实用型培训班式的学校；在汉阳办铁厂时也附带办了该厂的学堂，也属于只注重实际操作，缺乏系统理论和基础知识的非正规的职业学校。他深知，要使中国的洋务事业有后劲，必须参照国外的办法，举办高等学校。

1895年，盛宣怀在天津海关道任上，积极为创办中国自己的高等院校而奔走各方。按说，盛宣怀管海关，办学校不是分内的事。但是盛宣怀之所以为盛宣怀，就在于他考虑问题是从整体的、国家的利益考虑的，不管是分内还是分外。还好，李鸿章的接班人、当时的直隶总督王文韶支持了他的计划，中西学堂赖以创办，校址设在天津，后更名北洋大学堂，就是今天的天津大学的前身。或许冥冥之中，盛家与王家很有缘分，七十多年后，王文韶的曾孙女王文瑛（小名三毛）嫁给了盛宣怀的外孙庄元端（盛七小姐盛爱颐的儿子），成了盛家的外孙媳妇。此乃后话。

北洋大学堂是中国官办的第一所西式大学，也是中国第一所工科大学，早于京师大学堂两年多。该校创办时分别设头等班四个、二等班四个，每班三十名学生。所谓二等班是预科性质，而头等班是大学。学生除了学习语言文字之外，主要学习理工方面的知识，如"天算、舆地、格致、制造、汽机、化矿诸学"，此为公共必修课。另外，学堂还将头等班的三十名学生，分为"律例、矿务、制造"三个专科，以培养专门人才。1897年，北洋铁路学堂合并于北洋大学堂，于是又增加了铁路一科。尽管按照今天的标准看，这所大学还不算完备，但这毕竟是中国高等教育迈出的第一步，是一所中国还在科举时代就诞生了的、前所未有的系统学习科技理论和专门技术的大学堂。

紧接着，盛宣怀又在上海创办了南洋公学，即上海交通大学的前身。因他1896年10月卸任天津海关道一职来到上海，出任铁路总公司督办，此后长驻上海，于是又把办大学的理念带到上海生根开花，用他的话来说就是："试办中西学堂，系为造就人才，大处着笔，方能开天下风气之先，挽中国积弱之政。"此时，他已经被授予太常寺少卿和专折奏事特权，可以直接向朝廷打报告了，无需受地方官员的限制。于是他为开办南洋公学专门向朝廷奏上一折，即《筹集商捐开办南洋公学折》，而且慷慨解囊，表示"学堂基地由臣捐购"，同时设计了开办此校的可行性，即经费来源：常年经费由他所经营的轮船招商局和电报局每年各捐出十万两银。其他关于学校房舍、仪器、图书等设备，乃至派遣学员出国留学等经费，均一一亲为筹措妥当。他甚至派他的洋幕僚、著名的中国通、美国人福开森担任此校的总监，使这所大学以更加丰富的面貌有别于北洋大学。

南洋公学最初以文科为主，而且非常注重基础教育，甚至囊括了小学教育和师范教育。在1897年招生时，首先招收师范生，又仿照日本师范学校附属小学校的办法，办了一所外院（即小学堂）。第二年办了中院（即二等学堂、中学），继而再办上院（即大学），逐步达到北洋大学堂的办学水平与规模。在上述师范学院、外院、中院、上院四部

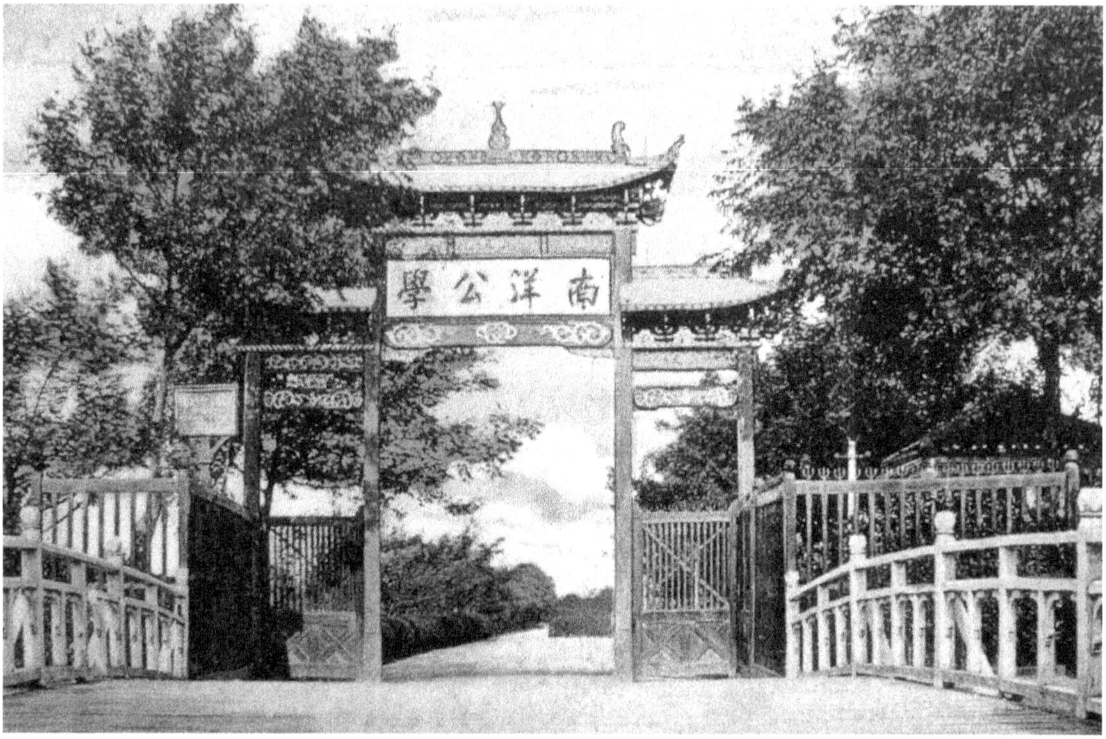

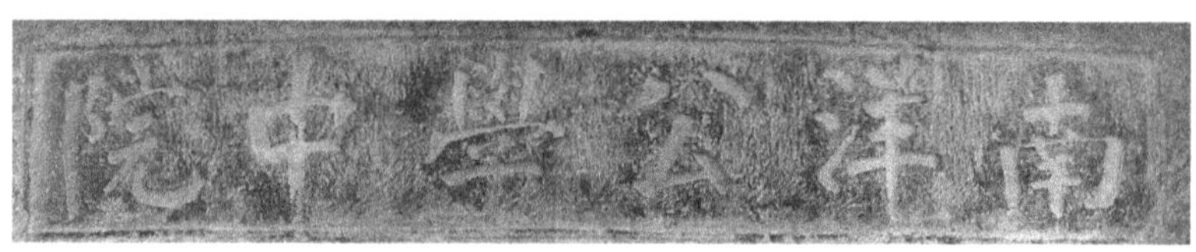

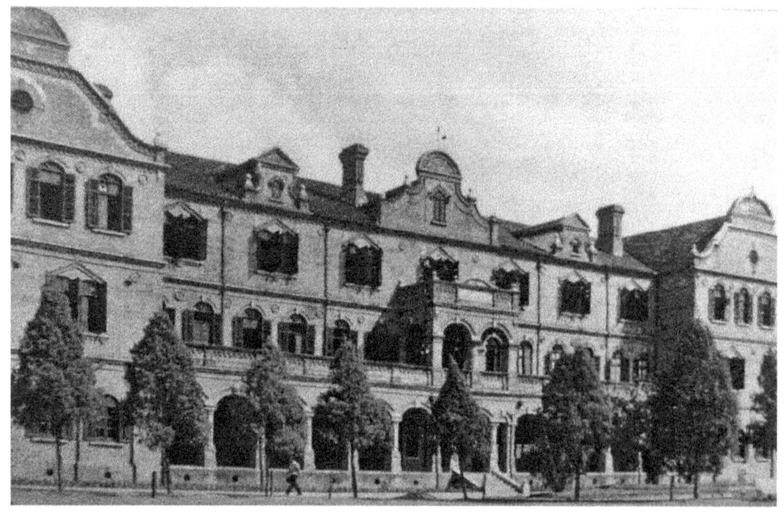

㊤ 盛宣怀创办的南洋公学（上海交通大学）老校门

㊦ 南洋公学中院

正规学制之外，1899年，又开办了一个"特班"，"专教中西政治、文学、法律、道德诸学，以储经济特科人才之用"。这个"特班"类似后来的政治经济研究生班，是培养高级文科通用型人才的。盛宣怀一生的实干精神在办学方面也体现得淋漓尽致，要办就要办得有声有色，有实际效用。在此五个层次的班级之外，他又开设了译书院、东文学堂、商务学堂，均属于"附属公学者"，类似于后来的专科学校。

其中，南洋公学仅存在了四年时间，但贡献不小，翻译出版了13种共40余部外文书，其中有严复翻译的苏格兰经济学家、哲学家亚当·斯密的著名著作《原富》22册（后来的译本叫《国富论》）。不少书都风行一时，对中国思想界和学术界影响很大，对民主思想的传播也起到了一定作用。

1901年李鸿章去世，袁世凯接替直隶总督兼北洋大臣之后，又逢盛宣怀父亲盛康

1923年落成的盛宣怀铜像

去世，盛宣怀必须离职守制之时，袁世凯趁机抢占了轮船招商局和电报局的领导权，并于1903年令南洋公学改隶北洋，造成译书院经费不继，只好停办了。

转眼一百多年过去了。如今，天津大学和上海交通大学均成为中国一流的高等院校。饮水思源，继往开来。两所高校均在校园里竖立了创办者盛宣怀的铜像和蜡像，恢复了历史的本来面目，给予他公正的评价。上海交通大学与盛家后人保持了多年的联系，在该校创办一百周年时，特请盛宣怀的孙子盛毓度一家作为盛家的代表，前来参加校庆盛典。盛毓度向该校捐献一座"留园宾馆"，同时在该校设立"盛毓度奖学金"，激励品学兼优的学生。2011年，在该校创办一百一十五周年校庆的时候，盛宣怀的曾孙女盛承慧又捐献一千万元，用于该校设立"盛毓绥细胞与免疫学研究中心"。

盛家祖孙四代人热心办学，不断促进高校事业发展，不能不传为佳话。

力挽中国

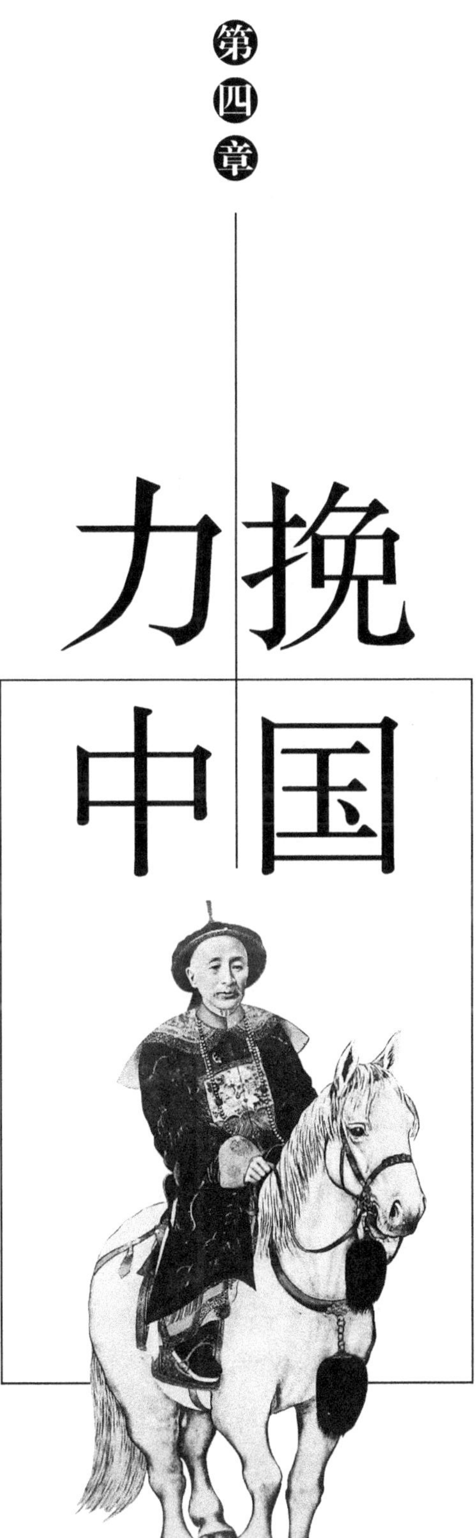

人在商界而鞭辟中枢

1900年（庚子）是百年来中国最痛苦的年头之一。

这一年盛宣怀正在全国铁路总公司督办的任上，还是汉冶萍公司、中国电报总局和中国通商银行的老板。一般情况下，晚清政坛上的事是轮不到他管的，他肩上那些"富强要政"已经让他忙得够呛了。但是有时候你不管政治，政治还是要来管你的。眼看北方"拳乱"日起，把他千辛万苦建起来的电报、电话、铁路等设施，一阵旋风似地刮得乱七八糟，大局愈发不可收拾，他必须出来"突出"一下政治了。

这年春天盛宣怀接到上谕，要他去北京与聂缉椝会同总税务司赫德，照会各国公使，着手修改税则事宜，争取能够通过增加进口物品税收的办法，来对付因甲午战败带来的巨额战争赔款。

这年五月，北京城里已经有义和团活动的踪迹，马路上时常能看到义和团的揭贴，直隶、山东、山西、河南等地，义和团已成如火如荼之势，烧教堂、杀"二毛"、拔电线杆、掀翻铁路……凡是有洋人和洋货的地方，大都遭了殃。各国不断向北京发出警告，他们的部队正在集结并向北京进发。

要命的是，朝廷内部对于"抚团"还是"剿团"的立场长时间没有确定，两种意见针锋相对，互不上下，慈禧太后忽左忽右，久无定论，督抚大员无法作为，使得局面越来越乱。以慈禧太后身边的几个"载"字辈的满族亲贵（即载勋、载漪、载濂、载滢，后人称之为西太后身边的"四人帮"）为基干，还有大学士刚毅、大学士徐桐父子、甘军首领董福祥、前任山东巡抚毓贤等，都是力主"抚团灭洋"的"好汉"；而以兵部尚书徐用仪、光禄寺卿袁昶、吏部侍郎许景澄，以及东南一带的封疆大吏李鸿章、刘坤一、张之洞、袁世凯等人，则是主张"剿杀拳匪"，和平解决教案问题，主要目的是力争在一个相

义和团在天津

对稳定的环境里，师夷之长，加强"新政"，壮大自己。

在此性命交关的紧急关头，老奸巨猾的军机大臣、老佛爷的心腹之臣荣禄却"生病"了，闭门不出，也就不需表态。

在这种复杂的局面下，精明的盛宣怀在一旁洞若观火，尤其是荣禄的不明态度，使他"轧出苗头"，预感到京城将出大乱，于是赶紧收拾行囊，携带家眷，向朝廷奏明"前往上海考察货物时价"，匆匆赶回上海。

盛宣怀毕竟是清廷的忠臣，三代受恩于清廷，在此危难时刻，必然以"执政党"的利益为重。于是，他心急火燎地飞驰函电，请求中央赶紧抓住时机，加紧围剿，勿使事态滋蔓。他向两江总督刘坤一通报情况："拳匪二十九、初一将涿州至卢沟桥丰台铁路车站机厂全行焚毁……"又向朝廷建议："必须临以纪律严明之大军，方易解散了结。否则养痈成患，滋蔓难图。地方受害，何止铁路！"他又向荣禄等大帅建议："凡聚众持械，即准格杀，以免统将误会，袖手失机"；"津城市教堂三处被毁，聚众不散，病在不肯杀人！"

他甚至直接电奏皇上："今匪患已著，若再姑容，恐各省会匪愈炽，内外勾结，或有举动，更恐各国推广保护使馆之议，派兵分护商埠、教堂、铁路，何堪设想！……似宜趁各省土匪尚未联合，外人尚未启齿，即就现在有力，克期肃清畿辅，消外衅而遏效尤。"

他还劝说总理各国事务衙门，应当尽快主动将"剿拳"、"护洋"的方针照会各国事务衙门，要让他们知道，朝廷已经在派兵剿匪了，并无姑息，以堵洋人的嘴。一旦外衅内乱相因而至，大清王朝危若累卵，后果将不堪设想！也可以说，盛宣怀在五月初九那天的电奏中，就已经预见到了八国联军登陆入京的一幕。

这期间，由于慈禧太后的怂恿姑息，北方的局势一发不可收拾。京津地区的电线杆全被拔起，电线全被拉断，北京与外界的通讯联络完全中断，琉璃河、长辛店、丰台一带的铁路也全被破坏……朝廷的圣旨只好依靠古老的"八百里快骑"往济南传送，再通过坐镇济南的袁世凯与各地联络。李鸿章这时身在广州，段数也不低，他派大儿子李经方前往济南，与袁世凯共济时艰，济南就成了临时的情报联络中心。

北方的战火使上海的经济遭受了巨大损失，各地在上海转口的货物无法运出，轮船招商局的营业额不及平时的一半，江海关的税行到了门可罗雀的地步。更为严重的是，英国人已经把三艘军舰分别开到了汉口、南京和吴淞口，以防不测；还放出舆论，一旦形势需要，英国将出兵占领江阴炮台、江南制造局以及整个吴淞地区。

盛宣怀再也坐不住了，他不断地致电长江沿线的总督大员张之洞、刘坤一及山东巡抚袁世凯，互通情报，献计献策，同时与宁、汉、沪等地的各国领事频频接触，酝酿中东南地区实行"互保"，与朝廷的"抚团灭洋"政策来了个分庭抗礼。这就是说，你朝廷若弄得战火南下，对不起，我们南边要"格杀勿论"。你们要"灭洋"，由你们灭去，我们南边却要联合一起，实行"互为保护"。凭盛宣怀的聪明才智，他知道清廷并无与洋人打到底的决心与实力，弄到最后，少不了又要与洋人讲和，说不定今天是"借团灭洋"，明天还会"借洋灭团"呢！后来的事实表明，盛宣怀不愧为大战略家，他把后来的事情全预料到了。

南方的督抚思想基本统一了，可以实行"互保"，而北方的战火何时能灭？盛宣怀这时寄希望于他的老上级李鸿章。李鸿章自甲午战败后已经失势，此时在天涯海角当两广总督。他致电李鸿章，劝他在国家危难的关头出来主持和局。而李老夫子却说："国事太乱，政出多门，鄙人何能为力！"他又去游说张之洞，说："傅相（指李鸿章）督直二十五年，深得民心，若调回北洋，内乱外衅，或可渐弥。"同一天他又致电刘坤一，希望张、刘二人以封疆重臣的资格，向朝廷推荐李鸿章回镇直隶，拯救万一。

盛宣怀这时还直接向握有兵权的荣禄直接进言，也是建议调李鸿章回京平乱："李

盛宣怀画像

鸿章督直二十五年,久得民心,威名素著,即调令督直,限十日到津,于平内乱及劝阻洋兵进京,必能做到。"

平心而论,荣禄对时局是看得很清楚的。他对老佛爷的"抚团"政策虽不敢公开抗旨,但对于"灭洋"一条,却采取了阳奉阴违的做法。在董福祥的甘军攻打东交民巷的间隙,他想方设法暗中接济外国使馆,送去西瓜、蔬菜和武器,不敢把事做绝,使得双方在谈谈打打中相持了五十多天而使馆始终未被攻下,而围攻使馆的甘军和义和团却死伤千余。当他的部下、中军分统张怀芝前来府邸请示,到底要不要听从端王的命令,向东交民巷里发起炮击时,他支吾其词。张怀芝见此状更不敢自作主张了,便赖在荣府里不走,非等个准信不行。最后荣禄来了个春秋妙语:"横竖炮声一响,里边(指宫里边)也是听得见的。"张怀芝大悟,匆匆赶回城墙上,把进口的德国大炮,对准东交民巷使馆区后面的空地,重炮齐发……

这说明在此危难之际,荣禄与盛宣怀也是英雄惜英雄,基本观点是一致的,于是同意了盛宣怀的建议,也力主调李鸿章回京。朝廷遂于7月8日,重新任命李鸿章为直隶总督,使其以全权大臣的资格与列强谈判。

盛宣怀赶紧电告还在广州的李鸿章:"洋兵到京尚需一月,顷商各领事,如各使尚存,除德国外,似可先议停战之法,或送中堂进大沽,或送外使到上海,彼此可商。事极急迫,务请师速到上海再筹进止。愈迟愈难,此正不待驾而行之时也!"

盛宣怀仅仅是一商界领袖而已,此时却在指挥李鸿章了。

"东南互保"隔江灭火

1900年6月21日，慈禧太后不顾后果，正式下诏与十一国列强同时宣战，并命各省督抚，召集"义民成团，借御外侮"，在此之前还命总理衙门照会各国公使，限他们二十四小时之内立即离京，否则就不负保护之责……

令下的当天，张之洞等就表示不服。李鸿章则致电盛宣怀："乱命不可从之！"这个一辈子忠于清廷的老臣，在此非常之时公然与朝廷唱起了反调。盛宣怀则更甚，他驰电各地，称朝廷的这个命令是假的，因为朝廷已被义和团所把持，让大家不要执行。同时又密呈各督抚，劝他们勿声张，勿执行，勿转发，否则将酿成巨变。这时的盛宣怀真是胆大包天，他竟敢指使各地官员抗拒朝廷的命令！

事关重大，事不宜迟，北方已乱，现在必须保住江南的稳定。盛宣怀与李鸿章、张之洞、刘坤一、袁世凯等东南一带的督抚大员取得了一致意见，成了串联"东南互保"的中心人物，在他的洋幕僚福开森的帮助下，还草拟了与上海各国领事的"互保"条款八条。6月24日（即慈禧下令开战的第三天），张、刘二人接到了约款八条的电文，表示同意，并称赞盛宣怀思虑周密。于是，才有两江总督刘坤一命令上海道台余联沅，在此八条的基础上，紧急与在上海的各国领事会商，从速订约。

于是，6月26日，长江南北出现了截然不同的局面，北京城里火光冲天，杀气腾腾，而上海却是一派和谈景象：以上海道台余联沅为首的中国方面代表团，在未经朝廷许可的情况下，擅自与列强各国驻沪的领事，举行了一次有历史意义的会谈，签订了关于"东南互保"的条约（草约），地点在上海浙江北路的会审公堂，就是沪上老百姓讲的"新衙门"。盛宣怀以特殊身份——既非上海道台，亦非长江各地督抚，更非朝廷特使，然而却是这个"东南互保"的幕后策划者，堂而皇之地也入座谈判桌。

《东南互保》条约的谈判地：上海公共租界会审公廨（现已拆）

　　经过商谈，当即通过了《东南保护条约》（又称《中外互保章程》）九条，主要内容是：上海租界归各国共同保护，长江及苏杭等内地归各督抚保护，两不相扰；长江及苏杭各地商民教士产业均归南洋大臣刘坤一、两湖督宪张之洞允认切实加以保护，严拿匪徒……根据这一条约，又制定了《中西官议保护上海城厢内外章程》十条，主要内容是：上海租界由各国巡防保护；上海道添募巡捕，严拿流氓土棍；请各国银行照常支持钱庄业拆转输，以免钱庄倒闭，市面破坏；钞票照常使用，中外双方加以支持；等等。

　　这些条款自然符合各国在华的利益，当然也符合中国的当前利益，而且事先都已经密议过了，所以照理到了谈判桌上，事情就好办多了，但还是出现了非常惊险的一幕。

　　据当天也参加会谈并为"互保"出过很大力气的赵凤昌（常州人，张之洞的幕僚，晚年居沪）说，那天会谈为排座位的问题，也是颇费脑筋的。会谈既然是以上海道台牵头，自然由上海道台余联沅主持会议，并代表中国方面发言。而盛宣怀是幕后人，不属于签约人，按说位子是不便往前排的。但是，余联沅这位道台大人一向"拙于应付"，临时遇到"突发事件"是拿不出主意的。没办法，只好把盛宣怀以太常寺卿的名义硬安排在余联沅的身边，其次才是各省派来的道员。会前又与余联沅讲好，一旦遇到棘手的问题，可以及时与身边的盛宣怀商量后再作答复。

果然，会谈一开始，"突发事件"就来了。外国领事团中的领袖领事、美国人古纳率先发问："今日各督抚与各国订立互保之约，倘若贵国大皇帝又下旨来杀洋人，你们遵办否？"的确，一周前朝廷已经下令与各国宣战了，你们南方各省难道不听吗？此语颇难应付。只见"余道即转盛踟蹰。盛告余：'即答以今日订约系奏明办理'。'奏明办理'四字本公牍恒言，古领向亦解之，意为已获谕允，即诺诺，而两方签约散会。盛回来，深服予之先见，预与余道有约，幸渡危境。予亦极称其迅答四字之圆妙"（赵凤昌《惜阴堂笔记》）。如今看来，盛宣怀的确身手不凡，到了关键时刻，该撒谎时就撒谎！

为了贯彻"东南互保"的精神，盛宣怀、张之洞和刘坤一又分别致电其他地方官员，说明这是一个委曲求全之策，要求他们务必顾全大局，一律照办。结果各地聪明的长官一致响应，两广总督李鸿章、闽浙总督许应骙、山东巡抚袁世凯均表示全力支持。这么一来，"互保"的范围就从原来的长江一线，扩展到了苏、赣、鄂、粤、湘等十多个省。而在这个时候，北京城内主和的五位大臣都被砍了头。他们是前驻俄公使、吏部左侍郎许景澄，太常寺卿袁昶，兵部尚书徐用仪，内阁学士联元，前户部尚书立山。所谓旬日之间连诛五大臣，即指此。

"非汝等，恐无今日"

果然，北京的主战派"战"了没多久就打不下去了，义和团"刀枪不入"的神话在八国联军的炮火下一败涂地。7月14日天津失守，一个月后北京城被攻破，慈禧太后没了法子，方寸大乱，急忙挟天子赶紧逃命，同时一道道紧急命令发往广东，命李鸿章立马"入都议和"。

但是，洋人被砍了那么多人头，被烧了那么多洋楼，仇尚未报，气尚未消，怎么可能坐下来跟你讲和？清廷原先的牛气一时全无，只顾一道道"金牌"催李北上。李鸿章7月21日到达上海，与盛宣怀密议了两天，然后由盛宣怀电告张之洞和刘坤一，眼下只能在上海静观时局变化，北京一时还进不去。

8月24日，逃亡中的清廷生怕李鸿章搭架子不肯进京，大拍李鸿章马屁，在"全权大臣"之上又加了"便宜行事"的特权。此时，八国联军占领北京已有十天，其"愤"已大泄，朝野"惩治祸首"的呼声正高，形势到了这个份上，盛宣怀乃安排李鸿章北上，认为和谈的时机差不多了。

而李鸿章要拉盛宣怀一起北上。老李毕竟年近八十，又是要面对十一国列强，他实在需要有盛宣怀这样一个足智多谋的人从中相助。何况与此同时，与李鸿章一起被委为"议和大臣"的庆亲王奕劻，也专电奏调盛宣怀进京"襄办和约"。然而，南方的几员大将不同意。两江总督刘坤一以盛宣怀"内与疆吏联络奏事，外与各领事传达意见，商量止兵，斡旋危机"，无可替代为由，驰电坚请"毋北辕"。张之洞也来电曰："北可无公，南不可无公！"反对盛宣怀北上，希望他仍留在南方暗中主持一切。

盛宣怀成了香饽饽，南北都抢。他分身无术，灵机一动，去请示父亲盛康，请他为其决断。此时盛康虽在苏州留园养老，但对局势看得一清二楚，他对儿子说："时局如斯，宜退不宜进。"这样，盛宣怀在老上级面前也好交账了：是父亲不容许他去。

李鸿章只好独自北上，临行留给盛宣怀一句话："和议成，我必死。"果真如此，辛丑条约一签订，"西狩"的慈禧和朝廷尚未回到北京，李鸿章就在北京东城的贤良寺咯血西去了。这也证明了盛康的英明，卖国贼的千古骂名让李鸿章一个人去背了，盛宣怀倒是躲过了一劫。

关于在整个庚子之乱中的种种策划，盛宣怀的儿子盛同颐等在其父的《行状》中还有不少精彩的记叙，与史实查对起来，并非过溢之词。其中说道："方事之殷，外馆被围之际，其国人疑其使臣已尽亡，益合力致死于我，设谋之酷，有不忍言者。府君（盛宣怀）独密呈荣相（荣禄），请允许各使馆通讯本国，先平其愤，而释其疑。不数日，美使康格首有密电至华盛顿（当时北京与外界的通讯联络早已中断，官方通讯全仗荣禄与

慈禧太后

济南山东巡抚衙门内的'八百里快骑'跑旧驿道，即荣禄准许他们往本国发电文，概亦是动用了这条渠道——笔者注），美国人大悦，始创保全中国之议。列邦虽不一致，卒皆相率允从，功在宗社，断推此举。又当祸首主战时，曾有停解应还洋款改充军饷之谕，忠诚（刘坤一）亦难之。府君谓，洋款一衍期，彼必据我海关，自收自解，且正在议偿兵费，必致借口干预财政，此大不可。忠诚遂令沪道照解……其他如借设海线以通文告，代撰国书以洽邦交，请惩祸首，罢董军，诛毓贤，宥赵舒翘，恤五忠，撤销矫伪诏旨，皆于当日全局有绝大关系而为世人所不尽知者。"

1903年，天下已是另外一番景象了。4月间，两宫皇太后谒东陵。因盛宣怀父亲盛康去世，正在守制，朝廷准其以素服冠顶在保定迎驾请安。西太后此时还专门召见了盛宣怀，犒赏了一些食品类的东西，无限感慨地对他说："非汝等力保东南，恐无今日！"盛宣怀在危急关头力挽狂澜，到这时候，总算听到了西太后一句良心话。

盛康之死与大权旁落

1902年这一年对于盛宣怀来说，是个背运的年头。首先是他的老父亲盛康在这年10月间去世了。

盛康对于盛宣怀来说，不仅是一般意义上的父亲，而是他人生道路上的第一任导师和坚强的后盾。当年盛康在湖北做官时，就把这个长子带在身边，指点其学问，使其能接触有识之士，有意开拓其眼界。在他步入仕途之后，父子间时常鱼雁往还，不论是商情还是政情，儿子总要请老爹帮忙掂量掂量。父亲则观其言，察其行，以识途老马之身，不时地指点深浅，时时给儿子提个醒。假如当年他把儿子留在身边享清福的话，盛宣怀就没有机会进入李鸿章的幕府，更遑论在近代洋务运动中大展身手。假如没有老太爷庚子年"宜退不宜进"的微言大义，恐怕盛宣怀如今也被列入"划诺大臣"之列了，就不会成为今天的盛宣怀，这都充分体现了这位宦海老将的真水平。

如今老太爷西归道山，这使盛宣怀从1901年失去了老上级李鸿章之后，再次感到了人世的苍凉。按照传统旧制，父亲去世了，儿子要守制三年，这就意味着他所担任的职务都要停搁三年，这在那个时代是非常无奈的事情。清廷为使他安心"守制"，援例除去了他所兼各职，只保留了铁路总公司督办之职。这件事上，有一个人非常高兴，此人就是袁世凯。

袁世凯和盛宣怀都是李鸿章的得意门生，但是李似乎在政治和军事上更看好袁世凯，而在经济上更看重盛宣怀。李鸿章用人确实扬长避短，发挥了他们各自的特长。袁世凯确有驾驭北方的本领，但他的小站练兵、培养党羽、结交各方势力，都需要大量的钱财，在这一点上，他极为眼红盛宣怀手里的实业，总想伺机从盛的锅里捞上一勺。两个人虽然脸面上从未正式交锋过，但各自心中有数。这年盛康一死，盛宣怀"守制"期间，就给了袁世凯机会。

一直与盛宣怀暗中较劲的袁世凯

　　清廷拟派北方开平矿务局的督办张翼，来接手盛宣怀办得最有成效的轮船招商局和电报局。张翼这个人在八国联军侵华时，经手把开平煤矿主权卖给了英国人，此事让盛宣怀极不放心，所以反对由他接办。袁世凯时任直隶总督兼北洋大臣，盛宣怀就写信给他，希望他能干涉一下此事。

　　这下正中袁世凯的下怀，他认为与其让户部把轮、电二局拿去，还不如归到自己手下更放心。11月，袁世凯千里迢迢来到上海，明说是来吊唁，实际上是与盛宣怀来商量轮、电二局的接办事宜。盛宣怀原以为归北洋管，不过如李鸿章时代一样，只是委任一个总办，毫无掣肘。但是袁世凯回到北京却谋诸荣禄，摆足了北洋大臣的架子，采取了豪夺的办法，首先派出电政大臣接管电报局，又把轮船招商局由商办改成官办，而且不归还商本。这下把盛宣怀气坏了——官府如此伤天害理，将来还怎么有脸再去"招商"呢？而且，商人的利益一旦受到损害，就不再相信政府，他们手中的股票就势必出卖给洋商，这么一来，几十年与洋商争利的苦心，不就全白费了吗？

　　为了抵制袁世凯，盛宣怀心生一计——既然你把轮、电二局都拿去了，那么索性把汉阳铁厂一并拿去算了！他原想以此要挟一下袁世凯，甩给他一个包袱，因为汉阳铁厂从张之洞手里接办时，就已经亏损了五百万两，接办六年来虽然情况大有好转，但毕竟还实

70

盛宣怀的印章

赔一百四十万两，他认为凭袁世凯的心机，是断不会接收一个亏损的厂子的。然而这一着棋盛氏看错了。袁世凯原本是官场老滑头，对人情事理有入木三分的功夫，他断定盛宣怀是不会真心放弃汉阳铁厂的，因为盛氏几年来已经下了大本钱，铁厂成了他的命根子。他看出盛氏只不过是故意要挟而已，所以将计就计，竟一口答应"吃下"汉阳铁厂。这下把盛某人弄狼狈了，到头来还要把话圆回来。这也使盛宣怀深切体会了袁某人的厉害，所以时隔九年之后，辛亥革命爆发，盛宣怀也是极力推荐袁世凯出山的人之一。

至于轮、电二局到了袁世凯手里之后，果然如盛宣怀预计的那样，经营上日趋衰落，管理上日益腐败。他的亲信郑观应作了调查后向他汇报说："轮局北洋大臣所委各会办多是直隶候补道，用非所学，各怀私意，事权不一"；"官气日重，亏耗日巨"。而电局"视同公产，干预用人之权，弊端颇多。各局总办皆系官员，动辄仗势凌人。虽自译电码之报，亦须译费，且云不能即发，若要即发，须作急电，索费双倍；不允照加者，常见其所发之电，接在电政局信之后，商民莫可如何……" 可知这两个当时堪称样板的先进企业，在袁世凯手里已经沦为官僚机构，根本无法与当年相比了。

盛宣怀得知实情怒不可遏，虽在"守制"，手中无权了，但是发发声音的地方还有的是。他到处告状，揭露实情，说他当初督办轮船招商局时，所收华商资本才二百万两，而到交给袁世凯的时候，所有口岸、码头、栈房、轮船及地产等，已经价值两千万两，

"交替已逾四载，自应大有进步，但调查情形，不特一无推广，长江、天津洋商轮船增添不少，而招商局轮船仍未加多，各口岸码头栈房并无一处增添，反将上海浦东码头、天津塘沽码头、南京下关码头卖出……"真乃岂有此理！

如此看来，袁世凯还真不是搞经济的料，与他的洋务大臣的官帽实在不相称，跟他的前任李鸿章比起来，简直有天壤之别。他不懂得经济是基础的道理，路数差得太远了。

几年后，慈禧和光绪先后驾崩，朝廷里由奕劻总理朝政。奕劻不喜欢袁世凯，恨他当年对光绪皇帝的出卖，这下有权了，就变着法子与袁世凯作对，终于找到一个借口，把袁世凯赶回老家"垂钓洹上"去了。这样，轮船招商局才又回到了盛宣怀的手里。

第五章

魂断铁路

买了条铁路再拆掉

盛宣怀第一次办铁路是在上海，然而不是筑铁路而是拆铁路，因为那铁路不是中国人建的，而是英国怡和洋行瞒着中国政府偷偷造起来的，即第一条吴淞铁路（中国的第一条营运铁路）。

擅自在中国的土地上造铁路，自然是侵犯了中国主权，清廷非常恼火，叫李鸿章火速处理。但是对手是号称"洋行之王"的怡和洋行，历来不好对付，于是李鸿章命盛宣怀前去查办。为了避免引发更大的争端，李鸿章给盛宣怀的原则是，先花钱买下来，然后再拆掉。盛宣怀原本不同意拆掉，认为拆了太可惜，买下来可以由华商经营，可是当时的清廷愚钝迂腐，视铁路如洪水猛兽，怎能容其留下？

诞生于中国境内的第一条营运铁路，全长十五公里。1876年6月30日，从苏州河边的天后宫到江湾镇一段建成通车（比中国自己建造的第一条铁路唐胥铁路早了五年），与世界上第一条铁路——英国利物浦至曼彻斯特铁路的诞生，相距四十六年，而这时的美国东海岸，已经有三万英里的铁路了。

怡和洋行在中国以贩卖鸦片著称，不知道干了多少坏事，然而这条短短的铁路，还是给生性好奇的上海市民带来了很大的快乐。六节车厢不够用了就挂九节，每天男女老少"人多如墙"，尤其是妇女和孩子，把"游铁路"视为旅游新项目，尽管票价昂贵（一张中等的坐票也要二斗半米的价格），还是人如潮至。

当时的《申报》曾作过生动的报道："男女老幼，纷至沓来，大半愿坐上中二等车，顷刻之间，车厢已无虚位，竟有买了上中等票仍坐下等的，到了车已开行，而来客仍如潮至。""铁路两旁，观者云集，欲搭坐者，已繁杂不可计数……最有趣者，莫如看田内乡民……皆面对铁路，停工而呆视，或有老妇扶杖而张口延望者，或有少年荷锄而痴立

1876年运抵上海的吴淞铁
路先锋号机车

者，或有弱女子观之而喜笑者……未有一人不面带喜色也。"

然而中国的朝廷不喜欢它，一些乡绅士大夫不喜欢它，当地因造铁路而失去土地的农民也不喜欢它，认为火车打破了传统秩序的宁静，损坏了田庐，破坏了风水，惊扰了坟墓中祖先的亡灵……甚至连当过中国第一任驻德国公使，算是见过大世面的刘锡鸿也认为："西洋专奉天主耶稣，不知山川之神……山川之神不安，即旱潦之灾易召。"既然朝廷不喜欢铁路，那么这第一条铁路的命运就注定不会好了。再加上通车不久就出了人命事故，火车轧死了人，事情就更大了。上海道台冯焌光提出"以命偿命"，判处火车司机死刑，而外国人则怀疑这是地方官员的阴谋……

上海道台应付不了这个局面，李鸿章就派盛宣怀来，叫他买下来再拆掉。这个故事至今被视为铁路史上的大笑话。

但是要买下来，怎么买？花多少钱才算公道？这都是十分棘手的问题，怡和洋行的后台是英国领事馆，弄不好又会成外交争端。

果然，英方的谈判正使梅辉立骄横跋扈，根本不把盛宣怀放在眼里，既不议价也不肯交出账册。盛宣怀到达上海的第二天，他就宣布离沪赴京，有意拖延。盛宣怀在天津几年，已经积累了与洋人打交道的经验，他一方面扛着李鸿章的大牌子对梅辉立进行劝慰，说他"领会大局，办事爽直"，另一方面也正色提醒他：你若去北京，那我就先去湖北办矿，吴淞铁路既然不合法，就不能营运，不能营运你们资金无法周转，拖下去只能是损害你们自己，你看着办吧！

其实盛宣怀心里明白，此时是不能让他去北京的，北京的一班昏官见洋人进京就没了魂，不问青红皂白，板子就要往下打的。于是扮了红脸后，他还要扮白脸：不如"请贵正使暂留数日，先看看总账，即可议定总数，随即再核细账，办事贵持大体，不必过较锱铢"。这么一说，打掉了梅辉立的嚣张气焰，只得回到谈判桌上来了。

1876年10月，盛宣怀一行来到外滩外白渡桥边的英国驻沪领事馆看账本，怡和洋行出具了表册，居然要价三十七万两银子。盛宣怀这时不讲"不必过较锱铢"了，而是提出查阅工程的细账，凡有重要疑问之处他都要亲自过目。他在怡和洋行的账本上注明了许多问号和"应除"、"应查"等字样，要对方作出解释。最后按中方的算法，这条铁路的造价应当是二十九万两银。

吴淞铁路旁边围观的老百姓

然而这个数字英方不认，声称筑此路实际用项已有三十万两，还有其他费用，现在不让营运，已赔血本，所以不情愿廉价卖给中方，转而提出一个"代办"的方案——"如代办三十年，不特索价值，情愿贴捐三十万，即代办十年亦可迁就。"意思是，你们不必买断，这条铁路就算是你们中国人自己造的，由我们来"代办"经营还不行吗？只要你肯让我们代办三十年，我们不仅不要钱，情愿贴你三十万。如果三十年不行，十年总可以吧？怡和洋行的这个价码，说明这条铁路多有赚头！事实上在1876年12月仅一个月间，这条铁路就运送旅客17 000余人；至1877年8月间，共运送旅客16万人，经济效益是显而易见的。可是清廷不管三七二十一，坚持要买下来拆掉。这样一来，盛宣怀只得硬着头皮跟他们打价格战。

经过多少个回合，双方还是相持不下。最后盛宣怀想出了一个"折旧"的理由，使英方张口结舌，大出意外。他说，即便是按照你们西方人的算法，我们买下的应当是一条新铁路，而事实上到我们款项付清为止，这条铁路你们已经使用过一年多了，按照你们的惯例，应当"折旧"。这么一来，对方没话说了，最终以二十八万五千两买断。

盛宣怀和李鸿章的本意，是想买下铁路来"另招华商股份承办"，无奈朝廷整体昏庸，反对修建和经营铁路的声音远远高于洋务派，铁路最终还是拆掉了。盛宣怀为此心疼地说："我以巨资买回来不急之物。"言下之意，真是何必！这些被拆下来的路轨，后来在台湾巡抚刘铭传抚台时运到了台湾，本拟用于台湾筑路，又由于种种原因运回上海，后来又运到北方，成为开平煤矿矿区铁路的一段，材料总算没有浪费。

可是铁路毕竟是一个现代强国的必备之物，吴淞铁路一年间的营运情况已为朝野上下所关注。二十一年后，两江总督兼南洋通商大臣张之洞，根据北洋修筑军用铁路之例，奏请再建吴淞铁路，总算获得了清廷的允许，于是在1898年，这条多灾多难的吴淞铁路终于得以重建。这时的盛宣怀，已经出任全国铁路总公司的督办，办铁路已是他分内的事了。

转眼到1997年，吴淞铁路已经历了一百年沧桑岁月的洗礼，在"三年大变样"的大上海已经显得力不从心。4月初的一个清晨，一群铁路工人来到路边，用各种工具再次拆除了它。继之而起的是一条横贯大上海的天上之路——明珠线（轨道交通三号线），作为一条崭新的上海发展的标志性风景线，映入人们的眼帘。盛老夫子如地下有知，也该欣慰了。

铁路之难难于上青天

在晚清政坛上，最早、最起劲地呼吁举办铁路工业的朝廷大员是李鸿章。

早在吴淞铁路建成前的 1874 年，鉴于沿海形势吃紧，日本人出兵侵略我国台湾，英国人借口"马嘉理案"，强迫清廷签订了《烟台条约》……李鸿章就向朝廷呈递过一道著名的《筹议海防折》，提出"火车铁路，屯兵于旁，闻警驰援，可以一日千数百里，则统帅当不至于误事……"，主张为筹海防，为使南北沿海七省能连为一气，呼应通联，共同御敌，必须兴办铁路。

可是此折上去如石沉大海，在朝大臣均不置可否，保守势力仍大行其道，两宫皇太后于铁路更是懵懵懂懂，于是采取了最高明的态度：闭口不谈。

身为北洋大臣兼直隶总督的李鸿章心急火燎，曾去游说总理衙门大臣、恭亲王奕䜣（帮助慈禧太后发动北京政变的光绪皇帝的六叔，外号"鬼子六"）。李鸿章想从朝廷内部找同盟军，而奕䜣正是朝廷衮衮诸公中洋务细胞较活跃的一个。可是"鬼子六"一脸苦涩，他明知铁路是民族自强要策，但他不能在朝廷里树敌太多，他还指望李鸿章等自下而上地"运动"呢。

李鸿章没辙，又不甘心，只好玩起惯用的"灵活方法"——在下面先搞点小动作再说。他先拿唐山的煤铁矿区作为试点，修筑一段运煤的短途铁路。然而这个小试点也费了九牛二虎之力。1878 年，由开平煤铁矿总办唐廷枢出面上奏，要求修一条运煤的铁路，资金由矿务局自筹，但因遭到反对而没有成功。1880 年唐廷枢再次上奏，说是要从唐山煤井至胥各庄修一条连接河道的轻便铁路，为了避免朝臣非议，特地声明，这条铁路不设火车头，而用驴马来拖火车车皮，这才得到了"恩准"。

《点石斋画报》中的
火车行驶图

　　李鸿章当然不会满足于驴马拖载的现状，几经斡旋，1881年6月9日，中国人自建的第一条铁路唐胥铁路终于开始铺轨；当年的11月8日，工程竣工，开创了中国铁路事业的历史。这条铁路总共才十公里长，只有吴淞铁路的三分之二，采用每米十五公斤的轻型钢轨，使用英国工程师设计、中国工人制造的"龙号"火车头。可是就这么一条短短的铁路，也遭到了保守派们的攻击，以"机车直驶，震动东陵，且喷出黑烟，有伤禾稼"为名，下令禁止使用火车头，运煤车皮再次被驴马拖曳所替代。这场官司直到1882年才算有了结果，允许恢复使用机车牵引。

　　眼看这样"蜗行"下去不行，光打奏折远不能奏效，中国的振兴大业离不开铁路，必须让最高领导层开开眼界，李鸿章便想到让慈禧太后亲眼看看火车的神奇和威力，于是精心设计了一个实体广告，由法国商人出面送给慈禧一个玩具——一列小型的火车，同时在慈禧居住的西苑（即北、中、南海）建造一条小铁路，这大概是晚清最高层的铁路启蒙教育了。1888年年底，中南海出现了一条一千五百米长的微型铁路和一辆挂着六节车厢的小火车，从中海紫光阁驶出，经北海，最后抵达静心斋。这条冒烟的小铁龙风驰电掣，为皇家园囿第一次吹进了现代化的劲风，着实令那些皇亲国戚大开了眼界。慈禧太后是个聪明人，从此悟得这个世界的轮子的确是转得快了，从而由不置可否转向明确地支持修建铁路。李鸿章的一番苦心总算

盛宣怀53岁肖像

没有白费。

五个月后（即1889年5月5日），清廷终于发布了第一个关于兴办铁路的正式文件，内称铁路"为自强要策，必应通筹天下全局……但冀有益于国，无损于民，定一至当不易之策，即可毅然兴办"。这个文件的发布，距离李鸿章上的《筹议海防折》已经十五个年头"磨"过去了，尽管如此，至此毕竟宣告了以李鸿章为首的洋务派的胜利，洋务派们可以理直气壮而不必偷偷摸摸地建铁路了，于是就有了关东铁路的兴建与卢汉铁路的筹建。

数年后甲午战败，李鸿章失去了昔日的辉煌。朝野上下在一致声讨李鸿章的同时，变法自强的激情也空前高涨。这时，建造铁路被提到时务要端，谋划全国主要铁路干线的计划也被提上议事日程。在全国范围内大规模地规划和营造铁路的重任，就历史性地落在了盛宣怀的肩上。当时他在天津任津海关道。

盛宣怀的命运总体还算不错，在失去了李鸿章这个后台之后，又有了张之洞和王文韶两员大将来帮他撑腰，他俩联合向朝廷推荐，要盛宣怀来督办全国铁路。张之洞在给朝廷的奏折中讲得很明确："中国向来风气，官不习商业，商不晓官法，即或勤于官、通于商者，又多不谙洋务。惟该员

（指盛宣怀）能兼三长，且招商、电报各局著有成效。今欲招商承办铁路，似惟有该员堪以胜任。"换句话说，要主办全国铁路，非盛某人不可了。

此时的清廷为图振兴正思贤若渴，见重臣张之洞、王文韶联名具保，两个月后就有了下文。1896年9月，盛宣怀奉命入京，至总理衙门面呈《拟办铁路说贴》，在这个说贴里，他把自己关于举办全国铁路的初步设想全部托出，如特设铁路总公司，先造卢汉铁路，然后建苏沪、粤汉等线，不再另设公司；由总公司招集商股四十万股，每股银百两，拟先收七百万两作为根基，并暂入官股三百万两，以为天下倡率；由总公司先借官款一千万两，续借洋款两千万两，五年之后，分作二十五年归还；铁路总公司悉照公司章程办理，遴选各省公正殷实、声望素著之体面绅商十二人为总董……具按西方国家模式，消除官场习气；等等。总理衙门认为他的说法确有见地，即奏请准设铁路总公司，并由盛宣怀担任督办。

10月19日，光绪皇帝召见了盛宣怀，向其咨询南北铁路事宜，盛宣怀趁机敷陈大旨，侃侃而谈，深得光绪赞许。第二天，他的任命下来了："直隶津海关道盛宣怀着开缺，以四品京堂候补督办铁路总公司事务"，并授予专折奏事特权，从此，盛宣怀有权直接向皇帝打报告了。不久，他又被授予太常寺少卿的头衔。

1897年1月6日，根据盛宣怀的要求，中国铁路总公司在"天下华商以为会归"的上海挂牌开张，盛宣怀开始了十年筑路生涯。

慈禧太后乘坐的御用花车

挟官以凌商　挟商以蒙官

　　要建铁路，而且要建从北京至汉口的长达一千多公里的"中权干路"，即卢汉铁路，工程浩大、艰苦卓绝且不说，首先资金就是大问题。

　　当时清廷正背负着甲午战败的巨大战争赔款，自然无力再出巨资。这时有人主张集"洋股"较为容易，连李鸿章也认为，洋债不容易借到，而"洋股"则容易集，虽损失部分股权，但路能造得快。但是盛宣怀坚决反对，他认为股权不能放给洋人，此口一开，将来终必"因路割地，后患无穷"。他给王文韶写信，详述己见："借洋债与招洋股，大不相同……若借款自造，债是洋债，路是华路，不要海关抵押，并不必作为国债，只需奏明卢汉铁路招商局准其借用洋款，以路作保，袭由商局承办。分年招股还本，路利还息，便安。""若卢汉招洋股，鄂、豫、东、直腹地，原不至遽为所割，但此端一开，俄请筑路东三省，英请筑路滇、川、西藏，法请筑路两粤，毗连疆域，初则借路攘利，终必因路割地，后患无穷！"

　　由此可知，若把盛宣怀仅看成一个商人或是一般官僚，实在是小看他了。若说他只知"一只手拿十六只夜明珠"，则更是有眼无珠。他做事走一步而看三步，从筑路看到路权的得失，进而看到沿路地区主权的得失，这正是他"承上注下，可联南北，可联中外，可联官商"，知彼知己的精明过人之处。他宁肯走举借洋债的艰难之路，为此事，多少也得罪了老上级李鸿章。在这个问题上，仍是张之洞和王文韶支持了他。

　　可是到了招股的时候，突然传来消息，说是广东有几个人均称可以认股资五千万，他们愿意出资兴办卢汉铁路，请朝廷派员管理。信已经到了张之洞和王文韶手里，两帅听说中国人自己有钱来造铁路，自是兴奋无比，那不是天大的好事吗？那不就不用借洋债了吗？

可是盛宣怀就不轻易相信，他打听了这几个人的名字后尖锐地指出：岂有一个无名望之人能招千万巨股？他怀疑这些人的背后是洋人在操纵，如果表面上是华商集资，而背后实为洋人握有路股的话，那路权岂不是仍落入洋人之手？于是派人明察暗访，果不出他所料，所谓的华商民间集资，不过是一场骗局而已。盛宣怀毫不客气地断了这些人的财路，这大概就是说他"挟官以凌商"的出处吧。

说是借洋债，具体操作起来也断非易事，虽说西方各国资本巨头竞相前来表示愿意借钱给中国筑路，其实也都各怀鬼胎，前后说法不一，总想赚取更多的利益。盛宣怀等人比较下来，觉得比利时国的条件较为宽松，不像其他一些国家狮子大开口，又"不干预他事，较诸大国为胜"，因此决定向比利时借款修筑卢汉铁路。

1897年5月27日，盛宣怀在武昌与之签订了草约，即《卢汉铁路借款草合同》。按照这个草约规定，中国铁路总公司向比利时某公司借款四百五十万英镑，按九扣，实付四百零五万镑，年息四厘，期限三十年，以铁路为抵押；办理铁路之权归中国铁路总公司，比利时的公司派一人为监察并遴选外国工匠；筑路的材料须购自国外者，由比利时的公司承包一半。可是这个较为宽松的草约只是个以退为攻的策略，到了第二年要签正式合约的时候，他们又提出许多额外的条件。在原先讲好的年息四厘基础上又加收四毫，而且规定存付事宜由俄国、法国合资的华俄道胜银行办理，经手行佣二毫半；行车事宜由其公司派人经理，每年提取20%余利作为报酬；从他们公司运进的铁路材料，免纳关税厘金。对于后加的这些条件，盛宣怀虽然非常不满，但是终因筑路时间已经迫在眉睫，款项不能再拖了，如果罢议另外再谋他国，又恐要挟更甚，于是只得迁就。

结果，清政府先拨了一千万两官款交盛宣怀筑卢汉铁路，于1897年动工，建好一段就以之作抵押，再借洋款继续建造；造好一段后再抵押，借款之后再续造。就这样一段一段地建造，1905年9月南北两段终于建成；11月，黄河大桥（3 011.2米）也建造完成。整条铁路全线1 300多公里（包括六条支线），于1906年4月1日全线通车，改称京汉铁路，平均造价为每公里52 400银元。这在内外交困的晚清时代，不能不视为一桩惊天动地的壮举，直至今天，卢汉铁路仍是我国南北交通的

1906年京汉铁路通车时的碑文

大动脉。

其他铁路线如粤汉铁路、关东铁路、沪宁铁路、津浦铁路的借款和建造过程，也都充满了艰难和屈辱。洋人条件越开越高，胃口越来越大，有的甚至违背合约的条款，如向美国借款修筑粤汉铁路，美方一变再变，中方最后只好废除旧约，将筑路权收回自办。但从筹议向美国借款到收回自办，中间历经了八年之久，早已超过了原定竣工的日期，而到收回自办时，这条铁路才建了几十公里。

中国铁路总公司从成立到1906年裁撤，共经营了十年，这十年是近代中国铁路建设的高潮期，在盛宣怀的主持下，除了成功兴建了卢汉铁路，还修筑了淞沪铁路（吴淞到上海）、正太铁路（正定到太原）、广三铁路（广州到三水）、株萍铁路（株洲到萍乡）、道清铁路（道口到清化）、沪宁铁路（上海到南京）、汴洛铁路（开封到洛阳）。这些铁路后来对国计民生的深远影响，在一百多年以后的今天，应当看得很清楚了。

1903年，清廷改变了过去奉行的铁路政策，允许各省自办铁路。盛宣怀也很知趣，在卢汉铁路全线通车之后，就自请裁撤了铁路总公司，此后铁路事务就由商部统领了。

千奇百怪的"密电码"

  这时，铁路所带来的大利已让世人有目共睹，不仅列强纷纷插手中国铁路，各地官吏、富绅也都高举着振兴图强的旗帜，要求自办铁路。然而无论是借款筑路还是集华股筑路，都是困难重重。就拿粤汉铁路来说，清廷在决定举造卢汉铁路时，很快又允准次第筹办粤汉铁路，以期使南北干路合为一气。这时，湖南、湖北、广东三省的绅商认为自己有实力，可以承造粤汉铁路。可是朝廷认为，他们所谓自筹资金无非是向外商借款，与其由他们向外商借，还不如官方出面借，还能少一层中间盘剥，于是由盛宣怀函请驻美公使伍廷芳，就近与美国绅商筹议借款，并与美国华美合兴公司订立了《粤汉铁路借款草合同》。然而勘路和订立正式合同一事因故搁置，过了一年多才订立正式合同。华美合兴公司签了约却拿不出这么多钱，于是私下把股票的三分之二转让给了比利时资本巨头，并让出了七名董事中的六个席位。这一做法违背了原合同中关于"美国人不能将此合同转与他国及他国之人"的规定。盛宣怀自然要函嘱伍廷芳，将该合同"即应作废"。

  这么一来，到了1903年，湘、鄂、粤三省绅商再次旧事重提，聚议废约，争回自办。而盛宣怀对这些商绅，总有种说不出的不放心，他嫌他们心眼太多。集资兴建卢汉铁路时，他们应者寥寥，而要筑粤汉铁路了，却一下子变得非常有钱。盛宣怀怀疑他们与洋人串通一气，以谋大利。与其通过你们去借洋债，还不如我铁路总公司直接去借，何劳你们"大驾"呢？这是盛宣怀与南方诸省在筑路问题上长期以来结下的矛盾。

  粤汉铁路从筹议举借美债到收回自办，历经八年之久。如果能按当初的合同实施，该路应在五年内造成，到1905年理应通车了。然而，直到该路赎回时，仅修成广州

晚清铁路总公司股票

石围塘至佛山的16.5公里和佛山至三水的32.4公里，至于广州以北千余公里的铁路干线，根本还未开工呢！

更为严重的是，南方诸省的商绅原不是好惹的，他们也有着"承上注下、可联官商"的本事。没过多久，盛宣怀被朝廷告知，不允许他再过问粤汉铁路的事情。继而其他地方也出现了类似的情形。盛宣怀就叫他的同乡、实业家兼藏书家陶湘长驻北京，任卢汉铁路北路养路处机器总厂总办、卢汉铁路全路行车副监督，及时地为他打探宫中情报。

陶湘不愧为盛氏的心腹干将，忠心耿耿，一封封密电、密信飞向上海。确属机密的，就请专人专程赴沪送信，为避人耳目，信中涉及的朝廷大员的人名，多用古代人名来代替，这令一百年后的当代人读来，如坠五里雾中。如信中称李莲英为"青莲"，用李白的号青莲居士；"三藏"是指唐绍仪，用了唐僧玄奘的名字；"卧雪轩"是指袁世凯，用了《后汉书·袁安传》中袁安卧雪的典故；"青公炉房"是指李莲英开的银号；"段干木"是指段芝贵；"乔梓"是指奕劻、载振父子；"贝"指载振；"九公"是瞿鸿禨；"那公"是那桐；"曲江"指张荫棠，因唐代诗人张九龄是曲江人，称"曲江先生"；"纯阳尚书"是指吕海寰，顺天大兴人，此处用了唐代吕洞宾的号"纯阳子"故称……如此"电报密码"，用语又隐晦曲折，可见情报之机密程度。

如今我们看到这些被保存在上海图书馆"盛档"卷宗里的"密电码"，已成为晚清腐朽政治的笑柄，因为那里面充满了对朝廷大员、军机大臣和皇族人物的言谈举止的描述，及他们对某人某事极为"深奥"的表态方式。还有不少内容记叙了何人何时如何向皇亲国戚们"进呈"何物，如何以高超的手段拍马屁、阿谀奉承，而位居显贵之人又是如何对待这些殷勤而忠诚的僚属的。如今看来，如一幅幅宫廷群丑图，可悲又可笑，然而在当初，又是何等机密的宫中情报！盛宣怀如不掌握这些"绝密材料"，如何能"对症下药"？如何能"以毒攻毒"地直奔主题，进而博取慈圣和皇上的关注与支持？人家都在进贡，你盛宫保不进贡能行吗？朝野上下对盛某"一只手抓十六只夜明珠"历有闲话，御史大夫更是捕风捉影，见风就是雨，使得他在披荆斩棘、奋发开创之时，时时还要回击身后的冷枪暗箭，就是"走后门"孝敬朝廷，也得细心讲究时机和"技巧"，因此，陶湘的使命就至关重要了。

于是，陶湘如实地向他禀报：

九公（瞿鸿禨，时任军机大臣、政务大臣、外务部会办大臣兼尚书）对您的看法最为不能理解。关于粤汉铁路的废约和收回自办问题，他总以为您在其中有什么密切之利益。后有某人力言，说您除公费之外丝毫无染，而且无从染指，九公却笑而不言，但又说："如仅公费，盛非糊涂之人，何必恋此而受众人唾骂？此中特别，非汝等所知！"其实九公对于您办事还是很佩服的，只有一种情形下例外，即您处在众矢之的的时候，他也不论是非曲直了，他绝不会执中而干物议，此种思想已深入脑筋！

日前您来电，叫我代您请病假十五天，九公阅电后即大声呼曰："彼何人斯？且丁忧人员动辄奏请？"……那公（那桐，叶赫那拉氏，满洲镶黄旗人，时为体仁阁大学士，外务部会办大臣）见此电，即云："盛公有其倦耶？予则深盼其暂息也。"

日前谈及对您的看法，那公又云："某公（指盛宣怀）详审细密，亦为众人所推。惟此时不知何故，意如稽大不理于众口。鄙见某公果能及时告退，群疑即息。朝廷需才汲汲，决不能容彼久居林下，转瞬东山再起，声光必以韬晦而愈明，岂不大妙！"

粤汉事发端于湘绅，鼓动于商部，后来商部知难而止。

关于为慈禧祝寿而进贡的情况，陶湘刺探得也很清楚：

　　本年庆典原不举办，嗣因向来恭逢万寿，近臣均有进献，于是相率以进，两宫深为嘉纳。始而督抚中不过震（袁世凯）、岑（岑春煊）、端（端方）三帅，旋即有周玉帅（周馥，山东巡抚，调署两江总督）、陆春帅（陆之鼎，湖南巡抚）、吕大臣（吕海寰，时任工部尚书），莫不争先恐后……闻世中堂（指世续，满洲正黄旗人，时任协办大学士、吏部尚书）在内室言云："此次贡物，无逾于某，为物不多，而件件精致，最难者，宋元名人字画，京中不易购，惜乎未得先见；至玉佛赤如意，使上见之，具征实在不苟，故圣心深许，而将书画另藏，以便几眼一览……" 当时赏银百两。据说京中最贵者之贡，回赏止廿两。此百两仅与岑、袁两处，共止三分焉。那尚书大夫人寿礼居然全收……

盛宣怀致李鸿章

世中堂于正贡之外加贡，颇得慈欢，以为必系奇货异珍，殊不知竟可哑然失笑者。据说，写了一万两零星银票，约数百张，用黄封封呈。奏云："此乃奴才代爷（指慧禧）预备零赏之需。"

午帅（端方）在外洋购来新式机器电光影戏（电影放映机），拟进贡内廷。日前在寓内试演，因电门未曾弄好，电气炸裂，将在旁观看之姚广顺及北洋委员何朝桦均轰毙，并轰伤家丁及工匠共四人。于是谣传即谓炸弹等事，其实并非。实为工匠不在行，未将机器装好。幸而是先行试演，若到宫内再出此事，则大不了矣。

陶湘还将宫中皇亲近臣的生日摸得清清楚楚，提醒盛宣怀该送礼的要送礼："王中堂十一月二十三日生辰（唱戏三天，已定局），可送可不送。胡云楣今年庆九（系69岁），唱戏三天（正日在腊月十六，今提前一月做寿）。虽与钧处相熟，既不在京，不送亦无紧要，惟邸堂（庆亲王奕劻）二月二十九日生日，振贝子三月初四日生辰，此二礼必须丰送。"

盛宣怀人在上海，能有陶湘从北京不断发来"齐东野语"，对朝廷内府的动态已能了如指掌，甚至买通了慈禧身边的心腹太监李莲英、王长泰（原为慈禧亲信太监，后被慈禧下令杖毙）、崔福（亦为慈禧亲近的太监，为赏穿貂褂的三太监之一），情报就更加准确无误。于是，在庆亲王奕劻生日时，盛宣怀不失时机地呈上日本金币二万。李莲英处，则特地定制了大小水碗十二只，着人送去。载振三十正寿，理当应酬，但正遇上铁路查账事件，送现款太显眼，后通过适当之人，仍及时递上礼盒。陶湘在完成诸项机密任务之后，汇报前往庆王府送寿金的一节最为精彩：

承泽（庆亲王）此次并无不收礼之说。二十二慈圣（慈禧）赐寿，有六十抬之多，据说值数十万。当日回贡八抬，亦巨万。二十七上（光绪）赐寿。二十八、九接待外客。某（陶湘）备薄仪前往，见一切情形甚为华壮。传闻城北二万，东鲁、泗州尤巨。梨园至初六止……府中贺客盈门，诸多不便，初七日前往投信，约两刻之久，传谕初八一点钟来见。届时前往，至一点半传进，在一小客厅，承泽便衣而出……其时词色和蔼，俨然春风大雅矣。即将红寿面一手将须，一手接过，即向袖内缩入，立起云："如此厚赐，我当有信。"

盛宣怀送寿金的信与庆亲王收到后的复信，都完整地收藏在上海图书馆的"盛档"中，后人可知盛氏当初之苦心也。从时间上看，正是1907年年初，盛宣怀任督办的铁路总公司被裁撤，他心力交瘁，为汉冶萍之事一筹莫展之时，他需要朝廷的支持，不得不去巴结这些权贵，以求他们高抬贵手，开放绿灯。因他所经办的各项"富强要政"，基本都是官商合办。

"铁路国有" 引发天下大乱

后来的事实证明，清廷在1903年下放筑路权的做法，的确是有诸多弊病的。因各省的情况参差不一，不仅是集资情况、技术水准和施工质量存在很多差异，更要命的是，一些地方自办的铁路，往往各自为政，如滇越铁路、南浔铁路、粤汉铁路粤段和湘段、潮汕铁路、新宁铁路、漳厦铁路及其他铁路，省界分明，互不相联，这就难以形成南北和沿海各大骨干线路的贯通。

这种情况维持了几年，眼看不行，清廷又想收回筑路权了。为了有根有据地说服地方，以期自圆其说，就有了商部1906年5月的《统筹全局铁路折》，有了全国铁路的统一规划，这项工作是由当年成立的邮传部完成的。该部根据各省绘制的官商铁路图汇成总图，初步确定了全国铁路干线和各支线的走向，这是有助于改变各省自办铁路、各自为政、互不相通的局面的。在这个过程中，清廷也抓到了地方的把柄，认为地方商绅集资办的铁路，大多无甚起色，说是集资自办，实际上收效甚少，于是板起面孔教训人，放出风声来，要把下放的路权再收上来。

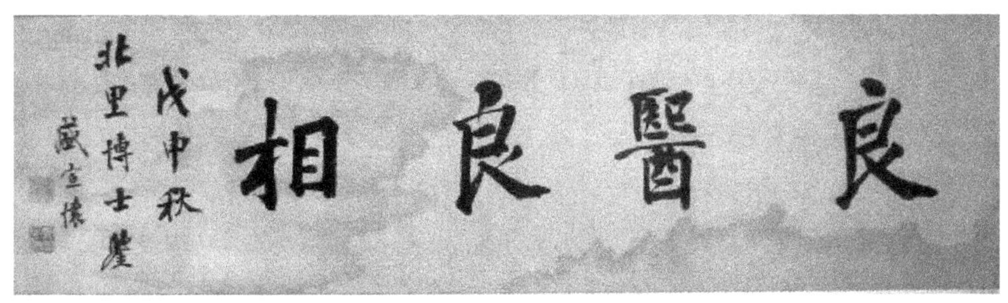

盛宣怀题字赠为他治病的日本医生北里博士

　　1908年3月，光绪向盛宣怀问政，关于铁路问题，盛氏满腹经纶，讲得头头是道，于是被任命为邮传部右侍郎，即交通部副部长。邮传部主管路、电、航、邮四政，而四政中有三项是盛宣怀首创的，干起来自然得心应手。他正准备大干一场时，却"令下三日，仍以商约差使，谕令返沪"。不知是谁在背后做了小动作。

　　1908年6月，清廷发布上谕，说是"近年各省官办铁路，皆能克期竣工，成效昭著。而绅商集股，请设各公司，奏办有年，多无起色，坐失大利，尤碍交通"，因此命邮传部"妥拟办法，严定限期"，如果"集股不敷尚巨，或各存意见，推诿误工，以致未能依限完竣"，那就要"查照商部历次奏案，分别撤销"。意思很明确，各地商人集资申办的铁路，要抓紧查一下，不能按时完工的，就收回筑路权，改商办为官办！这么一来，明摆着要让地方商绅们坐失大利了，那怎么能行？于是全国舆论一阵大哗。

　　况且，这道"上谕"下达后没几个月，光绪和慈禧太后就驾崩了，新上任的小皇帝才三岁，而摄政王载沣原本也没什么人把他放在眼里，商绅们心理上就少了一层"触犯龙颜"的顾忌，那郁积的情绪一旦喷发出来，还能不如洪水滔天吗？

　　光绪和慈禧去世的时候，盛宣怀正在日本治病。他那动不动就连咳带喘的毛病，是当年在北方赈灾时落下的。此病在国内久治无效，于是他于1908年9月间请假两个月，带上随员福开森、盛萍荪，以及妻子庄夫人和几个儿女，赴日求医，顺便考察日本的钢铁、铁路、制造业。谁知病情还未见大好，考察也仅走了几处，就传来了光绪帝和慈禧驾崩的消息，只好打道回府，回到上海。

　　盛宣怀回来时，正是清廷与地方为铁路的路权问题吵得不可开交的时候。邮传部先是以河南、陕西及江苏铁路公司集股不多，迄今未开工为由，将官股渗入其中，使陇海铁路各线段由商办变为官商合办。又查出同蒲铁路有限公司集款困难，无告成之望，于是奏请予以撤销。相反，官方办的铁路，没钱即可借贷外债，一个个举借外债的合同纷纷签订，而商绅办铁路就不许举借外债……这些因素，都使得中央与地方的矛盾、官与商的矛盾空前紧张起来。

　　偏偏摄政王载沣（溥仪的父亲醇亲王）在这个多事之秋看中了盛宣怀，于1910年8月，命盛宣怀赴邮传部右侍郎本任，又于1911年1月6日，任命盛宣怀为邮传部尚书（5月8日改称邮传大臣）。恰好这一年他又喜得一孙，即庄夫人生的儿子盛恩颐（盛老四）喜得贵子，老太爷很是高兴，亲自为孙子取名"毓邮"，小名传宝，把这个新到手的官职"邮传"二字全都嵌进去了，很能说明其志满意得的心情。

　　盛宣怀积极配合朝廷，策划关于"铁路收回国有"的种种办法。孰不知以他老马识途之身，在此多事之秋，理应万分小心才是，毕竟众怒难犯呀！或许是那传统的"士为知己者死"的信条主导了他，竟使他忘记了当年父亲盛康为他制订的"宜退不宜进"的方略。

　　这年5月4日，负有进谏之责的给事中石长信上奏朝廷："将全国关系重要之区，定为干线，悉归国有。"尤其指出："粤汉直贯桂、滇，川汉远控西藏，实为国家应有之两大干路……断非民间零星凑集之款所能图成。"并且在折中指责广东绅士争权，办路甚少，湖南、湖北又集款无着，徒为糜费，四川绅士树党，各怀意见，以致粤汉、川汉铁路"溃败延误"。清廷遂将此折转交邮传部议奏。也许是事有凑巧，石长信在折中拼命讲四川、广东商绅的坏话，告他们办不

日本政府授予的旭日大绶章

盛宣怀、庄夫人与亲友在日本合影（1908年）

成事情，而后来就是这两个省闹"保路"闹得最凶。

5月9日，邮传部大臣盛宣怀奏复，极力附和石长信，请朝廷"明降谕旨，晓示天下"。就在这一天，清廷向全国宣布，"干路均归国有，定为政策"，命将以前各省公司集股商办的铁路干线，从此由国家收回；从前批准兴办的铁路干线各案，从此一律取消，并声称："如有不顾大局，故意扰乱路政，煽惑抵抗者，即照违制论！"由此改变了自1903年以来实行的开放的筑路政策。

清廷宣布了铁路干线国有政策之后，于5月18日，任命原两江总督端方为督办粤汉、川汉铁路大臣；5月20日，由盛宣怀本人在北京，与英、德、法、美四国银行团（汇丰银行、东方汇理银行、德华银行等）签订了《湖北、湖南两省境内粤汉铁路、湖北境内川汉铁路的借款合同》（又称《湖广铁路借款合同》），借款六百万英镑，由四国均分承办，年息五厘，期限四十年，以两湖厘金及盐厘税捐作抵押……由此，把刚收回来的路权，改为由官方借款、官方承办的"国有化"。这种做法，即刻被地方商绅和革命党抓住小辫子，认定是出卖路权、出卖国家之行为，由此在全国振臂高呼。与铁路搭界不搭界的人均群起而攻之，终而酿成全国性的"保路运动"。

全国各地的"干柴"，就被这"铁路国有"之"火"一下子点着了。湖北、湖南、四川、广东，下至百姓，上至官绅，互通声息，互为联络，办报纸，搞集会，街头讲演，罢市罢课，纷纷抗议朝廷"铁路国有，失信天下"，提出"流血争路，路亡流血；路存国存，存路救国"的主张。长沙各界万人集会，一致主张湘段铁路"完全商办"，并呈请湖南巡抚杨文鼎电奏朝廷，将发布的谕令"收回成命，如不得请……定即集全力抵抗"！广东的粤汉铁路有限公司股东千余人集会，提出"路亡国亡，政府虽欲卖国，我粤人断不能卖路"，成立了广东保路会。

四川是保路运动发展最迅速、最激烈的地区。6月18日，川路股东四千余人在成都开会成立四川保路同志会，确定了"破约保路"的宗旨，一方面派演讲团赴各地演讲，宣传、发动群众，联络其他各团体，另一方面选派代表进京请愿，力图迫使清廷解除与四国的借款合同，恢复商办铁路。

盛宣怀怎么也想不到，仅仅是个铁路政策的变化，怎么就引来了漫天大火呢？当年修筑卢汉铁路（即京汉铁路）不也是向外国（比利时）借款修筑的吗？那一千二百五十公里的南北大动脉不是有目共睹地在为民造福吗？为什么现在按旧法借钱修路，就变成"卖国"了呢？所以他认为此中一定是有"乱民造反"，借题发挥，他力促朝廷不能姑息纵容，应当果断处理。

朝廷当时也不"俯顺舆情"，诬指保路运动是"借端滋闹"，将赴京代表押回四川，又命川督赵尔丰"多派员弁，实力弹压"。8月24日，川汉铁路召开股东大会，认为"政府已不认川民了"，于是决定全体股东不完捐税，不纳丁粮，商民停止贸易，学堂一律停办……后来，赵尔丰下令开枪，制造了"成都血案"。这下天下真的反了，四川保路运动迅速向反清起义发展，中国同盟会的革命党人与资产阶级立宪派联合斗争，终于导致了辛亥革命的爆发。

盛宣怀一心只想着铁路问题，却没有联想到经济与政治的微妙关系。过去朝廷里帝党后党之争，他一向不愿介入，然而一不小心，却成了一场改朝换代的政局动荡的导火索，这大概是盛宣怀到死也没能想明白的吧。

辛亥大逃亡

政治运动的发展一向是不以人的意志为转移的，清廷既然拿不出新一茬的"曾、左、李"，那么等待他们的必然是灭顶之灾。

四川的保路运动很快成了燎原之火，并导致了武昌新军起义的爆发。1911年10月10日夜，武昌湖广总督府门前枪声大作，湖北新军工程第八营打响了第一枪，武昌城内各标各营的革命志士群起响应，分别占领了凤凰山、蛇山等制高点，八路兵马里应外合，经过三次激烈猛攻，到第二天早晨七时许，终于攻下了总督府。湖广总督瑞澂落得个破墙而逃，狼狈地爬上长江边的楚豫舰；镇守武昌的第八镇统制张彪也慌忙出逃，逃到汉口张家庙避难。不到十二个小时，起义军便占领了武昌，开始讨论成立军政府了。革命党人自感资望太浅，遂推举湖北新军第二十一混成旅协统黎元洪为军政府的大都督。黎元洪原是水师学堂毕业，后应张之洞之召，随德国教官训练湖北新军，由管带、统带升上了协统。他本是清廷的武官，武昌起义的前一天还在惩办起义士兵，想不到第二天就被拥立为"造反派"的头头。他被起义士兵从他躲藏的地方搜了出来，强拉到会场被迫就任。如果说当年袁世凯练新军，练出了一帮北洋军阀的话，那么张之洞练新军，却练出了辛亥革命！

清廷这下死到临头了，真的慌了手脚，惊呼"各地伏莽闻风附和，后患不堪设想"！他们一会儿下令拆毁铁路，以免叛军北上；一会儿又下令"沿途铁道不可委行拆断"，以免阻碍官军南下；一会儿又要把火车拖到武胜关内，怕被革命军缴获；一会儿又征调轮船从东北运兵南下，妄图水陆合剿起义军……命令朝令夕改，自相矛盾，充分暴露了摄政王及其周边文武的一片混乱。

身为邮传部大臣的"肇事者"盛宣怀，此时倒镇静得多。事发当天他就致电湖广总督瑞澂，主张对起义军实行镇压，提醒当局对此事"全在神速"，建议清廷"速派可靠队伍扼要驻扎，防护桥路，尤须日夜梭巡，以免桥路损伤""是为至要"。10月20日一天之内，他竟代载泽拟了三个节略，主要是一个意思，就是坚决主张用军事力量荡平革命军，要像曾国藩、李鸿章镇压太平天国一样，把"匪势"镇压下去。10月14日他还急电招商局："速备大轮船五只，须要船身宽大，吃水稍浅，能由秦皇岛直达汉口……必须能装四五千人，马七百四，炮十二尊，火车七十一辆……"语气里全是当年跟随李鸿章剿捻时的杀气腾腾。

可是此时的局面，已远不是李鸿章剿捻时的阵脚，革命形势已一日千里，势不可挡。盛宣怀看朝中实在无人，于10月23日亲自递上奏折，为他的宿敌袁世凯鸣锣开道，望清廷起用袁世凯，稳住大清江山。

盛宣怀与袁世凯原是争权夺利的一对冤家，曾经互相倾轧，然而当辛亥革命直接危及清王朝统治时，盛宣怀毅然摒弃了"宿怨"，亲上奏折，又急电袁世凯，以老朋友的身份恳请袁氏出山，力挽危局。然而这回轮到袁世凯摆架子了：清廷不

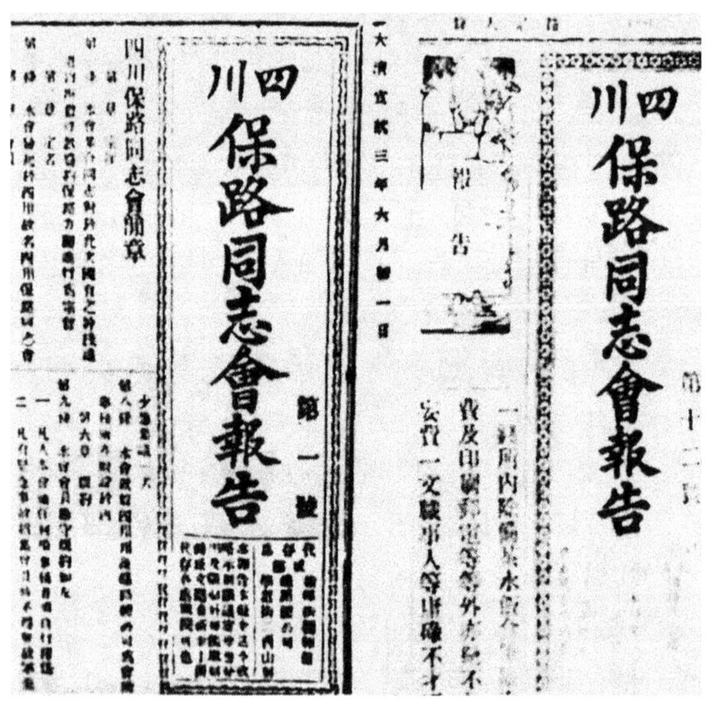

四川保路同志会的文件

是要我回家"养疴"吗？现在正是"衰病侵寻，入秋尤剧。俟见电钞，拟请另简贤能吧"！

正当盛宣怀极力举荐袁世凯出山"灭火"的时候，清廷却把他当作替罪羔羊抛了出来。10月26日那天，盛宣怀还在北京寓所伏案疾书，奋力为朝廷出谋划策呢，折子尚未写完，门外传来清廷将他"宣布革职，永不叙用"的消息。顿时如当头一棒，懵了多时，折子再也写不下去了。这张未写完的意味深长的"最后的奏折"，现在也完好地存放在上海图书馆的"盛档"中，或可窥见这个清廷忠臣最危急时刻的心迹。

这时，"战火"已烧着了他的衣襟——先是御史王宝田奏疏："此时鄂事决裂，实由川民之变。其致变之由，由于收回铁路国有之政策。而主持此事者，则邮传部尚书盛宣怀也！"继而御史史履晋也参他一本："窃自铁路国有政策宣布以来，全国哗然，民心尽失，以致四川糜烂，湖北逆乘机起事。赵尔丰之激变，瑞澂之潜逃，固罪无可逭，而罪魁祸首，则为盛宣怀！……迨事变猝起，复主持严办，压力愈大，反动力亦愈大，革党土匪遂乘机煽惑，酿成大乱。盛宣怀之肉，岂足食乎？"接着御史范之杰又参："……一己之私图，激万民之公愤，敢为祸首，不恤人言，神奸巨蠹，横绝今古，推厥罪魁，盖莫如邮传部尚书盛宣怀者！"……众口一词，众矢一的，这时没有一个人能为盛宣怀讲话，朝廷上下内外，一片喊杀声，直到这时盛宣怀才感觉到，自己原本是多么孤立啊！

由各省代表议员集中的资政院，更成了从舆论上围攻盛宣怀的批判阵地，各种罪状集中到一起成了主要四项：一为违宪之罪；二为变乱成法之罪；三为激成兵变之罪；四为侵夺君上大权之罪。总之，是盛宣怀激成兵变，以致动摇了清朝的统治，所以一致呼请："宜绞""当绞""非诛盛宣怀不足以谢天下！"

袁世凯很快就被起用，率军与革命军对垒了，而盛宣怀可就惨了。10月26日，摄政王面奉隆裕皇太后谕旨："资政院奏，部臣违法侵权，激生变乱，据实纠参一折，据称祸乱之源，皆邮传大臣盛宣怀，欺蒙朝廷，违法敛怨，有以致之……怨苦郁结，上下争持。川乱既作，人心浮动，革党叛军乘机窃发，该大臣实为误国首恶。盛宣怀受国厚恩，竟敢违法行私，贻误大局，实属辜恩溺职。盛宣怀着即革职，永不叙用！"

晚年盛宣怀

此谕旨一下，盛宣怀不仅仕途到此结束，而且遭众人落井下石，欲拿他的人头来谢天下的人大有人在，吓得他不敢在京久留，于28日逃出京城，先到青岛避风头，后来看看还是不行，又避往大连，再从大连转去日本。他在日本避难一避就是一年。然而跑得了和尚跑不了庙，他在常州、苏州、上海的大批家产，都被民国政府抄没了。

帷重处深

大家闺秀董夫人

现代人常说，一个成功的男人背后，总有一个贤惠的女人。按照这个说法，盛宣怀的福分可就大了，他背后有一群贤惠而能干的女人。

和旧时官场上的达官贵人一样，盛宣怀妻妾成群。

他共娶过七房太太。原配夫人董婉贞，是他的常州同乡，而且是青果巷里大户人家的小姐。中国现代司法史上著名人士董康，就是董夫人的本家堂弟，盛家毓字辈后代叫他舅公。董康一生做过很多事，曾在上海跟梁启超办《时务报》，又与赵元益创办译书公会，致力于西洋实用类书籍的翻译，曾出任过法律学校的校长，还是著名的藏书家。他曾不惜重金，从日本买回来一批国内早已失传了的珍本秘籍。可惜他晚节不保，抗战中出任伪司法部长，被国民党逮捕入狱，最后死在狱中。

董康母亲的墓志铭不知何故，当年未曾入土，记下了许多董家的信息，现仍存于常州青果巷115弄1号董家的老房子里，从中可知其父董介贵为县学生员，在董康未及周岁时就去世了，孩子都由母亲拉扯成人；又可知其祖父原是山东观城知县，因随僧格林沁剿捻有功，保升为知州。董家之所以能居青果巷，又与巷中大户唐家（唐荆川家）和盛家攀亲，自是有其门当户对的道理。

董夫人自嫁到盛家来，生了三个儿子（昌颐、和颐、同颐）三个女儿。可是她并未过上多少好日子，因为他们夫妻十六年，有一半时间是在动荡之中。刚结婚时，太平天国尚未被清廷"平"掉，盛家老小常在逃亡中，盛宣怀还未"出道"。结婚八年后，已是三个儿子爸爸的盛宣怀，才有机会西入陕北，投入李鸿章的幕府，后来又跟李到天津，办理军械诸事，到上海办理轮船招商局……若论荣华富贵，那时还远远谈不上，仍在创业时期。在常州老屋的董夫人和孩子们，只能吃吃盛家祖父和父亲挣来的老本而已。等到丈夫可以挣大钱了，董氏已一病不起了，所以说，董夫人运气不算太好，是位非常劳碌的夫人。

不知是不是有遗传原因，董夫人生的几个儿子都不长寿，老大昌颐和老三同颐均四十来岁就去世了，老二和颐过继给了盛宣怀的二弟盛寯怀，也是夭折；三个女儿也不甚健康，有的还患有精神方面的毛病。但是董夫人为人善良，知书达理，心胸豁达，这主要表现在对待刁夫人的态度上。

一封信气死刁夫人

盛家人都说，刁夫人是最受老爷宠爱的一个太太，但她死得却很特殊。

刁夫人名刁玉蓉。盛宣怀七个夫人中，能在盛家宗谱里列有专传的仅她一人，连原配夫人董夫人都没有专传，可见刁氏之地位。她又是和董夫人一样，享有进入盛宣怀墓地主穴的两位夫人之一。盛家宗谱上如此记载，而江阴马镇老旸岐村的村长也这样说。因为他们亲眼看到，1958年盛氏墓穴被盗时，盗墓者从墓中掘出三具棺材，一男二女，女的想必就是董夫人和刁夫人。据盛昌颐的孙子、盛毓常的儿子盛承宪讲，当年庄夫人曾向盛毓常提过，能否在她死后与董夫人的墓中位置换一下（因为盛毓常是长房长孙），倒是没有提与刁夫人换一下。毓常虽未同意，但也足以说明，董夫人的墓是可以动一动的，而刁夫人的地位是不容动摇的。

盛氏宗谱中对这位传奇女性，极尽誉美之辞。说她从18岁时就开始服侍盛宣怀，娘家是安徽合肥望族门户，后经战乱流离失所，故"不能详其系"了。而盛家后代人却说，刁夫人原系青楼中人，为盛氏赎出，在董夫人去世前四年就已来到盛家了。

她聪明伶俐，十分能干，对长辈和董夫人均非常有礼，在盛府上下很得人缘。董夫人竟也不吃醋，以妹妹视之。至于两人的"分工"，似乎董夫人是压寨夫人，坐镇盛府，生儿育女，而刁夫人则跟随盛氏走南闯北，朝夕服侍在侧，倒像个"外勤夫人"。现年已经105岁的吴靖老人（赵四小姐的嫂子、汇丰银行天津分行买办吴调卿的孙女）曾告诉笔者，她的第三位祖母也姓刁，与盛宣怀的那位刁夫人是姐妹，可知刁家姐妹都不同凡响。

有一年盛宣怀奉旨北上赈灾，朝夕驰驱风霜之中，劳累过度又加上露宿受寒，哮喘病大发，以致不能平卧床上，一躺下就喘不上气来。刁夫人服侍在旁，衣带不解，终日为之按摩，以致臂痛不能抬举。有一段时间，盛宣怀和父亲盛康碰巧都在河北、山东一带做官，刁夫人问安侍膳，曲尽妇道，"公深嘉其孝"。董夫人见刁夫人聪明贤惠，又深得丈夫的宠爱，不仅不吃醋，还在临终前对丈夫说："刁氏贤，我死，请即升其为继室吧！"盛宣怀未置可否，可见董夫人早已"轧"出苗头了。

董夫人去世后十余年间，盛宣怀未再续娶，大家庭里里外外均由刁氏操持，亲戚、邻里往来也极周到。但是盛宣怀始终没有把她"扶正"，这到底是为什么，谁也讲不清楚，是不是她的"出身"问题呢？无论如何，不"扶正"，就酿成了后来的大祸。

刁夫人生了一个女儿，排行四小姐，名盛稚蕙。这个名字起得也与其他的孩子不同。按说他们的儿女们应是"颐"字辈，不论男女，名字中都应嵌入一个"颐"字，而四小姐却不，此人特殊。

刁夫人不仅擅长"内政"，于"外交"上亦极有魄力。盛宣怀到山东赈灾时，自己带头捐款捐物，刁夫人看在眼里，亦掏出私蓄千金不吝。先是为山东赈银一千五百两，后又为江苏赈银一千两。两地巡抚闻知甚为感动，都上报朝廷为其请功，结果奉旨赏给她"乐善好施"四字，以旌表建坊。

1877年始，整个北方连续两年大旱（史称"丁戊奇荒"），死人无数，慈禧、慈安带着年仅六岁的光绪连夜祈雨，盛宣怀又奉命北上赈灾，刁夫人随之前往。盛氏见灾情严重，首倡捐款捐物，费金巨万，刁夫人亦不示弱，再次拿出一笔私蓄，授衣周食，拯救无依儿童数以百计。盛宣怀一生为赈灾多次受到朝廷的嘉奖，应当说，这里头有他的一半，也有刁夫人的一半。

刁夫人抚恤独孤出了名，"寒者衣之，饥者食之，无依者周之，历久不倦"。因而在她去世举殡之日，"东海贫民以至于乞丐，皆长跪塞途痛哭失声，盖感之深者"。

盛氏宗谱中又说道："观察（盛宣怀）有干济才，傅相李公委办商，开矿事物，银巨百端，有龃龉之者，中以蜚语，几至坐困。夫人佐观察清理重累，举生平所蓄，悉出以偿不足，斥衣饰以济之，而慰劝敦勉，不欲方伯公（盛康）忧。盖夫人躬自俭约而济人以宽，居常和易而虑事甚密。观察之处困而享卒得行其志，以系中外之望者，维持始事，则夫人之力居多。方伯公尝谓观察：刁氏十余年内助之功，足为吾家贤妇，汝善视之！"

这是一段不得了的评价！如此说来，不仅盛氏的其他六位妻妾无法与之相比，就连整个盛氏大家族的所有夫人，包括太夫人，均无法望其项背。盛家一位九十岁的老翁告诉笔者，刁夫人出自青楼，不仅私蓄甚多，且见多识广，盛宣怀与外国人周旋的场合，也常有刁夫人助之，碰到事有繁难之处，常由刁夫人出谋划策……由此看来，刁夫人的身世该不会有大错了。

然而真正让世人震惊的，是刁夫人之死。刁夫人与盛宣怀共同生活了十五年，如上所述，对盛家已是情周意至，无可挑剔，然而不知为什么，她的身份始终未被"扶正"。碍于自尊，盛氏宗谱中说，她从未"干嫡正之礼"，但是对于自己在盛家人心目中究竟是个什么地位，她还是极为敏感的。有一天，她看到了一个孩子写来的家信，那孩子在信中称她为"姨娘"，这下她明白了，她在人们心目中永远是个"姨娘"！她自觉无趣，把心一横，竟然"自挂东南枝"了！

这下可苦了盛宣怀！他后悔自己没白没黑地忙于实业，在外面大举进攻，却没注意到重帷深处的细微变化。自己在困难的时候得到刁夫人的鼎力相助，而在功成之后却没顾及她的自尊心，起码在孩子面前，没有教育好孩子如何尊重她……盛宣怀痛心疾首，呼天不应，自觉非常对不住刁氏。在她生前未能"扶正"，那么只好死后"追认"了，于是就以继室夫人的规格予以安葬。后人亦遵其嘱，在盛氏本人下世之后，将刁氏与董氏共同安葬在盛氏身侧，刁氏只能在阴间里享受正式夫人的地位了。

庄夫人的大千世界

刁夫人去世之后，盛宣怀日食无味，夜不能寐，精神恍惚了很长时间。直到两年之后，才有了庄夫人的"来归"。

盛宣怀是个有福之人，在几个节骨眼上，都有贤人相助。首先是他的父亲盛康，可以说是步步指引了他的人生道路，教之"以经世致用之学为本"，勿图那些科举空名，这为他后来从事洋务、大办实业，奠定了良好的思想基础；继之有杨宗濂荐他入李鸿章幕府，使他能实践实业救国的理想；再继之，有刁夫人的智慧和帮助，使他不仅在政界，在商界也逐步立稳了脚跟。而在失去了刁夫人之后，又来了一个庄夫人。

庄夫人名德华，字畹玉，也是盛氏常州同乡，是状元的后代。她的娘家是常州大户，在常州城马山埠，人称"状元第"，是个有数百间屋子的大庄园。她的祖先还是清代著名的学术流派——常州学派的创始人。

后来，庄氏家族的男性成员，几乎组成了常州学派的基干队伍，走的都是科举与经世之学相结合的道路。诸如庄廷臣、庄应期、庄应会、庄柱、庄楷、庄存与、庄培因、庄述祖、庄通敏、庄受祺、庄绥甲、庄有可等，还有一个庄家的外戚，名叫刘逢禄。

他们的学术主张与传统的程朱理学截然不同。他们所倡导的经世之学，不仅仅是关于世界观的学说，同时还包括了天文、水利、军事、绘图等学问，是一套自然科学和经济学科的综合学问。其实质，就是倡导学习对国计民生有实际补益的学问，反对空谈理论。这大概也是一种"实业救国"的先声吧。作为物产富庶，素称"中吴要铺、八邑名都"的常州，产生这种务实的学说一点也不奇怪。

同时，这个家族在科举场上亦颇能呼风唤雨。明代庄家共出了九名进士，到清代就出了二十九名进士。从清初到乾隆末年，常州一地共有三十四人入翰林院，其中有九人出自庄家。其中庄培因是乾隆十九年的状元，授修撰等职，官至侍讲学士，时常随乾隆出巡塞外，于行帐中录章奏事。他能手执一匣，肘不据案，而能疾书工整如常。可惜人不长寿，于1759年因奔父丧，哀毁不食，到家仅一日即随其父去矣，年仅37岁。他的哥哥庄存与亦是科场好手，位居"榜眼"。

到了18世纪末19世纪初，常州学派的主要代表人物是庄存与的外孙刘逢禄。

刘逢禄是庄存与的次女庄太恭和常州另一大姓刘家的公子刘召扬的儿子。他把庄述祖、庄有可和庄绥甲的公羊学研究及考据方法结合起来，完成了二者的统一。后来，在他的学生中又冒出了两个著名人物，即龚自珍和魏源。龚、魏二人继承了刘逢禄的学说，并发展壮大了这支学术队伍的阵容，从常州传到了苏州和扬州，影响了大名鼎鼎的阮元、凌曙、陈立等扬州学派的代表人物。后来又经过王闿运、皮锡瑞、廖平的传承，到了康有为而集之大成，并以常州学派的今文经学为理论基础，领导了轰轰烈烈的维新变法运动，在中国近代史上，留下了深深的印痕。

出自这样一个科举加"经世"的智慧之家，庄夫人自然思想开通，见识多广，能与盛宣怀一拍即合，成为盛氏的又一位贤内助。在她的带动下，庄家许多子侄辈陆续来到上海滩，大多都在盛宣怀主办的企业里做事，如她的亲弟弟庄亮华、堂弟庄清华等。

庄夫人庄德华

（一）
敬啟者今王大夫帶回之言已收知你在
十分欣慰家中均各平安堂勿為念病者你去時
說就要回申宣知至今還不同來也　之錢不敢所
用節下一切開消又不能者再大也　頭生之子又
不得不送些衣服金簪二小姐處　去綢緞
棉綢洋布善衣服六十件他家以為吾家如此（順子金銀帽餅）
聲名送些些之故不入眼現今十九日又要送剃頭之
礼你与吾之錢早已用去節下收寄来之錢用所送（亦不敢）

（二）
衣服首飾又要錢若干各色開銷錢吾俱有
細賬你回來可看實在免不来之事又非吾要費
用三小姐六七月內要生吾處免不来又要催生若
你再不付錢与吾也只好不管此事別人莫說吾晚娘
因你無錢与吾之故吾所用之欵樣一可呈出堂皇
又不似人家私下貼人別人一年所用多之又無一
此正用盡是震花你倒不去說他人單叫者用吾
只得也到湖北家中諸事不問未識你意如何

（三）
再去年吾等在京時他等在家用去三□千元之（又要動通一拼約五千元之）
數在吾應該加倍庄一正事所用又不去貼与別人
吾也不會賺也不會貼何意你反管牢吾莫用吾
想来不害徐之聲名反不道好只叫吾有用吾自

（四）
買通擾人說借錢与艾臣用未知其又有何意連
吾也不知他等之事對通之門已開日夜不閑亦与吾
不涉日後再有甚事莫要怪吾是你自愿如此一間
此門兩處之人均不曾来由他自便前擾說棉花
賺錢可買金剛鑽現在棉花又未銷去金剛鑽錢
催討即棉花上賺錢是吾自已之欵与你不涉況
前者你借吾送李中堂金剛鑽二粒你接還吾望速
寄錢来千乞莫候再吾想你之身子擾說比在申

（五）
時更好十分健旺可知吾之好處不使你帶此等小妾
隨身經擾故此身体勝常使吾聞知甚為歡慰
清心寡慾為高再去年在京你之身子亦好未曾
茨病望你細細思之若二妾在側只恐難免不茨旧

病記在天津時九月內就要茨病實是二妾在側
經擾之故你言目下在外寂寞又念及他等宣知
他等終日浪費浪用也不未念你接信速之回音
你一去七十日還不同来記去時說月
就同不来看受罰詩今讀罰欵多少
　　　　　德華字

庄夫人致盛宣怀信

庄夫人六十大寿时合家欢

　　庄夫人生了三个孩子：儿子盛恩颐、盛泰颐，女儿盛爱颐。盛恩颐即后来扬名上海滩的花花公子盛老四；盛泰颐夭折；盛爱颐即让宋子文爱得心急火燎的盛七小姐，亦是上海滩出名的人物。

　　庄夫人一世做人有两大特点：一是信佛，二是精于治家。盛家在上海静安寺路（今南京西路）上的老公馆里，常年雇佣着十几个裁缝和绣工，为自家做衣服倒在其次，主要是为上海、苏州和常州的寺庙制作绣品，如椅披、台布、帐幔、坐垫、门帘等等，究竟做了多少，谁也数不清。据上海玉佛寺里的僧人说，该寺现在用的绣品，仍是当年庄夫人送的。据常州天宁寺寺志记载，庄夫人对该寺有多次捐献，最重要的有两次，一次是捐了八根顶梁大柱；一次是在常熟买下一座私人园林，捐给了天宁寺作为"下院"（即分寺）。

　　庄夫人的卧室旁边就是香堂，她每天要念上四小时佛经。同时她也大做善事，夏施凉茶、冬施棉衣，每逢过年就在老公馆后面的自家药房向穷人散钱，药房则长年向穷人施药。每逢过年散钱时，药房前人头攒动，等待庄夫人的到来。她会给每人发一个红包，有求必应。后来她发现，有的乞丐排了一次队领了一个红包，然后再去排队再领一份，于是就想了个办法，凡是领过红包的人，手上划一红道为标记，以示不能再领。

庄夫人管家理财有过人的才能。盛家老公馆方圆百多亩地，前门在静安寺路，后门在北京西路，西部到现在的新华电影院，东部达现在的成都路以东。现在的成都路南京西路段原本是盛公馆的一部分，当年工部局要求从盛家花园中辟出一条南北通道，盛家同意了，但以此为条件，要求工部局在盛宣怀大出殡时，整条南京路为之开绿灯，并为之维持交通秩序，如此才开通了这条成都路。

在偌大的盛公馆中，盛家、庄家的人自不待说，仅佣人就有二百七十七个，每个孩子都有一个保姆，每一房都有管事、跟班、账房，每个太太、少奶奶又都有自己的一班随从。在庄夫人"来归"前后，盛宣怀因在北京、武汉做事，需要人随时照顾，于是又讨了

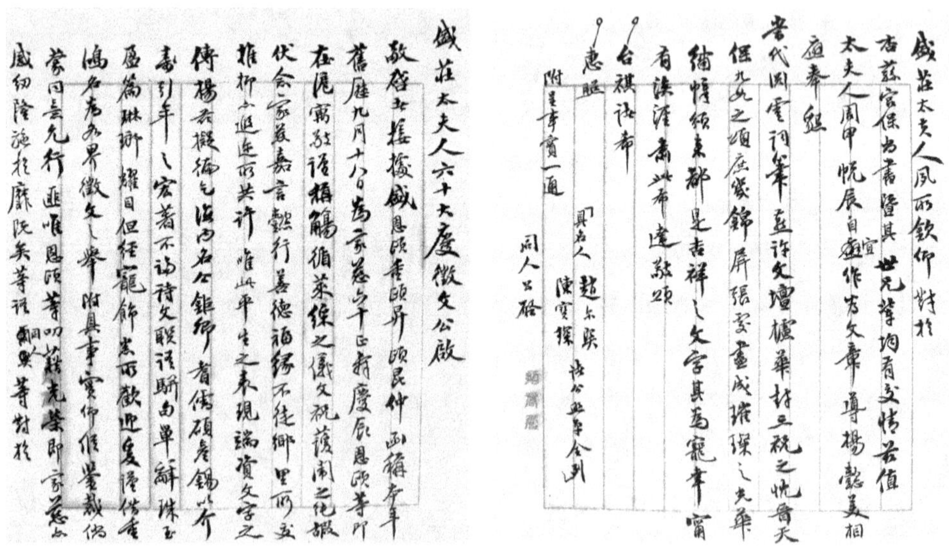

庄夫人六十寿庆时陈宝琛、赵尔巽写的征文公启

112

庄夫人的墓

三位夫人，即刘夫人、柳夫人和萧夫人。萧夫人原是庄夫人身边的丫鬟，被老爷看中，遂"收房"为恭人。后来刘夫人生下五公子盛重颐、五小姐盛关颐；柳夫人生下六小姐盛静颐、七公子盛昇颐；萧夫人生下八小姐盛方颐。而长子盛昌颐也有了儿子盛毓常，女儿盛佩玉、盛毓菊……所以整个老公馆整天车水马龙、冠盖如云，达官贵人、公子小姐蜂拥来去，简直成了一个小社会。盛宣怀在北京、天津、上海、武汉等地来去匆匆，庄夫人就成了公馆内外的最高领袖。

庄夫人平日不苟言笑，断事严肃得很。她的账房叫太记账房。好在总账房宋德宜是盛家老臣，忠心得很，笔笔账目都有交代，庄夫人就有了时间和精力，做佛事，做善事。然而一遇到家庭的重要问题，她是要亲自出马的。她处理的最重要的有两件大事，一是辛亥革命盛宣怀逃亡日本十个月，上海大乱，一切内外应酬、料理，全靠庄夫人一人支撑；二是盛宣怀去世之后，庄夫人仍在世十年，这十年间的世态炎凉、惊涛骇浪，亦全赖庄夫人以一当百，安排全局。所以到她老人家去世时（1927年），盛家的财产仍维持有一千万两银子。

庄夫人去世后葬在苏州七子山，墓园占地五亩，台阶层层而上，周边的栏杆上雕有一百只石头小狮子，甚为壮观，可惜在十年浩劫中被毁于一旦。

豪门联姻

枝枝蔓蔓的姻亲网络

盛宣怀有八个儿子、八个女儿，除了两个因病夭折外，其余的后来都成了十里洋场的风云人物。

有这么多孩子，也就有了这么多门亲家。十几对夫妻，再加上侧室、外室、如夫人、女朋友以及她们所生的孩子，于是就有了上百个孙子、孙女、外孙。到了这些孙子辈成年的时候，虽说盛家已经家道中落，但毕竟"瘦死的骆驼比马大"，内中尽管日见"空旷"，而外面的架子还是要搭足的。于是乎，吹吹打打地又招来一大帮门户相当的孙子辈亲家……豪门联姻，裙带蜿蜒，枝蔓连理，使得盛家这个原已够大的家族，更加不可阻挡地膨胀起来了。

于是，小姐们一个个从这一处豪门深院，陆续步入另一座豪门深院；公子哥儿们，则在自家庭院，迎来那些美若天仙的富家千金。至于他们婚后生活开心不开心，感情默契不默契，那是另外一回事。公子哥儿们如果不开心，还有补救的办法，另找姨太太，开开小公馆，在外生孩子；而小姐们一旦婚姻不幸福，可就麻烦了，于是就又生出许多"女门低"的故事来。

董夫人生的三儿三女，亲家都是江浙一带的地方富户。庄夫人生的盛老四即盛恩颐，娶了民国国务总理孙宝琦的大女儿孙用慧；刘夫人生的盛老五即盛重颐娶了苏州豪绅彭家的女儿；柳夫人生的盛老七即盛昇颐则娶了清末外交界的"大腕"吕海寰的八小姐。小姐当中，刁夫人生的四小姐盛稚蕙，嫁给上海道台邵友濂的二公子邵恒；五小姐盛关颐，嫁给后来成了台湾富豪的林薇阁；六小姐盛静颐，嫁了浙江南浔"四象"之首（家财在一千万两以上者，当地人誉为"大象"）刘镛的孙子刘俨庭。只有七小姐和八小姐是自由恋爱结婚的，但夫家也是非常显赫的门第：七小姐盛爱颐嫁给常州世家、庄夫人的内侄庄铸九；八小姐盛方颐嫁给了大盐商、号称清末咸同年间的江南首富周扶九的外孙彭震鸣。孙子孙女辈中，有的嫁给李鸿章的侄孙，有的嫁给台湾银行的买办，有的嫁给汉冶萍公司萍乡矿长之子，有的则娶回了"江南一枝花"……

如此"强强联姻"，富上加富，金枝玉叶，晨钟暮鼓，盛家的气焰之盛，可想而知。然而换句话说，如此金山银山，山堆海积，盛家的子孙后代，还用知道"创业"为何物吗？

邵府两代人娶回盛家女

盛四小姐盛稚蕙大概是最受老太爷宠爱的女儿，因她是刁夫人所生。刁夫人一气之下上吊自尽之后，遗下这个女儿天生娇弱，自然成了老爷的一块心病。盛氏自觉对不住刁夫人，按正式夫人的规格厚葬她之后，在四小姐的婚事上也颇费了些心思。

盛宣怀为她作了最保险的安排，把她嫁到上海滩最高官、上海道道台家里，配的是道台邵友濂的二公子邵恒。邵府就在静安寺路斜桥对面，与盛府隔墙可望。这样四小姐出了婆家一抬腿即可到达娘家，来回走动十分方便。老太爷若要见女儿，亦可得一呼即应之便。邵家老太爷邵友濂更是喜不自胜，他一共两个儿子，大儿子邵颐娶的是李鸿章的侄女（李家老六李昭庆的女儿），二儿子邵恒又娶来盛宫保的小姐，两个亲家，不是一品大员即是太子少保，邵府门庭之显赫，还用说吗？

四小姐大概命中有享不完的福，嫁妆为盛家小姐之首，据说仅银元就一百万，其他金银首饰不算。嫁到邵府后，公婆对其宠爱有加，百般呵护。据邵家孙子说，奶奶搓起麻将来，手边常放一只精致的景泰蓝小罐子，里面全是金刚钻，输了的时候，就从小罐里往外倒金刚钻。夫婿邵恒对太太一往情深，别人家的少爷都是三妻六妾，而邵恒有了盛四小姐，此生足矣，不再旁观，进进出出总是双双对对，形影不离。可惜四小姐并不长寿，婚后差不多隔一两年就生一个孩子，一连生了六个儿子一个女儿，或许体力大亏，年仅三十来岁就去世了。邵恒一生虽无多大建树，然而对妻子还是忠诚不渝的，直到四小姐去世后，才又讨了一个马立斯（原是住的地方。旧上海常把老爷在外面的小公馆以地名称之，借指小公馆里的女主人）。那马立斯真名叫吴沁梅，作续弦。吴女士无后，就把四小姐生的最小的儿子（老六邵云骧）领作自己的儿子。

邵家原本是北方大户，翻开邵氏宗谱，可知早在北宋年间，邵家就出了一个"象数学家"，世称康节先生，名邵雍，他专研《易经》，并把易经与道家思想相结合，建立了自己的学术体系，叫先天之学。嘉庆、道光年间，邵家又出了一位人才，名邵灿。邵灿三

静安寺路上的邵府（左侧）

考正途出身，咸丰年间官至漕运总督。历来漕官均为肥缺，邵氏家族遂显赫起来。邵灿有三个儿子，长子邵曰濂，官至太常寺卿，除外放一任地方学政（学台）外，基本是个京官；次子早殇；三儿即邵友濂。

邵友濂（1840—1901）原名维埏，字小村，又字筱村。1865年乡试举人，同治年间由监生捐资出任工部员外郎，光绪初年为总理各国事务衙门章京；1878年冬，以道员充头等参赞，随钦差大臣崇厚出使俄国，交涉归还新疆伊犁问题；1882年至1886年任苏松太道道台。中法战争爆发后，他奉命襄办台湾防务，后又协助全权大臣曾国荃与法国谈判和约。邵家在上海静安寺路上的邵府（静安寺路400号，现上海电视台对面，已拆），正是在苏松太道任上所建。1886年以后，随着时局的动荡，尤其是甲午战争爆发，邵友濂格外地忙碌起来：1886年补授河南按察使；次年迁台湾布政使；1889年晋湖南巡抚；1891年调台湾巡抚；1894年甲午战争爆发后，奉命部署台湾防务；同年秋，又调任湖南巡抚……

邵友濂在外交生涯中的一件壮举，是揭发使俄钦差大臣、皇室权贵崇厚的受贿行为。1879年，崇厚在中俄伊犁问题的谈判中收受贿赂，擅自与俄签订了丧权辱国的《里瓦几亚条约》、《瑷珲专条》和《兵费及恤款专条》。条约草本到达清廷时，舆论哗然，纷纷指责崇厚误国，朝廷也认为"所议约章，流弊甚大"，然崇厚仍鼓动三寸不烂之舌，力劝清廷签字。就在这时，邵友濂将

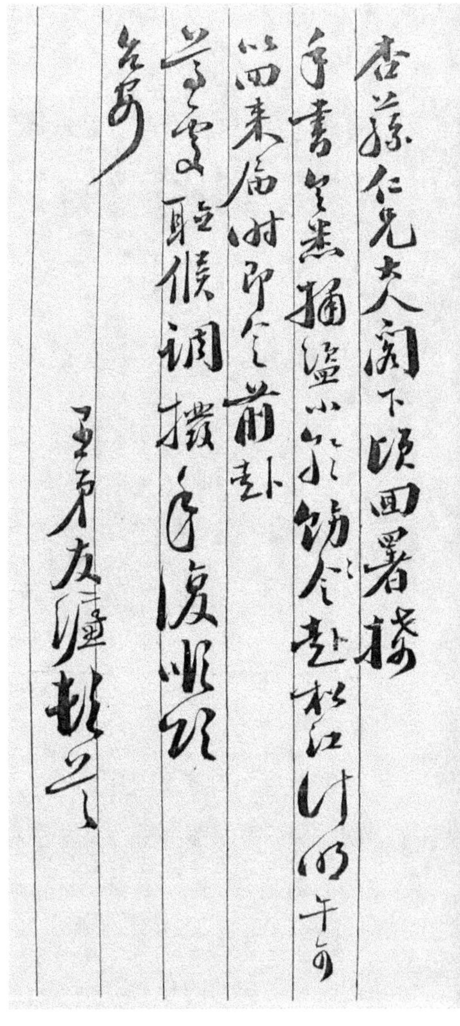

邵友濂致盛宣怀信

邵家子孙回乡扫墓，右边中间是邵洵美夫妇

崇厚受贿之事和盘揭出，清廷恍然大悟，遂将崇厚革职治罪，另派驻英、驻法公使曾纪泽（曾国藩的儿子）兼任驻俄公使，再次赴俄议约。此时，邵友濂得到曾纪泽的绝对信任，一同赴俄，经过艰苦谈判，最终于1881年签订了《中俄改订条约》即《中俄伊犁条约》，争回了前所划失的伊犁南境特克斯河流域。从此邵友濂声誉鹊起，受到朝廷的信赖。他能出任湖南巡抚，以至于办理台湾防务，并在1891年到已是火药桶般的台湾出任巡抚，充分说明了朝廷对他的倚重。

邵友濂在仕途上，走的是曾国荃的"体系"，在台湾巡抚任内，还杀过七个日本不法商人，对日本人始终采取强硬态度，遭到日本官方的忌恨。及至1894年中日甲午战争，他奉命与张荫恒赴日议和时，竟遭到日本方面的拒绝，声称非要李鸿章前来才行。结果李鸿章去了，签订了《马关条约》，将台湾全岛割让给日本。李鸿章回来后，两亲家从此翻脸。结果没几年，两位老太爷居然在同一年（1901年）相继去世。

邵友濂的大儿子邵颐，娶李鸿章的侄女为妻，可惜李夫人寿不长，生下一个女儿

120

邵洵美的堂姐邵婉香

邵婉香和女儿

取名邵婉香，不多年就病逝了。邵婉香嫁沪上名门蒯家（合肥人，蒯光典之子蒯景西），人称蒯太太。邵颐又娶北方一世家女儿史氏为妻，可惜邵颐亦不长寿，中年去世，抛下这个史夫人独守空房。当公公的邵友濂顾念长媳守节无后，生前即立下遗嘱，命二儿邵恒将婚后出生的第一个儿子过继给大房，后来这个被过继的男孩，就是三四十年代中国文坛大名鼎鼎的邵洵美。

邵颐去世时，弟弟邵恒才七岁，哥哥一死，他成了单根独苗，须承祧邵家一脉香火。而邵恒夫妇确也很争气，一连生下六个儿子，即邵云龙、邵云鹏、邵云骏、邵云麒、邵云麟、邵云骧，还有一个女儿邵云芝。但是邵恒毕竟过于受宠了，其父去世时他才十五六岁，位居一家之尊，其母柴太夫人、嫂子史夫人，以及盛稚蕙夫人，三个女人和一大帮男女佣人，整天围着他转，他什么脑筋也无需动，反正有的是钱，久而久之，养成了吃喝玩乐、不思经营的脾性。其结果是显而易见的，最后竟落到了卖房子卖地，捉襟见肘的境地。加上家里的总管是柴太夫人的胞弟（即邵恒的舅舅），这位娘舅精明过人，擅长弄权，仗着姐姐对他的信任暗里中饱私囊，这就更快加速了邵氏产业的"冰释"。

有趣的是邵恒的大儿子邵洵美与其父一样，也娶了盛家的女儿为妻，按说还是亲戚，即盛家老大哥盛昌颐的五小姐盛佩玉，他们该是表兄妹。关于邵洵美与盛佩玉的故事，留待"公子天下"一章再叙。

邵婉香和后代的合影

一等好亲家孙宝琦

民国初期曾两度出任国务总理的孙宝琦（1867—1931，字慕韩）也是盛家的亲家，而且是一门"双份"的亲家。

一份是盛家最得宠的公子、四儿盛恩颐，娶了孙宝琦的大女儿孙用慧；另一份是孙家的四公子孙用岱（字蔚青），娶了盛宣怀的亲侄女盛范颐（盛宣怀的五弟盛善怀的独生女儿，现 97 岁高龄）。两家都是累世为官，而且都曾在北京做官，又都是南方人，生活习惯相近，于是亲上加亲。

盛家子女多，八儿八女；孙家更有过之而无不及，有八个儿子十六个女儿，小姐的队伍超过盛家一倍。孙家公子、小姐、太太们，出门吃宴请或是上戏园看戏，呼啦一大群人，动辄就是车马成堆。蜂来蝶去、衣香鬓影之中，差点又"惹"出第三"份"亲家来，即盛四小姐盛稚蕙的三公子邵云骏，看上了孙家大女儿孙用慧的大女儿盛毓青（即盛冠云），一对年轻人很快就热乎了。可是谁知后来邵家与盛家又打起了官司（据说是为盛四小姐继承财产的份额事）。大人们不开心，孩子们的交往也就受到了限制。后来官司又撤了，据邵家后人说，是"盛家人买通了我们的几个叔叔"。官司不打也就罢了，一对恋人的热乎劲却给他们拖"黄"了，只能算是一门"流产"的姻缘。

孙家这门亲家对于盛家来说，实在是非同小可。过太平日子时大家只晓得荣华富贵，风光一时；到了倒霉的时候，亲家之间就有了特殊意义。危难时刻见人心，孙宝琦就成了盛家向大总统耳边"迂回前进"的重要渠道。

盛宣怀与袁世凯虽说都是李鸿章的亲信，但一个在南方，一个在北方；一个抓枪杆子练兵，一个办实业弄钞票。可是枪杆子毕竟需要钞票来支持，所以在李鸿章去世之后，他们就成了一对冤家，为招商局和电报局的事情，你争我斗，双方各有高下。后来光绪和慈禧去世之后，盛氏反而更获高升，位至邮传部尚书，而袁世凯大概因抓权心太切，触怒了摄政王，把他赶回河南彰德老家了。而一旦辛亥革命事起，天下大乱，清廷的军队被北上的革命军打得落花流水，大厦将倾，饥不择食之日，只好重新起用袁世凯。就连当年的对头盛宣怀也连发电报，认为挽此危局，非袁氏莫属。这一下，情形又倒过来了，袁世凯扔掉了钓鱼竿，跑到北京去收拾残局，而盛宣怀却被当成替罪羔羊，被下令革职，通缉捉拿，亡命日本。短短十几天即天下大变，人世遭逢，又有谁能预料？

这回轮到盛宣怀回家"钓鱼"了，但他比袁世凯更惨，有家而不能回，只能跑到日本去了。他在日本主要靠浙江富商吴锦堂（名作镆）的庇护。吴锦堂居神户海边，那房

盛宣怀的亲家、孙家老太爷孙宝琦

子距明石海峡仅两百米，现在是日本唯一的一座孙中山纪念馆，因孙中山先生在日本曾住过吴家。盛宣怀居此时，"钓鱼"是有可能的，但主要大概是"观山"，因后来住在神户盐屋山。有趣的是若干年后，盛宣怀的外孙邵式军娶妻蒋冬荣，她的外公居然就是吴锦堂。

因为那时盛氏所有的财产，除了老公馆之外，家族的义庄、义田、园林，都被查封了，他本人远在日本，对国内只能"遥控"指挥，所以，他必须请人替他走近袁世凯，向大总统献殷勤！在此紧要关头，孙宝琦成了拯救盛家的好亲家，他不失时机地、竭尽全力拉了盛家一把。

原来孙宝琦与袁世凯也是儿女亲家，而且也是"双份"。孙宝琦的五小姐嫁给了袁世凯的七公子袁克齐，十几岁就订了婚；袁世凯的六小姐袁篆桢又嫁给了孙宝琦的一个侄子为妻。孙宝琦与袁世凯还是换帖把兄弟，投机得很。

孙宝琦不仅与大总统是儿女亲家，跟许多皇朝贵族、京卿大吏也是儿女亲家。他的二小姐孙用智嫁给庆亲王奕劻的五公子载伦；三小姐嫁大学士、总理衙门大臣王文韶的孙子；四小姐孙用履被皇帝近臣宝熙看中了，成了大甜水井胡同宝大人家的媳妇；五小姐嫁袁世凯的七公子；七小姐孙用蕃成了张爱玲的后母，即张佩纶的儿子张廷重的妻子；八小姐嫁天津国华银行的经理崔氏……孙家大少爷娶的是皇室近臣、旗人的女儿；三少爷娶的是冯国璋的女儿；四少爷娶的是盛宣怀的侄女……豪门"串"豪门，你中有我，我中有你，全是自己人。所以，要论在北京通"路子"，孙宝琦的本事

孙七（孙用蕃，左）盛八（盛方颐，右）

要比盛氏大多了。

当年庆亲王奕劻主动向孙家提亲，把孙宝琦吓得要死，他说："我怎敢把女儿嫁给您家公子？我办不起嫁妆呀！"奕劻说："别着急！别着急！到时候我派人晚上把东西送到府上，新媳妇过门时再带过来即是。"所以孙家二小姐出嫁时所带的嫁妆，原本就是夫家的，只不过先拿过来做做样子，撑足门面罢了。三小姐嫁到王文韶家，更是一件趣事。因孙宝琦与王文韶既是同官又是杭州同乡，为人处世、品性也相仿，于是两人便来了个指腹为婚。时值孙宝琦的太太有孕在身，王文韶就说："只要你夫人生的这个孩子是女的，那就是我的孙媳妇！"结果孩子生下来果然是个女的，于是命中注定成了王家的媳妇。还好这位王家子弟还算争气，后来在汉冶萍公司北京办事处任职，做了不少具体的事情。五小姐嫁袁克齐也是老太爷们"玩"的"把戏"，老哥俩拜过把兄弟，话到投机处，也是拿孩子作"抵押"，所以五小姐15岁时就订了婚，嫁给袁七。

孙家是杭州人，之所以在京城这么神通广大，这还得助于他的先人。孙家原本就是老资格的京官，而且门风清廉，官场内外口碑极好。

孙宝琦的祖父孙人凤是杭州有名的教书先生，父亲孙诒经是光绪皇帝的老师之一，咸丰十年进士，曾入值南书房、毓庆宫、迁任侍讲，又任户部侍郎，佐度支部达十年，几十年京官生涯，有清廉刚正之誉。孙诒经有两个儿子、八个女儿，大儿即孙宝琦；老二孙宝瑄，曾任宁波海关监督；最小的女儿嫁给了亦是近现

孙用慧（右）与孙用蕃

代史上的大腕人物外交部长颜惠庆。

　　孙宝琦的父亲对朝廷有功，孙宝琦本人对朝廷功劳也不小。他最初是因父而荫任主事，19岁就当上了直隶道台，督办铜元局。时海禁初开，他不仅积极学习各国语言文字，还先后创办了北洋育才馆和开平武备学校，当时吴佩孚、萧安国和陶云鹏等人，都是他的学生。1900年八国联军入侵北京，他作为随员，护驾慈禧和光绪向西安逃命。因他天生记忆力惊人，读书可过目不忘，又精通英文、法文，所以还临时充当了朝廷的译电员，无论何方来电，他无需翻密码本，随手可译，再紧急的电报到了他那儿也绝不误事。于是庆亲王奕劻大赏其才，极力保荐他入军机处专司电报职，由此也引出了儿女婚嫁之事。

　　1911年10月武昌起义成功后，朝廷拿盛宣怀开刀，盛氏星夜逃离北京，躲入青岛德国租界，时孙宝琦正在山东巡抚任上，盛即与他取得了联系。孙宝琦赶紧从济南电发胶州，叫胶州都督设法保护，回头又连发两电，对亲家进行劝慰，通报情况，又安排盛的

孙蔚青与盛范颐

侄子盛春颐火速赶赴青岛，随时听从使唤。

孙宝琦给亲家盛宣怀发电报："千万勿赴沪，顷电托胶督。照料沪寓，雇印捕为宜。"他知道上海已成风声鹤唳之地，华捕亦未必可靠，所以劝他千万不要回沪，至于保护老公馆，还是"红头阿三"可靠些。隔几日又发电报告诉亲家，项城（袁世凯）已经打了胜仗，"即到京，乱事可想结果"，于是劝亲家还是暂住青岛观望，"尊体亦宜，至祷"。

后来盛宣怀逃亡日本，当然会牵挂他的家产，因大清帝国已无可牵挂了，所谓"国破主灭"是也。然而平心而论，他更为牵挂的则是他的心肝宝贝汉冶萍公司，那可是他十数年来的心血啊！

武昌起义后，湖北成了革命军的天下，而汉冶萍是大清官僚们办的实业，自然也成了革命的对象。加上战事的影响，煤运不过来，驳船被征用，即使改用民船运了煤来，也无法卸货上岸，岸上已大乱，码头上已屯兵。况且战事一起，市场也大乱，人们纷纷抛售钞票而挤兑银元。汉冶萍要维持正常开业，必须拿出大量银元来支付，连工人、职工也都拒领钞票而要银元。汉冶萍的经理、盛宣怀的心腹李维格忙不迭向上海求援，要求紧急调拨银元，而上海却哄传汉冶萍早被鄂军占领，人已星散，因而银元久无着落。百无出路之际，李维格又动出脑筋，去央告洋行商借，总算临时借到十万银元以解燃眉之急。然而炮火连天，交通阻断，汉口张家庙车站也被湖北新军占领，汉冶萍因铁

128

矿、煤碳无法供应，只能熄火停工了。李维格贴出公告，将洋技师们送回上海，将工人们先打发回家……就此仍不算完，新军还要予以查封，并扬言，要没收盛宣怀的汉冶萍公司的股票！

盛宣怀此时远在日本，这回可是"隔海观火"了，鞭长莫及，那心里的焦虑自是没法子说。他只有一个办法，就是叫老亲家为之说项，并且让老部下多"活动活动"，尽力保住汉冶萍！

孙宝琦找到袁世凯，对他说，汉冶萍是股份公司，根本不是盛某的私人财产，如果强行收为国有，那不是打击了一大批工商业者了吗？汉冶萍的股东都是江南豪富，他们在轮船招商局、电报局等企业均有股份，没收了汉冶萍弄不好会牵一发而动全身，还会影响其他产业。更何况，该企业目前也困难重重，还欠着官款，如果把它收为国有，那么所欠官款日后向谁要去？不如仍旧"官商合办"，于大局并无碍。袁世凯认为颇有道理，于是不再动汉冶萍的脑筋了。

汉冶萍地处湖北、江西一带，民国后那儿是军阀吴佩孚和萧安国的地盘，而这两个人当年都是开平武备学校的学生，孙宝琦是他们的校长。他们见孙校长出面来管汉冶萍的事，也不敢存心捣乱了，反而用心加以维护。但盛宣怀仍旧不放心，为长远计，他料定自己心力已大衰，即便将来回国，也不可能事必躬亲地管理汉冶萍，不如就让老亲家打理去，反正是自家人，现在各方面都买他的账。所以，盛宣怀就把汉冶萍董事长的位子让给了孙宝琦，由他出面担当一切，并且在北京设立一个汉冶萍办事处，具体的活儿就让孙的三女婿，即王文韶的孙子跑腿去。那时，孙宝琦手里没有一份汉冶萍的股票就当上了董事长，这也是那个特殊时代的特殊故事。

盛宣怀第二年回国时元气已大伤，汉冶萍虽说保住了，但自家的家产尚未发还，他必须继续拉着孙老亲家，跟大总统"对话"。

1912年6月初，那时盛宣怀还在日本，他听说大总统有意要租用他在北京的住宅，即府学胡同5号那幢大花园洋房。原来袁世凯见大局已定，已将家眷从河南彰德迁来北京。他们先住在陆军部，可是袁氏家族亦是中国数一数二的大家族，他有十三房太太、姨太太，生下十七个儿子和十五个女儿，加上男佣女仆，浩浩荡荡，足有上百号人，住在陆军部进进出出有诸多不便，于是派人四处觅房，想把家眷安顿下来。想不到觅房之人，竟看中了盛家的房子。真是老天长眼，盛氏得知后，赶紧打电报问孙宝琦可有此事。孙宝琦回电说是的，是有这么回事。盛宣怀即刻大喜，决心在房子问题上大慷其慨，或许能讨大总统的欢心。

府学胡同这幢房子，原是李鸿章的孙子李国杰（伟侯）的房子，二层花园洋房。1910年李国杰出洋，任驻比利时钦差大臣，就将此屋抵押在德华银行，押银七万五千两。盛宣怀到北京做邮传部尚书后将其赎出，并转押在正金银行，仍是七万五千两银。后来盛宣怀又添造了前后两屋，用银三万数千两，所以在正金银行的押款亦增至十万五千两。开始袁世凯的人来看房子，听说此价觉得太贵，就提出可否租住。盛宣怀知道详情后，立即函告北京正金银行的总办实相寺君，再邀当日初次来问屋之人洽谈，请其转告盛宣怀的意思。那意思就是："鄙见可请大总督或家眷先行居住，如果合适，只须照李伟侯押七万五千两付还正金银行，所有契据二张即由正金交呈，亦不必拘定付款日期，其未付款之前，押息七厘，仍由敝处付与正金银行可也。除抄函知照正金银行总办实相寺贞彦君责照外，兹特专遣家丁吕素到京，所有屋内原购陈设器具悉数点交，惟亲友寄存各件，即由该家丁带回……"

此信是写给孙宝琦的，请其在北京代为周旋此事。"洋式楼房两重，虽不华丽，确是爽明，住着最宜，洋式家具均备，稍有花木，并有热水管，如果合用，祈即转达，尽可即日收用。候示，当即函致正金银行，所有押款，当由敝处认还该行，项城总统可无庸过问也。"如此热心地把房子让给袁大总统住，当总统的该不会无动于衷吧！当然，也得给亲家一点好处，所以另一信的末尾就有"尚有马车一辆，青马两匹，送交尊处备用可也"。盛宣怀考虑问题向来滴水不漏，此亦是他多次能转危为安的一大诀窍也。

后来，袁世凯果真承其好意，把庞大的家属队伍安置进去住了，大约住了半年多时间，又迁去中南海了。此屋后来由段祺瑞接住。可知几十年间，此房进出的全是些头面人物。又据说解放以后，此屋归康生居住。然而十多年前笔者来到府学胡同寻觅当年遗迹时，发现已经被拆掉了，上面建起了武警部队的营房。

作为亲家，孙宝琦对盛氏可谓仁至义尽。但他做人也有自己的原则，后来很快又跟袁世凯闹翻了。他于1913年至1914年3月，连任熊希龄、徐世昌内阁的外交总长，于

孙蔚青夫妇做客盛毓邮家

民国三年任国务总理。后来日本人见袁世凯想当皇帝，恢复帝制，需要日本人的帮助，恰逢第一次世界大战爆发，西方列强无暇顾及中国的事情，日本人就乘机提出企图灭亡中国的"二十一条"，强迫中国承认。袁世凯原则上要认可，而孙宝琦则坚决反对，最后力争不得而于国是无望，于是自动引退了。

复出后，他又历任税务处督办、审计院院长、财政总长兼盐务署督办、经济调查局总裁、全国赈灾处处长等职，这期间，孙宝琦曾因反对中国银行和交通银行停止兑现一事，再次跟袁世凯翻脸，遂愤而辞职，袁世凯拿他也没办法。

1924年1月，孙宝琦再次被推为国务总理兼外交委员会委员长，没过几年，因反对向法国借款的所谓"金法郎案"，再次拂袖而去。

孙宝琦原本就清廉刚正，不刻意积蓄私产，加上民国后多次辞官，家口又众多，经济上就常常捉襟见肘。每次辞官离京，都是由他的朋友和旧属为之操办路费和行李。最后一次辞官南归，由于杭州的祖宅已年久失修不能居住了，就只好暂时借住上海哈同花园。哈同仰慕他的名声，几十口人一并住进，也毫无他言。后来孙宝琦年迈病重，移居盛公祠后面的汉冶萍公司俱乐部（北京西路万航渡路路口的交通银行的后面，现为警备区老干部活动室和医疗室），直至去世。他全家离开北京的时候，连房租都付不出了，那房东是修建北海的工程师，因仰慕孙公的为人，就说"算了，算了"。而孙公内心过意不去，就吩咐人把从法国带回来供女儿学习的两架钢琴抬了过去，算是略表谢意。

孙宝琦去世的时候，人们来凭吊时送的挽联，大多都赞美了他廉洁清正的品格。其中，时任大总统的徐世昌送的挽联是"门多歇浦三千客，家少成都八百桑"，横批是"旧雨晨辰"。一方面是感叹老朋友越来越少了，少得像清晨的残星一样，另一方面是热情地赞扬了他的为人和清廉。说他像战国时期楚国的春申君黄歇一样好客，养了三千门客，所以说"门多"；再拿诸葛亮作比，说诸葛亮作为一代丞相，一生廉洁无私，身后别无长物，家中只有八百棵桑树，而他孙宝琦，连八百棵桑树也没有，故曰"家少"。

孙宝琦还有一件当今之人知之不多的壮举，就是在法国曾暗助孙中山先生脱险。孙宝琦当年出使法国时，适逢孙中山先生伦敦蒙难后来到巴黎。有一天，湖南籍留学生汤芗铭及王某三人，得知孙中山先生的行踪后，就合谋以问学为由，将中山先生骗出寓所，到一咖啡馆喝咖啡，中途汤芗铭悄悄退出，潜入中山先生的住所，将其行李及文件一并偷出，送至公使馆向孙宝琦邀功。时孙宝琦已看出大清帝国的末路，对革命党极为同情，于是一方面把东西收下来敷衍汤芗铭，又暗中嘱托李石曾，将这些东西给孙先生送回去，并送上一笔旅费，劝其赶快转移，孙中山由此得以解脱。有人说，假如孙中山当时碰到的不是孙宝琦，而是其他什么封疆大吏，那后来的民国史大概就要改写了。

此话看来也有一定的道理。

乡关何处

庄夫人被困老公馆

辛亥革命的滔天巨浪，迅速掀翻了大清王朝的帝国大厦，作为前朝臣子，你若不投入或依附于革命，那么就要革你的命。况且中国历有抄家、株连等惯例，那些前清忠臣们的家业，就很难保全了。李鸿章、陈夔龙、张勋等人在各地的财产，均被革命党查封或抄没。作为"铁路国有"的肇事者，又是"一只手拿十六只夜明珠"的阔佬盛宣怀，能不遭灭顶之灾吗？

在江苏光复的第二天，都督府即派人来到盛家在苏州的留园，宣布查封，并查封了盛家在苏州所有的典当、义庄、祠堂、义田和房产。当时盛宣怀父亲盛康的遗妾许氏、盛宣怀的弟弟盛善怀、弟媳张钟秀以及许多盛家亲戚均在苏州，那么正好，统统听清楚了：国民革命军正缺粮饷，令你们出钱充饷，若不答应，立置死地，将家属驱出，财产一律充公！

时盛宣怀正在逃亡途中，尚未到日本，在上海"留守"的庄夫人，连连向他告急："留园四位师爷均被革军看守，中市师爷（盛康之妾许氏住处的管事）关闭三日，苦不胜言。玉麟因姓盛，立要看守，幸经多人恳求保出。而革军令该师爷等赴申勒捐我们巨款，限五日回复。如能捐助，苏地产业即全数退还并为保护。中市处亦勒捐一万二千元，许氏已允一万元，革军仍不满意，尚未了结……革军捐饷一层，现由王翼廷出来担任，刻尚未议妥。据戴福廷（原盛康的幕僚）说，苏州捐款只能将苏州产业退出，沪地不在内。我意拟捐助一次，无论苏、沪、常、浙，只要是我们的产业，统要退出、保护，方肯出钱。即使出钱，亦要除去'助饷'二字，只能附中华银行股份……"

看来，这时庄夫人还想与"革军"讨价还价，提出种种要求，她尚不明白天下大势早已逆转，眼下已不是你盛家张嘴说话的时候了。各地的坏消息不断传来，自家的亲戚和过去的朋友也有落井下石者，甚至盛家的长房长孙盛毓常竟在沪被人绑票，庄夫人本人也差点被绑去，只得东藏西躲。

　　盛家的家臣钦其宝、顾泳铨（老公馆的管家）也不断报来触目惊心的消息："顷阅《民主报》载要闻一则，言某某阴谋败露，将汉冶萍厂矿密与小田切商酌，售于日本，并载公（指盛宣怀）旅寓甚详，观之骇然……现革党将富户极意搜刮，苏州自庄思缄（庄蕴宽，庄夫人的娘家亲戚，1911 年 11 月曾代程德全任江苏省都督，在盛家财产问题上不肯帮盛家忙）到任后，各富户咸有戒心。闻前日将有田者查明注册，勒捐巨款，如不遵者，一律充公……昨有京友回南，言土老帽（袁世凯）异常跋扈，思及公（盛宣怀）财，欲捐巨款，又拟将厂矿抵于洋人……留园仍有革据，并欲卖钱以贴军用。戴福廷（原为盛康的幕僚）欲谋经理，日与革党要好。郑道生（原盛康幕僚）异常艰窘，首饰已尽，仍住

盛家在静安寺路上的老公馆（已拆）

丹阳码头，与革不连，总算稍有骨气。王迪人（盛宣怀的幕僚，苏州留园管事）之子，时常断炊，屡托人来说项，将年内薪水照付……至家产罄尽，大概皆然，付之于命可也！"

又云："本月（1912年1月）十四日系招商局开股东会，到场者均为革党，其宗旨要在招商局借银一千万两；其次将公（指盛宣怀）所有股票悉数充公……计算兵费，每月需洋一千余万元，而所捐之饷，不及十分之一，是以到处用强硬手段，搜刮各富户财产……现在各处乡间，盗贼蜂起，吴江罗墟镇，前月下旬抢劫一空，革党亦无一兵一卒前去查看，于是盐枭流氓从此无忌矣……今顾泳铨亦不能出场，宝（钦其宝）亦为革党所知，如到中国地界，必为革党擒去，调换泳铨，以至寸步难移，奈何！奈何！……"

不久，又传来消息，盛家设在苏州、常州、无锡、江阴、常熟、嘉定、扬州、南京、武汉、杭州等地的房产、地产及典当十所，义田、义庄、祠堂，均告"失守"矣！仅余上海和北京两地的自家住房尚在手中，大概是北京的府学胡同的房产已抵押在正金银行，而上海的静安寺老公馆地处租界内，华人尚不便贸然"进攻"的原因吧。这时庄夫人已四面楚歌，惊恐万状。

先是苏州的亲戚为人勒令捐饷所迫，前来找庄夫人要钱，因苏州的产业均被查封，店铺和典当均无法营业，而勒捐甚急，只好向庄夫人告急。盛宣怀的弟媳张钟秀（苏州拙政园主人张月阶的小姐）被迫跑来索要三十万两，庄夫人因无法应付，只好逃出家门，避而不见。但逃到各处，亲戚们均不敢收留，怕祸及己身，只好逃到老管家顾泳铨家里，不巧又被盛宣怀的堂侄、盛海颐的妻子程氏撞见，庄夫人恐怕连累顾泳铨，只得再逃。最后在盛宣怀的洋顾问、美国人福开森的帮助下，住进了英国人开的格哩饭店，暂避风头。谁知该饭店楼下住的尽是广东革命党人，他们很快就侦知了楼上的这位阔太太，即前清邮传部尚书盛宫保的太太，于是扬言进门抓人。庄夫人从侍从处得知后，只好再逃回老公馆，躲在内室，将前后门关闭，不见生人。后来张钟秀说，先给她五万，好回家交账，否则恐怕也要逃避在外，回不了家了！

庄夫人住在格哩饭店时，"革党"大概碍于在租界里抓人，恐被巡捕房干涉，所以设法在华界见机行事，于是暗中嘱咐马夫，如能将庄氏拉至华界，即刻酬银一万两。倘若敢通信与主人，则立刻枪毙！好在马夫亦在盛家多年，几代人均服务于盛家，不忍陷害女主人，庄夫人才算捡了一条命。然而躲到家中仍不太平，她给盛宣怀的信中又写道：

"外边情形如此，家中又有张氏（张钟秀）、柳氏（盛宣怀的柳夫人）、富氏（盛康的遗妾）合通革党，拟谋我命，竟令我寸步难移！长此坐守家中，如何了局？……直至今日，大有逃不出之势。若竟不走，至年底约非两万不得开交。故我仍拟伺隙逃至长崎。现在张氏虽缩至五万，然万不能允许。若能将张氏退去，则各亲戚可不至再来索诈矣……"

关于上海陈其美部的勒令捐饷，庄夫人请朱志尧与其调和。朱志尧答应捐款十万，"彼党未允"，朱回来报告说，看来至少需要二十万才能过关。庄夫人不得已，只好东调西挪，以保全身家性命。

静安寺路上的老公馆乃盛家的大本营，成了盛家唯一的立足之地，必须牢牢守住。庄夫人万般无奈之时，只好商请外国人前来"借住"，尤其是靠路边的一幢大花园洋房，常有陌生人前来窥探。为防万一，庄夫人致函时在大连的盛宣怀，赶快托人请洋人住进来，省得被"革军"拿去。

盛宣怀到了日本后，继续遥控指挥上海的一切。他在给管家钦其宝的信中吩咐道："斜桥西首亭式洋房已经租出，而从前汉冶萍公司办事之老洋房，尚未有租户。鄙意此处毗连自己的住宅，最好借与领事官做住宅，不论何国，不收房租；惟楼下须空出两间，留一大餐间，鄙人回沪后，若有意外烦恼，即到此间暂避。此意务先期讲明，并可订期半年。彼既免费，又省搬动，或可易于招徕，请即商之熟识西人代为绍介，以速为贵，因东京天气骤凉，不宜久居也。"为了保证房子的安全，几乎是在求洋人来住了。

这期间，盛宣怀父亲盛康的姨太太许氏被苏州的"革军"盯得吃不消了，也跑到上海向庄夫人要钱解围。庄夫人自身不保，惊恐万状，为筹上海方面的二十万"捐饷"尚不得安宁，何来钞票应付苏州方面，于是又是避而不见。许氏大怒，写信给盛宣怀告状，讲了很多庄夫人的坏话，信中又哭又骂又威胁："忆自去年九月十五日省垣光复，十六日都督府派兵来予家看管。予因复颐联姻陆姓，选吉十八日迎娶，自被骚扰，出入不通，乃入赘陆姓，草草了事。至二十三日晚，革军毁门入室，刀枪林立，凶焰逼人，为首者向予索银充饷，设如不允，立置死地，将家属驱出，财产一律充公。予忍死抵拒，相持既久，逡巡散去。自后每日派巡警营兵，昼夜防守，勒令不许出门，一月有余，内外隔绝，维时进无所依，退不自保……继思庄氏太太现在上海，何不与之商量，讵到府后，庄氏拒绝不见，无一些家庭骨肉之情。后请账房将当帖月总代押五万，乃顾泳铨（管家）奉女之命，仍不通情。呜呼！世态炎凉本无足怪，乃至骨肉至亲亦视同陌路……有是理乎？……被封各店已盘抵关，几处当铺均止当矣。一生心血悉数倾尽，尚负累数十万，予实不能理处……索我未亡人，孤苦伶仃，囊空如洗，负累至数十万，破产至十数处，依然不能相抵，伤哉！予也何辜，遭此牵累？……惟恳拔九牛之一毛，救我涸辙……"

这些妇道人家哪里知道，盛宣怀的日子比她们更难，不仅家事不堪，需他逐一想法子买通关节，尽力疏通，同时国民政府亦找他的事，让他代为向日本人借钱，因为国民政府确实是库无饷银，军队竟有哗变之虞，弄钱实为当务之急。而日本人也不放过他，有人日夜"陪同"在侧，缠着他，要求将汉冶萍公司"中日合办"，因为日本工业正发展迅猛，钢铁需求量极大，而日本又没有铁矿，于是视汉冶萍为至宝，想方设法要挟盛宣怀就范。而他本人身处异国，遥控极不灵便，况且当年诸多旧友，多已翻脸不认人了……这些哪是许氏、张氏、柳氏所能够体会的？她们的哭诉，只能给落难中的盛宣怀增添无穷的烦恼。

流亡日本好辛苦

被清廷宣布革职，并且"永不叙用"两天之后，盛宣怀在日本顾问高木陆郎陪同下，经天津去青岛；12月14日由青岛转到大连；12月31日再从大连去日本，这次还带上了四儿恩颐和五儿重颐。到日本后，在浙江富商、旅日华侨商会会长吴锦堂的帮助下，先住在神户盐屋山的东方旅店，后来则租住当地民屋。世界上的事情常常是无巧不成书，那时他们哪里能想到，若干年后，盛宣怀与吴锦堂也成了亲戚了。

神户依山傍水，离明石市不远，宽阔的明石海峡，终年风清月朗，类似中国的青岛。可是这一次来日本不比上次来治病，他无心欣赏皓月长风，能有个临时的安身之地已是不错了，况且国内传来的，无不是些"抄没、查封、勒捐"之类的坏消息，这使他在穷困潦倒之际，身体状况每况愈下，自觉老境至矣。

他不得不接连向国内发电发信，主要是请他的一些洋朋友在此危难之时，出来帮兄弟一把，出面保护盛家的财产。受其委托的人主要有：日本人森恪（三井洋行职员）、英国人答拉斯（英国通和洋行经理）、美国人福开森（字茂生，盛宣怀的洋顾问，曾任南洋公学总教习，由盛氏保荐当过大清邮传部的洋文秘书）、日本人高木陆郎等。

他接连签署"委任状"，委任森恪："所有别表目录记述一切财产，原来归盛氏独产及其股份之私有者，现次为森恪君代表盛氏，所有以上一切财产交付森恪君。故兹言明：森恪君有一切全权（随时电商）。特给为据。"又与高木陆郎订立由朝日商会出面保护盛氏财产的合同，合同规定："所有盛杏记苏州、南京、杭州、湖北各地基并江苏各典当以及各市房，委托朝日商会保护。"在此之前，他还曾将一份在日本正金银行上海分行的五十万两银的押据，过户于福开森的名下，又请福开森帮忙管理一部分房产。通过答拉斯，办理招商局各码头在汇丰银行抵押银一百四十五万两……

这些洋朋友鉴于旧情，都是肯帮忙的，问题是革命浪潮到来的时候，洋人也掉价了，尤其是日本人。有时日本人越出面越糟，基层"革军"根本不买账，越是依靠日本人就越是说明你卖国！于是三儿子盛同颐赶紧给父亲去电报："还产无公令，骤由日人出面，无论有效与否，恐群起反对，内地尤虑生枝节。万一决裂，几无立足之地，乞详酌再

逃亡日本穿上洋装的盛宣怀

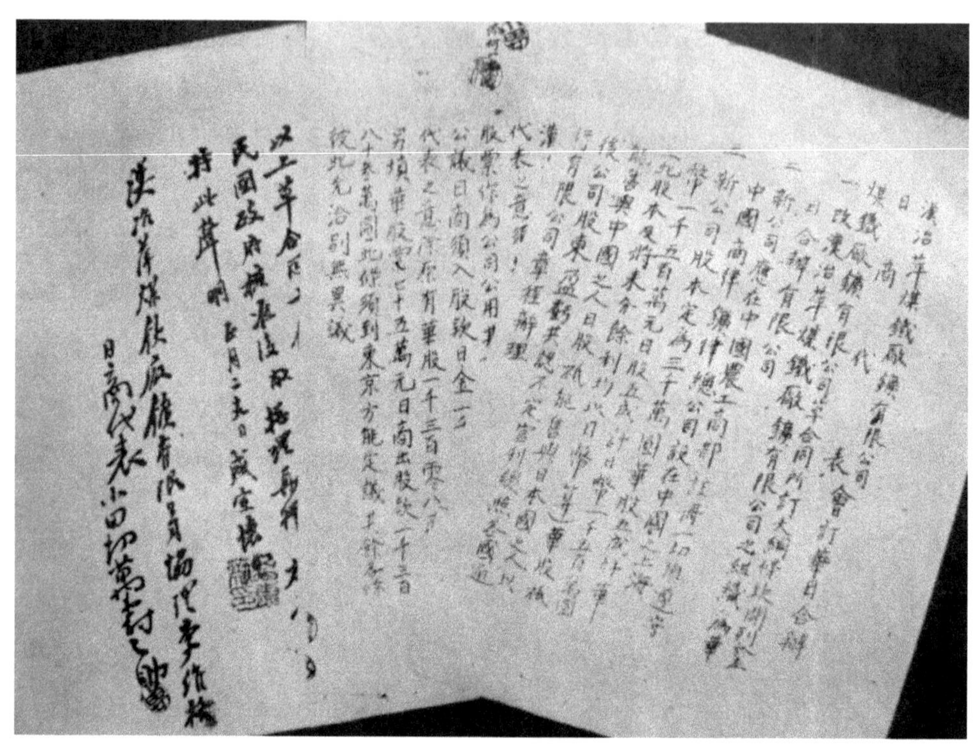

盛宣怀与日商签订的有关中日合办汉冶萍的草约

办。"盛宣怀的亲信李维格亦来电报说："察看情形，公若借外力，不但财产不保，尚恐激成他变。朝日商会事亦万不可行。只有静候风渐过去，再筹保金，押股人极疑虑。"

　　这样一来，简直就无计可施，盛宣怀只好束手待变，等待命运的发落了。还好，渐渐地，总算盼来了点好消息，长房长孙盛毓常被浙江军政府拘捕，后由上海军政府都督陈其美以"盛氏罪状未定"为由给放出来了。真是谢天谢地，只要人没事，比什么都好。盛宣怀忙打电报问管家顾泳铨："常放（毓常被放回），谁之力？ 朝日商会罢。"看来日本人还是有点用的，于是又恢复了些信心。

　　果真，高木陆郎二月份的来信带来了更重要的好消息，关于保护盛氏的所有财产事，接到森恪从南京的来电，说是经过各方走动，已跟民国政府说妥，民国政府将照宫保所拟草案办理，可知照各省都督府，完全保护等等，望祈放念为荷。然而，关于"报效"（即捐饷)一节,原先已许诺三十万,森恪已向民国政府讲过了,现在已不好再改口了,仍出原议三十万为安。并告诉盛氏,他原拟请三井洋行先行为之垫款,早日付款,产业问题早得解脱,然而三井董事会不肯,无奈何。只好再商诸山本条太郎(原为井上馨秘书,时兼三井洋行上海分行经理)。山本故与盛宫保交谊深厚,慷然允诺……

这真是天大的好事! 这么说来,民国政府不仅同意保护盛家的财产,而且"助饷"的钱也解决了。没几天,北京方面也有消息来,说是袁世凯也主张保护盛氏财产。但是盛宣怀还是有些不放心,立即打电报给管家顾泳铨,要他设法与森恪联系,索要民国政府的还产命令,他要看到真正的公文。估计这个公文是有的,只是各地执行起来极不情愿,竟拖至两年之后才算真正解决,这期间亦不知花去多少"捐饷"和人情。

然而随之而来的是另一个令盛宣怀头大的问题,即南京政府要盛宣怀出面向日本借款,以及解决日本人提出的关于中日合办汉冶萍的问题。民国政府在这个问题上前后说法不一,一会儿要合办,一会儿又要"爱国",不合办了,而作为中间人,盛宣怀再次尝到了里外不是人的滋味。

原先,汉冶萍这个中国唯一的钢铁联合企业已经疲惫不堪了,为了摆脱困境,主要是解决资金问题,在日本人的怂恿下,曾动过中日合办的脑筋。作为汉冶萍的总经理,盛宣怀事先与日方作过一些可行性的探讨,本来也无可厚非,只是慑于国内的革命浪潮,不敢明目张胆地动作,只能悄悄地进行。所以当他隐居青岛的时候,日本的小田切万寿之助就曾发一密电,请他到大连来,密商一

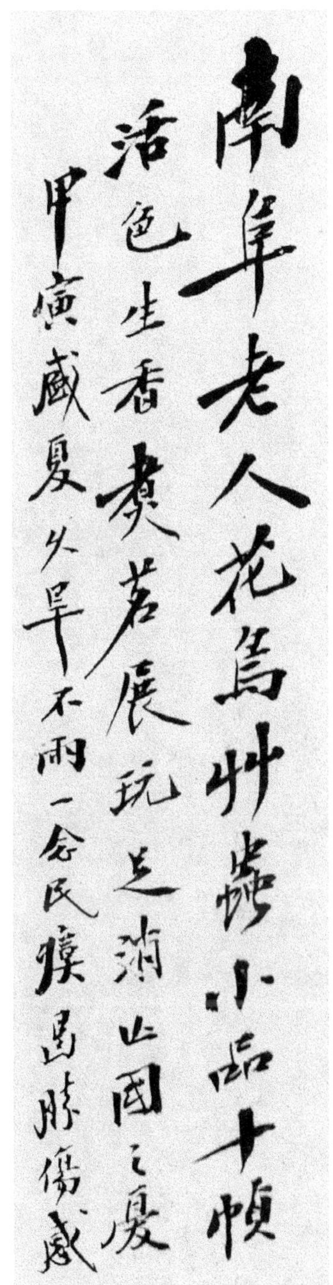

盛宣怀手迹(题画)

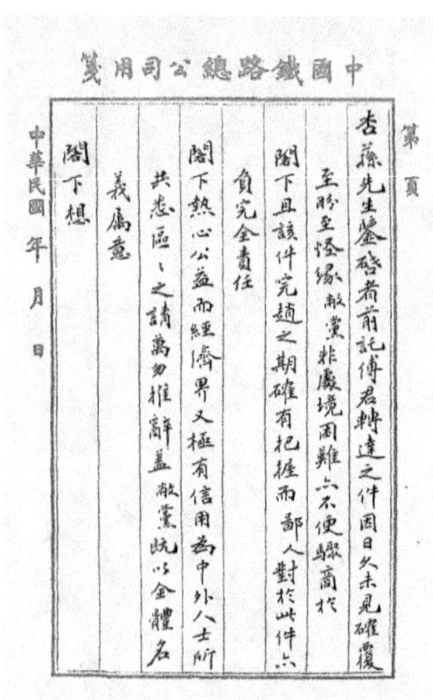

孙中山致盛宣怀函

切。这个小田切万寿之助，当年曾任日本驻上海总领事，1906年任日本正金银行董事，次年兼北京分行经理。在关于中日合办汉冶萍的谈判过程中，他是日本东京财团的代表。他邀请盛宣怀北上密谈，说明已进行到实质性内容的讨论了。

问题是刚刚建立的中华民国临时政府，在面临财政极其困难的时候，也想到了日本人的钱袋，想通过盛宣怀向日本借款，因为临时政府穷得连军饷都发不出了，军队渐有哗溃之虞，而要巩固新生的政权，没有一支稳固的军队是不可想象的。于是，南京临时政府就派出代表何天炯（字晓柳，广东梅县人，时任广东军政府顾问、南京临时政府在日借款代表）与盛宣怀联系，请他以汉冶萍公司的名义向日本借款，然后借给国民政府。

盛宣怀当即回答，义不容辞。但他太明白日本人的心思了，所以直截了当地告诉临时政府的代表："目前即以产业加借押款，无人肯借。或如来电云，华日合办；或可筹借；或由新政府将公司产业股款、欠款接认，即由政府与日合办，股东只要股款、欠款皆有着落，必允。否则，或由公司与日商合办，均可。惟合办以严定年限、权限为最要，免蹈开平覆辙。"这说明盛宣怀尽管答应中日合办，但还是担心主权的问题。

尽管盛宣怀明白，仅以汉冶萍的资产作为抵押向日本借款已不大可能，但他还是在答复南京政府的当天，给小田切万寿之助发了一封商借款项的信，果然，小田切不予接受。三天之后复信说："顷展来函，商借巨款日币五百万元，查贵公司前借敝行款项为数已巨，向来借款均有货价指抵。现值贵国内乱，敝制造所等处订购贵公司货物不能如期交货，目前贵公司能否开工，实无把握。前欠尚无着落，断难再行添借。特此奉复。"

小田切万寿之助讲的都是实情，汉冶萍本已借正金银行巨万，目前国内正乱，厂已停工，旧欠何时能还尚不得知，怎能再借新款？人家有钱不肯借，你又有什么办法？

按照孙中山先生的意思："民国于盛并无恶感情，若肯筹款，自是有功，外间舆论过激，可代为解释。惟所拟中日合办，恐有流弊。由政府接任，亦嫌非妥当办法，不若公司自借巨款，由政府担保，先将各欠款清偿，留一二百万作重新开办费，再多借款百万转借民国。"关于盛家的国内财产一节，孙中山先生的答复是："动产已用去者，恐难追回；不动产可承认发还。若回华，可任保护……"

对此，盛宣怀只有苦笑。他何尝不想多借点钱，一来厂可以重新启动，二来又可上新厂，三来又可以转借给民国政府一部分，汉冶萍可作二老板，更何况如此之功劳，可

盛宣怀复孙中山函

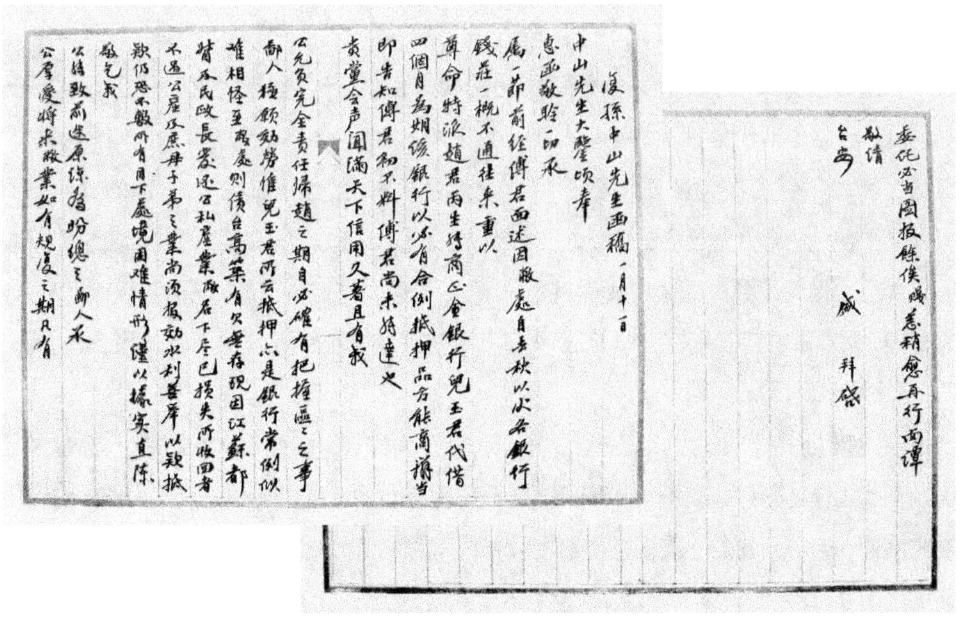

换回他的财产得以发还和保护，何乐而不为！问题是孙中山先生并不了解汉冶萍早已是负债累累，而日本人认为你已无甚产业可抵押了，非中日合办就不肯借钱。

这时，南京政府陆军部总长黄兴又直接发电给盛宣怀，大意是说，军队内部的情况已经万分紧急，军饷问题已刻不容缓了。电报云："前由何天炯转达尊意，承允助力民国，由汉冶萍公司担借日金五百万元，归民国政府借用。见义勇为，毋任钦佩。兹特请三井洋行与尊处接洽，商订条约，即日签押交银，公私两益，是所切盼，并复。"

盛宣怀被逼得没法，第二天只好厚着脸皮再给小田切万寿之助发函，进一步说明情况，并派出专员到东京面陈一切，不得不再行专函切商："务祈设法玉成，以济要需。特再函恳，翘盼复音。"盛宣怀与洋人打交道几十年来，还从来没有如此窝囊过，这次真的是豁出老脸皮上了。然而日本方面还是通不过，第二天复信："敝行因贵公司无货可抵，按照敝行章程断难再行通融。惟闻三井曾有华日合办之说，弟一再筹思，除此实亦别无办法。"又是当头一棒！

然而这样磨磨蹭蹭、信来电往，南京的陆军总长黄兴沉不住气了，来电质问并威胁道："前电谅悉，至今未得确切回答，必执事不诚心赞助民国。兹已电授全权于三井洋行直接与执事交涉，请勿观望，即日将借款办妥，庶公私两益，否则，民国政府对于执事之财产将发没收命令也！其早图之，盼复。"

在这种情势下，为了借钱巩固军队，民国政府作了让步，同意将汉冶萍公司中日合办，并于1912年1月26日，在南京签订了关于"合办"的草约；1月29日，李维格与小田切在神户签署了"合办"的草约。但这仅仅是政府及总经理与日本方面的签约，日本人又提出，汉冶萍是股份公司，关于"合办"之事，还应有所有董事的批准及股东的证实才行。但考虑到民国政府用款甚急，"为了尽速向您提供借款，已洽妥以汉阳铁矿为抵押，先筹借二百至三百万日元……"（上海三井物产会社致孙中山函，1912年2月1日，上海）

汉冶萍公司中日合办事一经传出，舆论界大哗，董事们、股东们表示反对，武汉方面尤其言辞激烈。这样一来，事情又呈危险状态。南京政府深恐事情有变，借款成泡影，遂一日三电，催促盛宣怀："如再不付款，前议全翻。""今晚不签，事即决裂！"2月9日深夜，高木陆郎致电盛宣怀云："委任状三份速照签定，无时再改。速电示，再迟，事决裂，所有宫保各事，弟无力再能代办，爱莫能助，祈谅，切勿自误，言尽于此！”

果真，折腾来折腾去，由于社会舆论大力反对，汉冶萍"合办"之事还是"黄"了，借款之事就更没门了。这样一来，盛宣怀的罪恶又加一等：盛氏以借款事为借口要挟政府与日本"合办"汉冶萍。汉冶萍的股东们也反对盛宣怀：汉冶萍要与日合办，为什么不召开股东大会？于是，盛宣怀再回过头去，忙"废约"的事。似乎这一切的一切，都是他盛宣怀的阴谋！

争回家产人已老

既然中日合办汉冶萍的事情办不成了，那么以此为前提的五百万日元的借款自然也就"黄"了。既然你盛某没有为民国政府借到款，那么民国政府还有什么必要保护你的财产呢？况且你本来就是革命的对象嘛，剩下来仅仅"捐饷"三十万两，区区小数，杯水车薪，何足挂齿，连国民军一个月的饷银都不够，那你就一边凉快去吧！

孙中山很快也辞去了大总统之职而让位于袁世凯，他在此之前曾致信盛宣怀：

> 杏荪先生大鉴：森君（指森恪）转来手翰，具见饥溺为怀，纫佩奚似。惟弟将次解职，义款之济可直交华洋义赈会，一路哀鸿，自沾仁泽也。再复，即颂大安。孙文叩。十九日。

这下可好，连一向仁慈为怀的中山先生也把盛氏要求复产的事忘在一边了，仅仅记住了要他捐款的事，其他人更作何说！

盛宣怀心里好苦，白白为你们忙活了好几个月不说，还弄得里外不是人，末了连最初的允诺也忘记了。不过这也难怪，革命嘛，总是要革掉一些东西的，如果样样都保留，那革命还有什么意义？谁让你是清廷的旧臣呢？谁让你策划什么"铁路国有"呢？

恰恰这时袁世凯在北方又得势了。3月10日，袁世凯在北京就任临时大总统，孙中山于4月1日，正式辞去了临时大总统职，一切又轮到袁世凯说了算了。

于是，盛氏忙不迭地再去恳求老亲家孙宝琦，请他再助一臂之力。他一再写信说明情况，孙宝琦接信后即往袁大总统处走动，终于盼来了一点好消息，孙宝琦在信中讲，"总统谈及，南来诸人尚多不满意于庆、泽、那、盛（指庆亲王、载泽、那桐、盛宣怀），

江宁县告示：发还盛家产业

江寧縣知事領軍法科暨武行副軍執法營務處左 為

示諭事奉

都督張 札開案據盛紳宣懷呈稱公私產業前奉

程都督指令發還現查江寧縣境各處基地十七

宗共計二千四百九十八方半又八畝五分又二十七丈

二尺呈乞重申命令發還等因札縣遵照會委

並該代表逐一勘查點交盛紳照常管業等因

到縣奉此除移知北路四區外合行出示曉諭

為此示仰盛氏各佃戶人等一體知悉爾等須知

盛氏所有不動田產業經本知事會同來委並該

代表等逐一勘查清楚已點交該代表鍾元樣按

契接收由該盛紳宣懷照常管業自示之後該佃

戶等務各照舊繳租不得違抗自取咎戾其各凜

照毋違切切特示

中華民國二年十月 日示

實貼嚴倉橋祖師庵勿損

总统力辟之，始息。目前不如暂在日本，所有财产，允为尽力保护"，如此等等。然而盛氏心里明白，仅此轻描淡写一句话怎么行呢？得下命令下去，叫下面的人把查封了的田产、房屋、园林等启封、发还才行啊！

因此他再次写信："近闻芜湖李氏财产均已发还，即如江西瓷业公司，有瑞莘儒股份，经瑞以股东名义呈请发还，亦经赣都督批准照办。近报又载，前山东藩司志森，呈请总统饬还杭州胡庆余药铺私产，亦奉批交国务院咨行浙都督办理。批中亦有：'自应查照原呈发还，俾得自行经理，以彰大公'等语。"意思是说，你看看，人家经过大总统，财产都发还了，为什么盛家的还不还？你得抓紧去要具体的指令啊！又说："大总统在公面前既有此言，可否即乞代为切实而恳？如蒙俯诺，即当递呈，务求大总统批行湖北、江苏都督，发还产业（家产可发还，则股份自无没收之理），俾得趁此余年，将经手未了各事清理完结。若有余剩，尚拟酌助慈善之举，此亦天性所乐为也。"孙宝琦自是为亲家奔走不迭。

后来，虽由袁世凯下令各地发还盛家财产，然而各地执行起来总有折扣，且故意拖延。如江苏一地，都督程德全仍咬定非得捐款才能旧物发还。于是盛宣怀赶紧忙不迭地给程写信，表示愿意捐款："拟将本人名下典当股款银六万二千余两、钱十九万九千余串、洋二千元，俟饬各归原业收管后，查明若干，自愿尽数捐助江皖义赈。""兹筹具现洋票十五万元、汉冶萍公司股票一千七百股，约计批示转行，委员派定，即可先交现洋十万元，余五万元另具一月期票，到期续交股票，俟各处产业交割清楚，即可全数交讫，不致延缓……再，汉冶萍公司股票一千七百股，计股本洋八万五千元，因现款难筹，暂以作抵，俟周转灵通，并请准其以五万元赎回，以重实业。"

上上下下，搞来搞去，历尽曲折，从1911年底至1914年底，花了整整三年时间，盛宣怀总算把自家的家业又"讨"了回来，前后"捐饷"逾五十万两。然而"除义庄、田房、公产之外，尚有典当九处，闻已浸渔过半，即使收回，亦无实际，仅免没收恶名耳"。

这些产业收回之时，已是1914年年底了，距他去世仅一年半时间。盛宣怀一生办实业，他万万没有想到，自己的最后几年竟像个叫花子似的，在到处乞求中度过。正如他自己所说，他要在最后的几年中，把未了结的事情了结，一切都要有个交代。当这些事情办完时，他就可以西去了。

举城争睹大出丧

1916年4月27日，盛宣怀在静安寺路自家老公馆里吐出了最后一口气，结束了他疲惫、焦虑而又光彩四射的一生。

招商局下半旗三日致哀。《民国日报》评论说，盛宣怀是中国最大的富翁，他创办的汉冶萍公司，资产已达二千万元。他又是在全国一片"倒袁"（反对袁世凯）的呼声中逝去的，一对冤家对头居然在同一年去世。盛宣怀创办了轮船、电报、钢铁等一系列富强要政，"固一世之雄也"！

永远深爱着丈夫的庄夫人，决定为丈夫举行隆重的葬礼。老头子一辈子走南闯北，辛辛苦苦，为朝廷和家族做了这么多事，没过过一天安生日子，他是活活累死的，这回要让他走得风风光光！于是她接连做出决定：他既然是为大清帝国而累死的，那么就得让皇帝的抬杠班子来为老头子抬棺！他既然大半生是在上海度过的，那么出丧队伍一定要走最繁华的马路南京路！吊丧队伍三人一辆马车，有多少人就雇多少马车……反正这些家当都是老头子挣来的，在他身上无论花多少，都是应该的。

在盛宣怀的丧事上，庄夫人，这位盛公馆的女主人，再次显示了一个女强人的魄力与执拗。

按照家乡的风俗，盛宣怀的灵柩在老公馆停放一年半后，到1917年11月18日才举办出殡仪式，这就是至今为老上海们所津津乐道的"盛杏荪大出丧"——这是一次不是国葬而胜似国葬的盛典！

第二天的《申报》和《民国日报》，均以大块的版面报道了这次盛典。《民国日报》还以"大出丧见闻琐记"为题，作了一周的跟踪报道；同时还刊出署名"楚伧"（可能

盛宣怀老了（摄于去世前一年）

是叶楚伧)的短评《不哭盛宣怀而哭民国》,文中讲一个月前的民国纪念日搞得冷冷清清,如今盛宣怀大出丧却举城空巷,万头攒动,途为之塞,不知这是怎么回事,为什么国民竟"轻视国庆而重视一人之丧如此"？ 其实这个问题就是拿到现在,人们也未必讲得清楚。

报载那天午后一点,出殡队伍从盛家老公馆出发,先是仪仗队,中为灵柩,后为送葬队伍。灵柩先由十六人夹杠将之从灵堂里抬出,到了大马路门前换成六十四人大杠,吹吹打打,负而前驱。

整个队伍从静安寺路、南京路折入广西路、福州路,直达外滩,蜿蜒三里地之遥。据当年参加过葬仪的盛承业先生(盛宣怀的曾侄孙)说,先头队伍已经抵达外滩了,而老公馆里的后续队伍还未出完呢,的确是三人乘一辆马车,除了自家亲戚朋友,还有招商局、汉冶萍、电报局、慈善机构的队伍,浩浩荡荡,走了整整一下午。

报载整个队伍的序列非常详细:开头是印度巡捕(红头阿三)马队开道,接着是纸扎的"开路神"两对,那"开路神"各高两丈余,头如斗大,披甲戴盔,如怒目金刚,足下安有木轮,用人推以行进;继以洋号旗枪(旗帜高扬,鼓号齐鸣)、雕有虎头图案的洒金"肃静"、"回避"牌各一对,由扮作清代府役的执事肩扛而行;接下来是"铭旌亭",系挂幡长亭,其幡红绸金字,上书盛宣怀的名号、官衔,总高三丈二尺,由三十二名扛夫肩扛而行,这是出殡中的招魂旗帜;洋号一班,小步号四十九把,横排竖排各七人,组成一个方队,均穿蓝白制服,戴将军帽;继而香亭一座,八夫抬行;銮驾全幅;马上清音一班;黄亭即御赏亭十座,内供前清皇帝御赐的诰命、福字、佩玉、匾额、暑药、茶果等等,每亭由八人一抬,每亭前有黄云缎曲柄大伞一柄;西乐一班九十六人;遣客一座,八人抬行;红黄牌:红底金字的官衔牌、功名牌数十对;卫队百余名;执事一班;招商局、南机工役百余人执香步送;招商局各轮船所送素色奠幛数十幅;七彩虹桥一座;花汽车一辆,内供盛氏灵牌;洋鼓洋号全班四十八名;花花亭:人物、狮子、象、麒麟、松树、仙鹤、神鹿等数十对;"祝文亭"一座;汉阳铁厂送的"纪念石"一座,十六人抬行;德政牌数十对;汉阳铁厂、大冶铁矿送的多色锦旗,名"万名旗"、"万名伞"数十事;清音锣鼓一班;萍乡煤矿送的各式锦旗、锦标、银盾、银鼎、银炉数十件;紫禁城骑马肖像亭一座,八人抬行;全猪、全羊两亭;谋得利音乐全班;彩饰花火车头一辆;执事全幅,分为三组；普益习艺所送的盛公头像一尊，八人抬行；天津锣鼓一班；白云观道士一队；各界所送挽联、挽幛数百轴；留云寺僧二百余人执香相送；玉佛寺僧一百人击法器相送；上海孤儿院学生百余人，列队相送；闸北惠儿院师生全体列队相送；龙华寺僧二百人，搭衣持香相送；中国救济妇孺会数十人列队相送；留义孤儿院男女全体执香相送；茅山道院道士约数十人，道服步行相送；八人抬绿呢领魂轿一乘，内供盛氏主牌；军乐全班，由淞沪警察厅厅长徐国梁所送；盛氏灵柩，灵柩上盖着红缎绣花大棺罩，上缀合金顶，杠夫六十四名，均从北京雇来，步伐极齐整；送殡的马车、暖轿、肩舆百余乘，俱扎素彩，缓缓而行……

出殡队伍所路过的街道，沿途各界均设有路祭棚、路祭桌、茶桌、看台等。所到之处，无不人山人海，万人空巷，热闹非凡。上海人原本就喜欢轧闹猛，爱猎奇，这下来了如此声势浩大的盛典，岂能白白错过？除了市区、近郊，还有从杭州、苏州等附近赶来的人，也为数不少。而沿途马路旁边的旅馆、茶肆、饭店和一般的店铺、游乐场所，更是乘机大做生意，排好座位，收取座位票。那些没有位子而愿意在街上挤来挤去的，可就惨了，人拥车挤不说，还要挨巡捕的棒槌，被挤掉鞋子的不知其数，至于呼妻唤子、寻哥找弟的失散者，更不知凡几。

《民国日报》居然还不厌其烦地一一列举了当天沿途市肆的"座位"牌价：游戏场、新世界售八角，电梯九角；菜券及美大赠券均照加价；绣云天售四角，电梯五角；天外天距离稍远，而至其屋顶观者极多；先施公司入门仍售兑货券二角，而沿阳台除女股东们列座外，概不许开窗；酒家菜馆，西餐馆有售一元半、二元、三元者，中餐以包桌居多，即使是小饭馆，亦皆包出；菜馆则停止卖菜，专售座位券，有八角者，亦有一元者。戏馆方面，丹桂第一台虽仍开日场，但无甚看客，旋即停锣；其余各舞台日场仅售数十人。各种车辆，九十点钟时，坐汽车兜圈子的人还很多，十一点之后，则人力车也不能通行了。各处巡捕，面对人潮汹涌，无不极力弹压，然而人多势涌，"打亦不退"，而四马路（今福州路）上的总巡捕房（现为市公安局），却破例独出一招，居然将二层楼临街的窗户打开，以此招待了数十位衣冠考究的贵妇人……

11月20日的《民国日报》还说：盛杏荪出丧，柩行过处，一般商户莫不利市三倍！直到11月25日，该报还津津乐道那些"见闻"和"琐谈"，可见声势之感人。庄夫人的

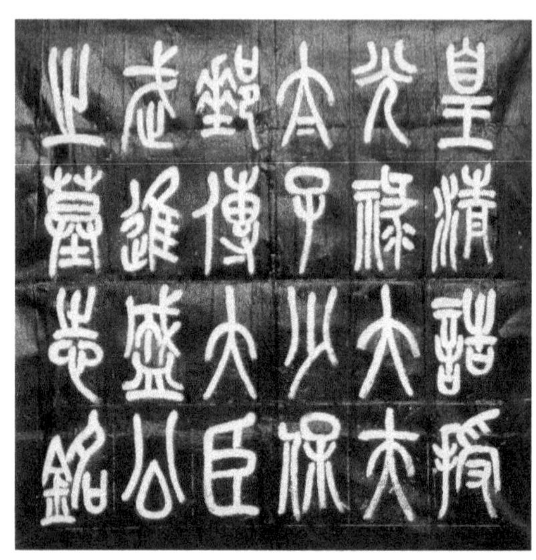

盛宣怀墓志铭盖

目的，应该说是圆满地达到了。

11月24日，灵船至苏州。在盘门的苏纶纱厂的码头上，搭有巨大的芦棚，早晨七八点钟，阊胥一带已人山人海，至十一时，各城门已阻断不通。盛氏的灵柩移入苏州留园的盛氏祠堂内。从码头到留园，又是一番大出丧情景。盛宣怀的灵柩在留园一放又是好几年，直到1920年农历2月21日，才用一支庞大的船队，载到江苏江阴马镇，在一个叫老旸岐的盛氏祖坟墓园安葬。

老旸岐的这块盛氏墓园占地八十亩，是盛宣怀之父盛康早年买下的。盛家有四代人先后安葬于此：盛隆、盛康、盛宣怀，还有盛宣怀两个侄子。盛家人购地后曾在四周筑起篱笆墙，有石级铺成通道，又在园内植上名贵松树，在西侧还建有雕龙画凤的飨堂，又在当地雇了"坟亲"，照看祖坟。

江阴市政协文史办主任赵雪芬女士，四十年前曾到老旸岐实地采访，那时有不少目睹过盛氏下葬的老人还活着，盛家的"坟亲"也还有一老人在世。赵雪芬写下《盛宣怀的葬仪》一文，记录了当年采访的实情。

盛家的墓地在1958年曾经被盗过，盗墓人共有六人，都是村民，事后被村干部发现，收缴了他们手上的墓葬品，对为首者还绳之以法。赵女士去的时候，那几位盗墓者均在世，据说那墓造得坚实无比，盗墓人忙了好几个晚上才弄开……

十多年前，当笔者来到老旸岐盛氏墓园遗址时，已是荒草萋萋，无甚可看了。几个坟堆，像是后来人为堆起来的，坟前无一块石碑。坟亲的儿子已有七十来岁。一条泥路将盛宣怀的坟与其他五座分开来。坟堆的西头，是一组房顶已经朝天了的祠堂，大概就是当年的飨堂，里面除了杂草就是积水，还有鸟雀啾啾，大概在造巢呢……那天陪同笔者同去的，还有常州市政协文史办的领导陈吉龙主任和池银合女士。望着盛宣怀那座没有墓碑的孤坟，心里惦记着他一生给国民带来的种种好处，大家无言以对。八十亩地的墓园如今只剩六个土堆了，而这几个土堆，又能存在多久呢？

第九章

公子天下

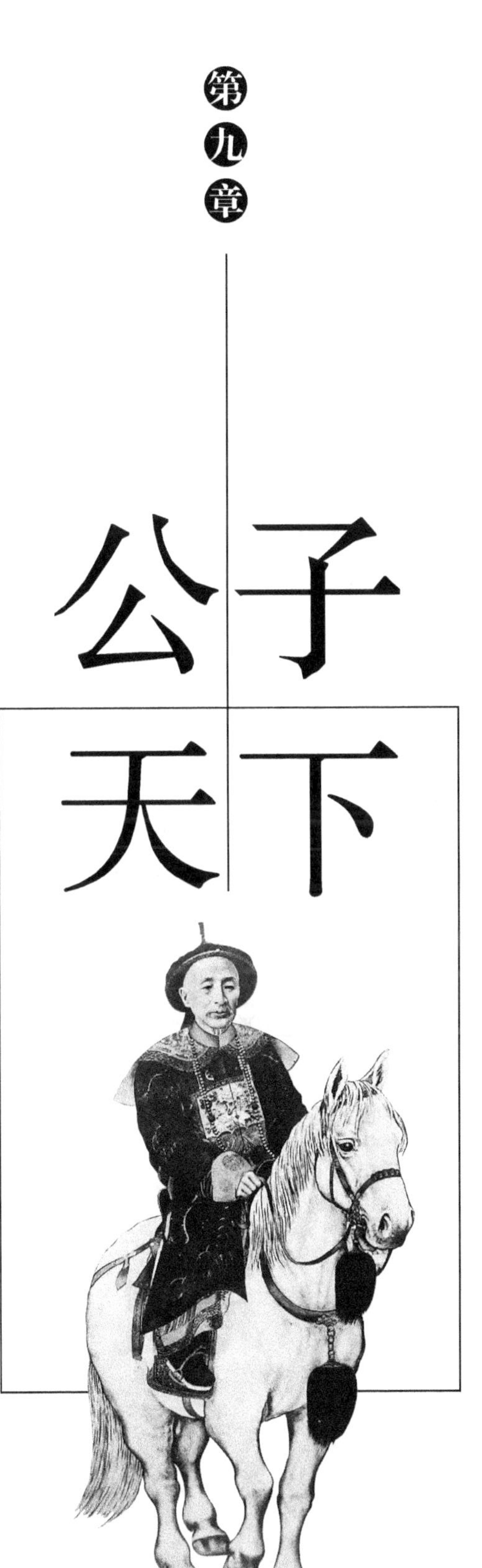

　　盛康有六房太太，生下四儿四女（有两个儿子早夭）；长子盛宣怀讨了七房太太（董氏、刁氏、庄氏、刘氏、柳氏、秦氏、萧氏），生下八儿八女，算是翻了一番；而到了盛老四（盛恩颐）一房，则更进一步，其正式"登记在册"的就有七位太太（孙氏、贾氏姐妹、奚氏、金氏、余氏、殷氏），女朋友尚不在此数，生下的孩子竟有二十七个之多。

　　在封建大官僚、大富商的家庭里，这算不上什么稀奇，孩子成筐成篓的有的是。盛家的亲家孙宝琦家就有八个儿子、十六个女儿。而孙宝琦的亲家、"洪宪皇帝"袁世凯，则有十三房太太，生下十七个儿子和十五个女儿。李鸿章的大哥、湖广总督李瀚章，讨了六房太太，生有十一个儿子、十个女儿。上海新客站附近的清末富商朱幼鸿，是中国第一代私营棉纺厂老板，人称"叉袋角朱家"，这家的"爷儿们"，排队可以从朱一排到朱三十二，女儿尚不算在内。"朱一"就是有名的实业家、收藏家朱斗文，他的老房子在上海康定路上，现在是静安区政协机关所在地。最小的"朱三十二"，青年时期走出了朱家大宅门，投奔了新四军，即当代著名作曲家、《唱支山歌给党听》、《接过雷锋的枪》的作曲者朱践耳先生。

　　所谓人丁兴旺，本是那个时代人们传统心理的一种企盼，并不为过。问题是这些豪门贵府里的公子哥儿，大多都不太争气，人们视之为花花公子，因为他们太有钱，条件太优越，肚子吃得太饱……其实呢，不学无术、狂嫖乱赌的小开是有的，但认真读书、认真做事，在事业上有成就的也不在少数。就盛家而言，在清朝崩溃之后，盛家渐渐衰败了，不努力奋斗就没有出路，环境逼迫他们非走自强之路不可。因此，"自我奋斗"、"东山再起"，就成了这一部分人生活的主旋律。

　　盛宣怀的长子盛昌颐、老二盛和颐、老三盛同颐都过世得早，真正大出风头的是盛老四盛恩颐、老五盛重颐和盛老七盛昇颐。还有一个侄子盛文颐，名气虽大，但后来投靠日伪当汉奸，早为盛家人所不齿。

十里南京路，一个盛老四

盛老四是庄夫人的亲生儿子。庄夫人本来生有两儿一女，不幸夭折了一个儿子，剩下一个盛老四，自然就成了命根子。他从小席丰履厚，备受宠爱，逐渐养成了挥霍无度、奢侈成性的习惯。偏巧他又生就一张清秀的脸庞和一副人人称"帅"的身板，性情又非常温和，耳根子软，亲戚朋友中无论男女老幼，有急事相求，总是有求必应，所以在大家族中，除了他母亲庄夫人骂他不务正业之外，盛老四跟其他人处得都挺好。尤其那些酒肉朋友，知道他为人随和又大方，总是找他搓麻将。盛老四明知那些捣蛋朋友在"抬"他的"轿子"（即联档叫他输钱），别人提醒他不要上当，他却说："哎，乘乘'轿子'也蛮开心嘛！"这么一来，这头漂亮、温顺而又富有的"羊"（盛老四属羊），自然成了南京路妖姬靓女们"围猎"的对象。

盛老四花钱的"豪举"在上海滩是出了名的。上海滩进口德国奔驰牌轿车后，第一部奔驰就是他买的。为了显山露水，他把车把换成银的，刻上自己的名字。第一号汽车牌照的拥有者、宁波籍房地产巨商周莲塘的二儿子周纯卿，买下豪车后也把车把和车灯换掉，连牌照牌子也是自己设计的，或许在当时这是一种魄力的表现吧。盛老四的汽车租界牌照是4444，中国牌照是4，显示他的老四派头。

那群酒肉朋友中，与他最要好的是清末扬州大盐商周扶九的第三个孙子，名叫周孳田，雅号为"周三"。他俩混在一起，世称"周三盛四"，一对活宝，进出都是呼啦一大群人，在十里洋场扎眼得很。

周三十几岁的时候就瞒着他祖父向账房要钱买车。有个账房先生投其所好，要多少给多少，以后无论什么开支都开在他头上，账房先生随之大大地"发"了。周三先后共买了十二辆进口轿车，一个姨太太一部，还在跑马厅养了二十四马。而盛四比周三

⬆ 盛宣怀的四子盛恩颐世称盛老四

⬇ 盛老四的汽车

更"来事"，不仅每个姨太太一部进口轿车，还配一幢花园洋房，外加一群男仆女佣……最"牛气"的时候，竟在跑马场养了七十五匹马。他在赌场上的"最豪爽纪录"，是一夜之间把北京路黄河路一带有一百多幢房子的弄堂整个儿地输掉了，输给了原浙江总督卢永祥的儿子卢小嘉。

在正经事情上，盛老四继承了他父亲在汉冶萍公司总经理的职位，但实际上并不认真做事，整天黑白颠倒，昼寝夜出。他的一个儿子曾说："爹爹是躺在烟榻上，一边抽大烟一边批文件的。"这样的后果就可想而知了。他的一个麻将朋友形容其生活习惯时说："盛老四白天睡大觉，到下午四五点钟才起床。起床后一看有事要用钱，而家里的现钱又不够，怎么办呢？去银行吧，银行已打烊了，反正家里有的是古董，随便拿一件到当铺里当掉，换出钱来，第二天天亮银行开门，再派人去取钱，到当铺把古董赎回来。当铺几乎成了他的第二银行了，这是盛老四的一大笑话。"

盛老四或许不会想到若干年后，他的子孙后代如何来评论他。那评价既属实又尖刻：他一生有两大嗜好，除了女人就是赌！

盛老四的原配夫人是民国总理孙宝琦的大女儿孙用慧。孙用慧小时候曾随

青年时代的盛老四、孙用慧夫妇

其父游历英法等国，学得一口流利的英语，清末还曾与其三妹应召进宫，当过慈禧太后的口语翻译。她有才有貌，遇事善断，正直忠厚，性情颇似其父。当初盛宣怀在京城当官，为了找一个能走近袁世凯的捷径，需要有一门与袁氏说得上话的亲家，同时又想送儿子出国读书，得有一个能干的、懂英语的太太，于是就看中了孙府的大小姐。孙用慧起初不愿意，她年龄大盛老四两岁，认为找一个不懂事的小夫婿，生活不会幸福，况且她是受过欧风美雨熏陶的、具有现代意识的女性，主张自立和节约，生活上很简朴，对于那种"女大三，抱金砖"的说法根本不相信，对纨绔子弟、八旗哥儿一概看不惯。于是她对父母讲了一个亲戚的例子，女方比男方大四岁，婚后很不幸福，常年受委屈，以此说明这门亲事不合适，还是回掉吧。可是孙宝琦老太爷却觉得挺好，认为年龄不是主要的，关键是门当户对，所以坚持要女儿嫁过去。封建大家庭，儿女婚嫁还是父母说了算，孙用慧只好服从，想不到后来的情况竟被她不幸言中！

盛老四在万航渡路的家

盛老四家的花园

　　他们的婚礼于1910年在北京举行，孙老太爷因故未能出席，由孙用慧的二叔孙宝瑄主持婚礼。婚后第二年，孙用慧生下一个男孩。当时正值盛宣怀出任邮传部尚书（1911年初），就取名为毓邮，小名传宝，把老太爷的官职"邮传"二字都嵌了进去。又过了一年她生下大女儿毓青，小名冠云，就是盛家在苏州的留园里，高耸的冠云峰的意思。后来她又生了两个女儿，取名瑞云和岫云，都以留园里著名的太湖石为名，传说那三峰，原是三个天上下凡的仙女。

　　不久，他们夫妇在盛家的一个堂房叔叔盛苹荪（盛宣怀堂弟）的陪同下，赴欧洲读书。开始在英国读商科，没多久第一次世界大战爆发，亚欧交通中断，家中对他们接济不上，孙用慧只好变卖首饰，艰苦度日。这期间他们在伦敦生下一个男孩，因生在伦敦，就取名伦宝。战时的伦敦实在呆不下去了，他们又跑到美国，还在美国生了一个女孩，取名小美，又名瑞云。可惜这两个在国外生的孩子都不幸夭折了。盛家至今还在传说，有一年留园里的瑞云峰突然倒塌了，瑞云小姐也就仙去了。

孙用慧与孩子

1927年庄夫人去世，大家庭分了家，相继搬出了老公馆。盛老四一家搬到极斯菲尔路（今万航渡路540号）一处大花园洋房里。可惜花园虽大，洋房虽好，儿女也不算少（后来又生了五毛岫云和六毛毓绶），但孙用慧还是拴不住丈夫的心。

盛老四后来发展到常年不回家，一年当中仅仅过年回来转悠几天。丈夫常在外面住"小公馆"，孙用慧无论如何是接受不了的。她曾经请人为盛老四算命，结果算下来说是他的"桃花运"要交到老呢，什么时候人死了，"桃花运"也就结束了。孙用慧彻底失望，无心再跟他计较，一切都是命。

1942年正月初八，孙用慧在朋友家中打牌，打着打着，突然那牌上的字看不见了，抬起头来眼前模糊一片，于是赶紧找医生。医生说是肾炎，已经非常严重了。在此之前，她就发现身体有些异样，是水肿，她还以为是胖了呢，并不在意，谁知这是病兆，此时已无可挽救了。正月二十八，人就没了，年仅53岁。

盛老四的其他太太中，知名度最高的是鉴冰老八。她本姓金，住在静安寺东庙弄一幢三层洋房里，"五四"运动时曾大显身手。那时她正值青春妙龄，在会乐里一带极有名气，出于爱国热情，曾积极参加"青楼救国团"，用各种方式声援爱国学生。盛老四的其他几房太太，也多为海上名女。红芳馆老大贾翠华和红芳馆老二贾凤藻是两姐

（上）孙用慧（左一）与妹妹、弟媳、女儿在自家花园

（下）汉冶萍公司同人合影，前排居中为盛老四

〇 癸（九月二十二日）

安源礦局之大慘劇

▲解散工人俱樂部　　▲工人死四人傷十餘人
▲遣散工人千餘名

長沙快訊、漢冶萍盛經理抵安源、對工人初尚和藹、嗣以十六日工人舉行罷工勝利三週年紀念、盛認此為工人對己示威、乃請萍鎮守使李鴻程出而彈壓、某日宴工人於三層樓上、殷守秘密、即為商量此事、李以未得方（本仁）命為辭、未果執行、事後盛據孚均召俱樂部正主任陸沉往見、堅囑愼重辦事、不要太捕大家面子、至此工人姑知高厭在即、加以相當之準備、然亦未料盛行何稱惡辣手段出現、二十夜十一時、盛往萍鄉、翌早四時同安、隨即調來軍隊一連、至四時半、工人出班、滿山已滿佈特別戒嚴、出班者包困寄宿舍、遣班者不准復出、旋即派兵一連、機關槍二架、封閉工人俱樂部、并捕去職遺三十餘工人子弟學校第一校被搶去教員八人、第三校被捕去數人、一二四兩校亦施行嚴密之搜查、人已先逃、未克捕殺、成本平徐萬之消費合作社、被兵士搶掠一空、經理居生超現衛不知下落、所捕之人、旋即釋放一大部分、惟留八人、解往萍鄉鎮署、內一人係俱樂部副主任黃靜元、餘為不知姓名、正主任陸沉、懸賞五百元松孚、後兩屆瘴工開耗衛出、兵士開槍一排、當場死者二人、傷十餘人、內重傷者一人、拾至醫院斃命、已死者下准……僑校焚燬、同時局中牌示、將二三九十四殷作工工人千二百餘名、申纜軍押送老闆、在山工人棄用有……

《申报》刊出的盛恩颐镇压安源矿工的消息

妹。余女士生了八个孩子；奚仪贞女士生了四个孩子；殷四珍女士生了一个。现在殷四珍女士还在世，谈起五六十年前的"陈芝麻烂谷子"，如有"白头宫女说乾隆"之感。

抗战期间，盛老四在上海虽仍旧声色犬马，但家中光景毕竟大不如前。到抗战胜利，老太爷留给他的那部分家业，差不多已吃空了，有时竟到了捉襟见肘的地步。他的大儿子盛毓邮曾说，最怕爸爸请吃饭，吃完饭就张嘴要钱，小数目还不行。

到了解放时，盛老四已经荣华褪尽，成了一个普通人了。再加上解放后国家实行土地国有政策，一切私人占有的土地都必须交纳地价税。盛家原先除了上海，在苏州、常州等地还有许多祖产，仅苏州的天库巷就有九十九座房子。房子越多，要交付的地价税也就越高，最后那些房子都折算成地价税划到了公家的房产簿上，连偌大一个留园也交给国家了，只剩留园门口盛家祠堂的几间老房子。解放初，苏州的公务人员还挺有人情味，说是"收了人家房子，不能收人家的祖宗呀"，所以那四间祠堂算是保住了。谁知，那个地方竟成了盛老四的葬身之地。

1957年秋，盛老四已第三次中风，半身瘫痪，病卧在床。半年后，他的大女儿盛冠云、大儿媳任芷芳和儿子毓绥、毓琛商量后，决定送他到苏州去，因为苏州留园门口尚有几间祠堂房子可住，生活上可由奚仪贞太太服侍。当时他已不能站立，儿子们只好找来一张棕绷，抬着他走。好在上海到苏州能通船，就雇了一只小船，一路飘摇过去。

到了苏州不过两三个月，上海的儿孙们就接到了噩耗。大家族办丧事还是过去的规矩，排场小了，但人不能少。大伏天，为了等亲戚们到齐，只能在尸体下堆了些大冰块防腐。穿寿衣时，不知是按照什么规矩，必须要穿七套衣服，而且要单的、棉的齐全。在寿衣上身之前，还必须要一个儿子先穿过一遍，然后再套到死者身上。那时毓邮、毓度、毓绶都远在天边，就轮到四儿子盛毓琛来完成这套程序。农历七月，盛毓琛站在两只电风扇中间，大汗淋漓地把一件件寿衣套上，算是尽了孝心。

盛老四的墓没有建在江阴祖坟地，而是建在苏州七子山，和他母亲庄夫人葬在一起。庄夫人左边是盛老四，右边是红芳馆老大贾氏。该墓地在"文革"中被彻底破坏，好在坟亲讲旧情，把尸骨收拾在一起，放入一只大瓦罐，并通知盛家后人来处理。盛家后代怕惹是非不敢去，直到"文革"后期，盛毓琛、盛毓鸿、盛毓瑚兄弟才前去认领，并用一辆拖拉机载上那只大瓦罐，移葬到天平山墓地。现在，鉴冰老八的墓也迁葬该处。盛老四的福气还算不错的，前些年他一百岁冥诞时，天南海北的子孙们聚集到上海玉佛寺，近百人为他举行了一次盛大典礼。

盛老五"牡丹"花开花又落

盛老五盛重颐，是盛宣怀的第五个儿子，算是盛家兄弟中比较持重的一个，不太抛头露面，专心办实业，与官场和赌场也少有瓜葛，因此生意一直兴旺，其他几房都败落得差不多了，他还是很有实力的，直到20世纪40年代末，才慢慢败下来。

当年盛家有不少人跟在盛家大管家宋德宜后面买股票。宋德宜洋朋友比较多，外面的消息很灵通，所以外国人大炒"橡皮股票"时，他们也很起劲地跟风，结果大上其当，一败涂地，包括宋德宜在内，一夜之间成了穷光蛋。但盛老五很沉得住气，没有上外国人的当，守住了自己分得的那份家业，还在外滩台湾银行大楼里开设了"溢中银公

风流倜傥的盛老五盛重颐

司"，从事金融业。静安寺老公馆西侧的鸣玉坊是他的房产，原先叫愚斋坊，后来他以女儿的名字命名，改为鸣玉坊，可惜其女并不长寿，年纪轻轻就去世了。

盛老五最得意的豪宅就是淮海中路现为日本驻沪领事馆总领事官邸的那座大花园洋房（与上海图书馆一墙之隔）。这幢房子建于1900年，由德国商人所造，后被一英国人买下，那人回国时又卖给了盛老五。

这是当时上海滩上为数不多的几处超豪华住宅之一，只有汾阳路79号、马勒别墅、瑞金宾馆和大理石大厦有资格与之比美。南部有宽大的草坪和茂密的树林，花园中有一喷水池，一个雪白的小天使在晶莹的喷泉上跃跃欲飞。这豪宅堪称精美绝伦，无处不雕花，无处不是景——楼下有中西式大客厅各一间，又有中西式餐厅各一间；门厅左侧，一道雕饰典雅的楼梯，铺着大红梯毯，弯弯地盘上二楼。玻璃全是从法国进口的彩色玻璃。楼内各种陈设，包括护墙板上的雕花，比马勒别墅的还要精美。

由于盛老五抗战中没有去重庆，在上海的活动又有亲日之嫌，抗战胜利后，国民党接收大员就以他与汉奸有来往为由，把他赶了出来，没收了整个花园。盛老五愤愤不平：我又没为日本人做过事，也没有出任过伪职，公司里也没有日本人的股份，几个日本朋友都是商界人物，凭什么说我是汉奸？于是，他想方设法找机会申诉，要求将房子发还。可是国民党大员原本就是看中了他那房子的，又看

盛老五的豪宅远眺

盛家的花园大门

盛关颐等在盛老五的花园

他属于清末遗老遗少，在"党国"中没什么后台，便想诈他一把，故意扣住不放。然而他们没有想到，盛重颐还是有后台的，他的后台还挺有来头，就是他的胞妹、盛家五小姐盛关颐（都为刘夫人所生），因为盛关颐当年的家庭教师是宋霭龄。

盛关颐与宋氏姐妹保持了较密切的关系，宋氏姐妹对盛家的事多半是乐意帮忙的。于是五小姐找到了宋美龄，大诉其苦。宋美龄脑子转了个弯，说："盛重颐去住怕是不行了，你去住吧，你去住外界不会有意见。"就凭宋美龄这几句话，房子很快就到手了。其实谁都明白，盛关颐去住几天是做做样子的，实际上等于发还盛老五了。后来宋霭龄家里装修房子，还曾来此借住过一段时间。

或许是盛老五就没有住这豪宅的福分，没过几年，这幢豪宅就卖掉了。他的女儿盛鸣玉年仅21岁，亭亭玉立，却走在白发人之前，这令盛老五悲痛不已。他叫人在花园里塑了一个小女孩的塑像以纪念女儿，鸣玉的生母陆琴却又触目伤心，不愿在此处住下去了，独自搬到了新康花园。

关于陆琴太太的独自迁出，还有另外一个原因，说起来又是一段陈芝麻烂谷子的往事。

原来，这个陆琴太太是当年上海滩大名鼎鼎的"绿牡丹"。"绿牡丹"原是辛亥革命时的上海督军陈其美（字英士）的下堂妾，后来跟了盛老五。盛老五的原配夫人苏州彭氏，人长得极美，不知何故竟告离婚。"绿牡丹"与盛老五一开始生活得挺好，还生下了鸣玉，但她也给盛老五惹下过大麻烦，还背有"虐待丫鬟致死"的恶名。原来他们二人都爱吸鸦片，旧时大家族的贵妇人，最讨厌那些为老爷装烟（又叫打烟）的丫鬟了，因为她们整天在老爷身边服侍，说不定什么时候被老爷喜欢上了，老爷就要将她"收房"作姨太太，那就侵犯了太太的利益。所以服侍得不好不行，服侍得太好了也不行，打烟的丫鬟需以极高的智慧来完成工作，并巧妙地周旋于老爷和太太之间，才能保护自己。那可怜的丫鬟也是位打烟小姐，不晓得怎么回事，竟惹来"绿牡丹"的忌恨，"绿牡丹"就用捅烟枪的"烟签子"戳她，据说那"烟签子"因常年捣鸦片，已"生"出毒气，丫鬟中毒而亡。

事情传出后，即刻在上海滩掀起轩然大波。那丫鬟本亦盛氏常州同乡，大概有不少亲戚在上海做事，便告到了常州同乡会。盛家为海上望族，一讲无人不知，正给了小报记者大肆渲染的好题材。常州同乡会决定把盛老五夫妇告上法庭，社会舆论一哄而

豪宅内的卫生间

起，盛老五和"绿牡丹"简直无法出门，只好逃到大连躲了起来，直到日本人占领上海后才回来。

然而"绿牡丹"终究还是没有敌过丫鬟的力量。后来，另一个丫鬟钱氏还是被老爷"收房"了，成为盛家孩子们眼中的"新太太"、"新五舅母"。

盛老五原先生意很红火，抗战胜利后反而大受其挫，主要是做股票大伤元气。房地产生意也极不顺心，以至于到了解放前夕，将淮海中路的这栋豪宅以一百万美元卖给了荣宗敬的二儿子荣鸿三，他们夫妻俩跑到香港去了。

到了香港后，盛老五的事业再次受挫。他办了一家股票交易所，也许他本人并非精于此道，上了广东"老千"的当，只维持了半年时间就倒闭了，还几乎把全部家当都赔了进去，后来就靠原先买的一些房子收房租维持生活。"新太太"生的一个女儿后来考上了香港大学。据她回忆，进大学的时候乘的是小汽车，而到毕业出来的时候，只能乘大客车了。幸好这个女儿毕业后自知奋斗，做到前港督府的二等秘书及新闻署的总管，丈夫是香港很有名望的建筑设计师。他们后来移民加拿大，与盛家人联系不多了。

可惜盛老五在潦倒之中仍"花心"不改，后来连"新太太"也腻烦了，与他的一个外甥女一起生活。他的一个朋友金雄白前些年在香港撰文说，盛老五住在英皇道的时候，已是贫病交迫，连医药费都付不出了，遇到熟悉的朋友上门，就讪讪告贷……这种凄惨的光景，谁又能想得到，不久前，他的住处还像俱乐部一样热闹，每天晚上笙歌宴舞，那彩色的灯光是从地板上镶嵌的玻璃中打出来的……

盛老五的豪华卧室　盛老五的办公室

盛老五的豪宅门厅　楼内的台球室

盛老七赔了夫人又折兵

　　以前，上海有个著名的球队——东华足球队，在20世纪30年代曾有过辉煌的战绩：1933年远征菲律宾，打了个六战五胜一平；1934年参加"西联会"（即上海足球联合会）举办的比赛，五项主要锦标囊括了四项，创下一个球队夺锦最多的空前纪录；1935年和1936年，参加"史考托"杯赛，与洋人对垒，又蝉联两届冠军……这支球队的崛起，史称"上海足球史上第二个黄金时代"，使上海一跃成为远东的足球重镇。

　　这个球队的老板就是盛昇颐（苹臣），世称盛老七，是盛宣怀的七公子。他作为球队主要发起人之一，具体操办了球队的成立，又作为球队组织委员会的委员长，主持了会中一切事务，包括募集经费、组织球赛，还把盛家老公馆中靠西边的一幢小洋楼腾出来，供球队作队部……可知东华足球队彼时的辉煌，有着他很大的功劳。可是这个老板的命运也和这支球队差不多，鼎盛期过去之后，接着就是衰落了。

青年盛昇颐在苏州留园

盛老七与白牡丹的结婚照

　　盛老七和盛府的六小姐盛静颐都是柳夫人所生。或许因为柳夫人并不是盛府的当家人，所以他在家族中的地位并不是很突出，起码比两个哥哥要"软档"一点。父亲去世那年他才16岁。在老太爷病重时，为了救老爹的命，家里立即为他操办婚事，想以此来"冲喜"。尽管女方是清末大官吕海寰的八小姐，这种"临时抱佛脚"的婚姻自然不会幸福。遗憾的是，"喜"并没有"冲"好老太爷的病，老太爷仍撒手西去了。没过多久，他与吕家八小姐的婚姻也"黄"了，没生孩子就离婚了。他并没有利用吕海寰的家族关系去开拓自己的市场，倒是充分利用了盛五小姐与宋家的关系，后来成为孔祥熙、宋霭龄"公馆派"的核心人物。

　　关于盛宋两家的渊源，据说起源于宋家倪老太太倪桂珍早年曾在盛家当养娘。封建社会里的养娘是地位很特殊的职业，是介于家庭教师和乳娘之间的一种职业，任务是帮主人家管孩子，因此与主人家有着密切的关系。所以后来宋霭龄能出任盛家的家庭教师，宋子文能进入汉冶萍公司当英文秘书，并对盛七小姐穷追不舍，都是源出于此。民国以后，盛家已成惊弓之鸟，而宋家则如日中天，盛老七深知世事之变迁，他必须回过头来巴结、依附宋家的势力，于是成了孔府的常客。

　　在孔祥熙、宋霭龄的提携下，盛老七官一度做得很大，是盛家第二代人中做事做得最多的人。抗战前他曾出任国民政府的苏浙皖、统税局局长，掌管了江南一带的税收大权，人称其为"财神老爷"。"八一三"抗战一周后，他组织统税局撤退，仅税务公文账册就装了整整两车皮，另有一车是债券。抗战中到了重庆，他不做官了，专心经商，在官方金融部门也有任职，同时还出任华福莜公司董事长，生产的"华福牌"香烟行销各地，是抗战时期国产香烟的第一块王牌。他还主持华盛企业公司、大陆运输公司、昆明滇利制钢厂。华盛企业公司的总会计师也是他们盛家子弟，是承字辈的盛承业，其中贸易部主任是江青的前夫唐纳。而昆明滇利制钢厂则聘请当时中央研究院的冶金专家周仁来主持。周仁也是盛家的亲戚，他的母亲是盛宣怀的姐姐，哥哥周成曾任盛老四在汉冶萍公司的中文秘书。他还有一个表姐，是盛五小姐盛关颐的房产代理人。周仁本人是清华庚款留美学生，回国后任南洋大学（今上海交通大学）教授、教务长，蔡元培先生是他的姐夫。盛老七曾和刘鸿生一起到周仁家中请其出山，具体操办钢铁厂之事。

　　盛老七掌管的大陆运输公司拥有几百辆卡车。抗战中滇缅公路尚未开通时，车队在长沙、桂林、贵阳、越南间穿行，为大后方战略物资的运输出了大力。钢铁厂也通过越南进口了一批设备，炼出了锰钢、合金钢、高速钢，奠定了西南地区钢铁工业的基础。他本人在俞鸿钧当财政部长时，担任中央信托局的常务理事和监事会主席。

盛老七的事业做得这么大，与他在孔公馆的服务有直接关系。他在孔公馆的一个重要任务，是为宋霭龄策划生财之道。他成立了一个中信经济调查研究所，专门收集国内外各种经济、金融情报，为孔祥熙的财政政策提供依据，为宋霭龄的钱袋提供保障，所以他在孔公馆中，地位仅次于徐堪、陈行、吴启鼎这些老人。

可是命运也会捉弄人。盛老七对孔宋的巴结也给自己带来极大的伤害，即"赔了夫人"是也。

原来，盛老七与吕海寰的八小姐离婚后，就与海上名妓"白牡丹"结了婚。此"白牡丹"名魏秀琦，虽系"堂子"出身，却有女大学生的风度，不仅举止落落大方，谈吐亦与众不同，颇得盛老七欢心，在上海滩的上层社交圈里也很有名。有一次，盛老七为给孔令侃

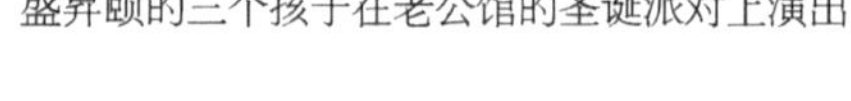

盛昇颐的三个孩子在老公馆的圣诞派对上演出

盛昇颐（右二）与同事抗战中在重庆

介绍女朋友（此女也是盛家的亲戚），怕女方尴尬，就带了"白牡丹"陪同那女孩与孔见面。谁知孔家公子没看上介绍的女子，而一眼看中了"白牡丹"，从此紧追不舍，一发而不可收。盛老七后悔莫及，只好自认倒霉。胳膊拗不过大腿，只好将"白牡丹"让给孔令侃了事。

然而孔令侃的父母不同意，因为他们是有身份的人，又相信基督教，弄个"堂子"里的人到家里来成何体统？所以坚决反对。宋霭龄对魏秀琦尤为恨之入骨，因为孔令侃就是因她终身未娶。孔令侃碍于父母之令，只能与"白牡丹"暗中往来，住住"小公馆"。但他是动了真情的，直到"白牡丹"八十多岁的时候，仍为她在香港香炉山上买了一幢房子，供其养老。而盛老七可就惨喽，从此再没过上好日子，虽然又娶了杨冰瑜，但他心里牵挂的仍是"白牡丹"。

抗战胜利后，盛老七回到上海，和盛老五一样，在股票投资上大受其挫。渐渐地，他的后台孔宋家族也随着国民党在大陆的垮台，日薄西山了。解放前夕盛老七到了香

盛毓新、盛毓敏、盛毓南在盛老七旧居蓉园

港，跟盛老五的境况差不多，日暮途穷。后来孔家去了美国，盛老七则去了日本。说起来也怪盛老七生活上糊里糊涂，竟跟大流氓高鑫宝的儿媳妇陈佩君同居，陈佩君带来一个高家的女儿，他们一同到了日本。谁知陈佩君后来对他并不好。她把自己的女儿当宝贝，而把盛老七的两个女儿当丫鬟使，吓得两位小姐不敢在日本久居，在中国红十字会的帮助下，乘船从日本逃回中国大陆。

盛老七晚年虽有台湾方面的任命在身，是台湾航业驻日本的总代表，有自己的办公室，但是日子并不好过，靠卖卖当当过日子，连盛宣怀的六百封与朋友来往的信札也被他卖了，通过一个姓陈的古董商，卖给了香港中文大学。那些信札就是现在该校印行的那一大宗实业函稿。1964年，盛老七病逝于东京，后事由其侄子盛毓度（盛老四的儿子）为之操办。那陈佩君后来也没个好结果，发哮喘病死了。再后来，她那从高家带出来的女儿也不明不白地死了，死时只有三十来岁，竟无人收尸。警察局发现后寻找她的亲属，电话打到盛毓度的留园饭店。盛家有的人认为，她与盛家并无血缘关系，而且对盛老七也不好，不要去管她。但盛毓度还是看在他七叔的面子上，为之了结完事。

盛老七的儿子后来在台湾从军，现已过世。两个女儿盛毓新与盛毓敏，回国后在政府的安排下读书、就业。毓新学医，是首都钢铁公司的厂医，丈夫是印尼华侨，结婚后相夫教子，一家人其乐融融。毓敏教书，现居香港。

黑白大王盛老三

上海瑞金二路马路西侧一处镶嵌着琉璃瓦的高墙之内，是一个占地四万八千平方米的巨大花园。园内绿草如茵，巨樟如盖，各种花卉和紫藤架、葡萄架、灌木丛间相迭映。绿树平畴之侧，散置着小湖泊、小喷泉、小桥小亭和温室苗圃，雪白的小天使就在万绿丛中的喷泉上翩翩起舞……

20世纪20年代初，这儿是英籍冒险家、跑马总会董事马立斯的儿子小马立斯的乐园。1941年太平洋战争爆发，日本人进入租界，赶走了这里的洋人，这座美丽的花园就沦为一个大鸦片窝，其主持人竟是盛宣怀的一个堂房侄子——盛老三。

盛老三名文颐，字惠曾，号幼菴、我京，后改名国华，依仗盛家的权势，曾长期在北方任职，民国初期任京汉铁路局局长，结交了大批北方政要。辛亥革命前后，他是盛宣怀设在北方的重要耳目，局势紧张时，几乎每日一信，有时一天数信寄给躲在日本的伯父。这些信，几乎都属"阅后付丙"的密信。辛亥革命前，盛宣怀与袁世凯结了怨，盛老三在信中也称袁为"老奸贼"。盛宣怀急于了解朝廷"后院"里的事情，盛老三就积极为之奔走。

辛亥革命后，整个盛氏家族失去了清朝的庇护，开始走向没落。然而当年盛老三在华北时结交的一些日本朋友，到了抗战时期都已跻身高位，这就为盛老三在抗战期间的"崛起"提供了台阶。

那时日本人在沦陷区推行毒化政策，种植鸦片，贩卖鸦片，以此来筹措军费。被称为"歹土"的上海沪西洋人越界筑路地区以及南市一带，有日本人为背景的赌馆、烟馆规模越开越大，致使无数市民倾家荡产。当时盛老三正值穷愁潦倒之际，日本人松井派人找到了他，委其掌管鸦片专营权，以"宏济善堂"药号为幌子，宣扬什么"善堂卖土"，声称以贩卖鸦片筹集资金救济灾民等等。盛老三自是求之不得，很快成了上海滩的"烟毒霸"。他的直接上司是个叫"李剑父"的日本浪人，真名叫萨多米。

鸦片这行当向来一本万利，上海的几个所谓"大亨"无不靠此起家。经营此业者初以潮州帮最有实力，郑家木桥一带，鳞次栉比，挂满了金字招牌的鸦片字号。盛老三就借助了潮州帮的势力，以蓝芑荪、严春堂为得力干将，把江南一带的鸦片经销权分包给他们的同伙，并与军警勾结，有时还动用日本人的军舰来运送鸦片，很快就垄断了江南地区的烟毒市场。盛老三由此从一个破落的公子哥儿，摇身一变成了日本人羽翼下的头号大财主，堂而皇之地住进了金神父路（即今瑞金二路）上这座大花园。

他家的两扇黑漆大门终年紧闭，防范甚严，若有人来，汽车开到门前，喇叭一响，大门上一个小洞就打开了。门后的右侧是传达室，不仅有家丁，还有四个日本宪兵驻守。来客取出名片，日本宪兵记下汽车号码，一双贼眼上下打量，认为没有可疑之处了，才

（上）　瑞金宾馆一号楼曾是盛老三的鸦片窝

（下）　瑞金宾馆的草地与喷泉

打电话往里面通报。准许进来的，铁门开启，汽车缓缓驶入，两个日本宪兵手持枪支，一左一右，一下子跳上汽车的左右踏板，好像押解犯人似的通过长长的花园通道，来到主人楼前……那威势连他的朋友都讨厌。

盛老三约来宏济善堂的各路"元帅"，常常是许多人一起召见的。他居上座，高谈阔论，人虽瘦得像个猴子，体重不超过一百磅，但过足了烟瘾倒也精神抖擞，声音洪亮，夸夸其谈几个小时而无倦意，来客们自是屏息而听。只有那些身份特殊的人，才被延至楼上他的烟榻上相见。他们一边抽大烟，一边谈话，房中仅有一个姓罗的心腹在旁服侍。烟榻上放的竟然是一只金质小痰盂，这就是至今老上海们一提起盛老三，就会扯到金痰盂、金手杖、金马桶、金台面的出处。他平时由如夫人陪伴，这如夫人也招摇一时，常拿一只重达二十八克拉的大钻戒向人炫耀。解放初她也潦倒了，这只钻戒流落于市，报界呼之为"奇物"，市面轰动一时。

盛老三还是臭名昭著的"裕华盐公司"的头子。这个公司"统筹"了整个沦陷区的食盐买卖，亦是个日进斗金的垄断性生意。鸦片是黑的，食盐是白的，盛老三一手抓了两项大肥缺，就有了"黑白大王"的绰号。

盛老三横财发得过火了，引起了日伪内部的勾心斗角。伪上海市市长陈公博对"宏济善堂"早已记恨在心，三番五次地要求日本军部将其关闭。然而日本军方为保住自身利益，就以"商人的事，军部无权干涉"为借口，一再推托。于是，陈公博就发起了"群众运动"，叫林柏生策动"青少年团"走上街头，示威大游行，打出的口号是"除三害"，即除掉烟、赌、舞三项社会弊端。对于烟和赌的危害性，社会早有公认，舞场上的流风败俗亦遭到社会舆论的指责，所以"除三害"运动一时颇得人心。1943年12月27日，六千多名青少年聚到伪市政府门前请愿"除三害"，陈公博道貌岸然地出来接见，答应三个月内禁绝烟赌，并以此向日方交涉，迫使盛老三交出鸦片专卖权。

参加"除三害"的青少年大多是意气风发的正直青年，他们哪里知道官方幕后的勾当？听说官方要三个月才禁止烟、赌、舞，认为时间太长，既然政府不去禁，那么就由我们来禁！他们兵分两路，当天就采取了激烈行动。一队开到南市区，冲入"西园"、"绿宝"等大赌场，一路高喊口号，威风凛凛，赌客吓得四散而逃；另一路开到南京路，捣毁了"爵禄"、"大沪"等舞厅，吓得全市舞厅一律停业。最后两路人马又汇集到一处，焚毁了收缴来的烟具和赌具,在全市造成声势浩大的"轰动效应",盛老三惶惶不可终日了。

与此同时,日本人内部也有人起来揭发军方利用军舰为宏济善堂运鸦片的事情,盛老三的后台也靠不住了,加上他在"裕华盐公司"问题上与周佛海闹矛盾,到了抗战胜利前夕,终于被陈公博赶下了台。

不久,日本人投降了,国民党接收了盛老三的大花园,作为中统黄仁霖主持的励志社。盛老三被捕入狱,关在建国中路上的楚园。也许是"有钱能使鬼推磨",军统竟然对他另眼看待,允许他在监狱里吸食鸦片。数月之后,他与杨揆一、罗洪义、沈长赓一起被押往南京,判了无期徒刑。解放前夕国民党逃走时,原准备把这批汉奸一同带到台湾,后因解放军迅速过江,国民党自己逃跑都来不及,何能顾及这批"珍稀动物"?解放后,他们被转入上海提篮桥监狱,盛老三瘐死狱中。

1948年,盛老三已是行将就木之人,曾托人从狱中带出一张字条给他的旧友金雄白,上面仅写了六个字:"雄兄,请来救命!"那时金雄白作为汉奸中与重庆方面有联系的人物,受到优待,刚出狱不久,自己还惊魂未定,何来余力搭救像盛老三这样一个庞然大物?出于旧情,他还是跑到南京老虎桥,见了狱中的盛老三,此时的盛老三更老、更瘦、更憔悴了。即使当时恢复其自由身,估计也活不了多久了。果真,盛老三再无回天之力,不久就一命呜呼了。而他的太太被军统从瑞金二路花园赶出来之后,便躲在一个老佣人家的阁楼上,也潦倒而终。

东方奇男邵洵美

盛家四小姐盛樨蕙的大儿子邵洵美,是20世纪三四十年代的著名诗人、翻译家、出版家,是盛氏后代中屈指可数的杰出人才,不仅在中国,在国际学术界亦颇有名望。

邵洵美的祖父邵友濂是朝廷一品大员,曾出任上海道台、台湾巡抚、湖南巡抚。他

盛宣怀的外孙邵洵美

盛宣怀的孙女、邵洵美的夫人盛佩玉

的生父邵恒是邵友濂的次子，母亲盛稚蕙是刁夫人生的唯一的孩子。由于邵友濂的大儿子邵颐没有儿子，就把老二邵恒的大儿子邵洵美过继给了大房。后来大伯邵颐早逝，那就等于过继给大伯母了，那大伯母是李鸿章的侄女，即李鸿章六弟李昭庆的第三个女儿。所以，邵洵美简直就是豪门"堆"里的世家子弟，命中注定家产万贯。

但是邵洵美在这个大家族里却显得另类，他不乐于经商，更不屑于做官，十里洋场的欧风美雨，把他塑造成一个文学家和翻译家———一个古老的官宦之家却出了一个如此浪漫的诗人，而且是位现代派唯美主义的诗人，这不能不说是个奇迹。

1923年冬天，邵洵美乘船赴英国留学，1924年2月到达英国。他不读金融和商科，却选择了英国文学，进入剑桥大学。他不像有些豪门子弟，出洋留学是为了镀镀金，但读不出什么名堂。他不但一头钻进了英国文学，而且连同英国的风土人情、民族历史、思想意识等，都充分地"吸收"了，以至于后来美国作家项美丽发现，邵洵美的英语在艺术表达上比谁都准确、优美。他那绅士风度、为人处世的"外国派头"，从那时就已逐渐形成。

剑桥大学这个特殊的环境，使他结交了许多聪明的朋友，这些人回国后各有发展，都成了社会知名人士。其中有徐志摩、谢寿康、刘纪文、郭有礼、沈宜甲、孙遑方等。后来他又在法国画院结识了徐悲鸿、刘海粟、黄济远、江小鹣、常玉、张道藩等人。邵洵美和徐悲鸿、谢寿康尤为意气相投，亲如兄弟，他们组成了留学生组织"天狗会"，并按中国的传统方式结为把兄弟，谢寿康为长，徐悲鸿居次，张道藩行三，邵洵美为四弟，那时他还不到二十岁。

美人盛佩玉

邵洵美、盛佩玉结婚照

1927年，邵洵美接到一封家信，说是家中房子被烧，要他赶快回国。邵洵美是长子，又是大房唯一的儿子，火烧了房子怎能不管，于是启程回国。回来后才知道，邵家老公馆并无恙，而是牯岭路上"毓林里"的几幢老式房子被烧了，那是他祖父邵友濂念记长房媳妇年轻守寡，专门造了些房子给她出租，补贴家用的。按说此事于家大业大的邵家并无妨碍，要紧的是祖母盼望四世同堂，催着孙子赶紧结婚。这年年底，邵洵美与他的表姐盛佩玉完婚，在南京路大光明电影院举行婚礼，由马相伯老人到场证婚。新娘子是盛家长房盛昌颐的五小姐。当时作为大舅兼丈人的盛昌颐早已去世，盛家的当家人庄夫人也刚刚去世，邵家老太爷邵友濂去世二十多年了，祖母柴太夫人也已风烛残年，而邵洵美的亲生父母邵恒和盛稚蕙又不善经营，坐吃山空，邵洵美下面有六个弟弟……家中一切都表明，需要这个邵大公子回来执掌局面，重振家风。

当时能把实业与文学结合起来的最好办法，就是开书店、办杂志，这当是邵洵美极乐意全身心投入的事业。第二年，静安寺路斜桥老公馆的对面，开了一家金屋书店，出版《金屋月刊》。谁知也许是出版的书太"阳春白雪"，也许是推

邵洵美、盛佩玉夫妇与大儿子邵祖丞

邵洵美在庞贝古城

销手段不到位，竟没有一本畅销。一年后，徐志摩的小舅子张禹九来看邵洵美，说是新月书店要招新股，请他参加。邵洵美想反正办书店都是一回事，于是关了金屋，专力于新月书店。这时新月的成员有胡适、林语堂、罗隆基、沈从文、潘光旦、全增嘏、叶公超、梁实秋、梁宗岱、曹聚仁、卞之琳等，出版《论语》、《诗刊》、《新月》杂志，文学上是轰轰烈烈，声势很大，在20世纪30年代的文坛，可称风头独健，然而不知为何，钞票总是兜不过来。新月书店股东多，人多意见杂，别人可以说走就走，经济上没有多少瓜葛，而邵洵美是大老板，只好苦心撑持，到1933年6月实在撑不住了，才把新月书店结束了。

邵洵美历有"孟尝君"之美誉，是说他为文艺、为朋友肯花钱，动辄数百元、上千元，而且长年累月如此，不怕亏累，为出版书刊杂志，他不惜卖房子卖地。这期间，他又跟张光宇、张正宇、叶浅予几个漫画家熟悉了。当时他们在办《时代画报》，但仅出版了一期就吃不消了，跑来请求邵洵美出山接办。邵洵美是个唯美主义者，对美的事物总有"一见钟情"式的冲动。他欣然同意，于是在三马路的一条弄堂里租了一套房间作为编辑室，三个画家都担任编辑，邵洵美管出钱经营。反响很不错，叶浅予在《时代画报》上连载漫画《王先生》，颇受读者欢迎，供稿的还有曹涵美和鲁少飞。杂志一畅销，朋友们就起劲了，那时常来往的朋友还有季小波、王敦秋、陆志庠、丁聪等，他们的编辑部也就成了文艺界聚谈的热闹场所。邵洵美原以为只要销路不成问题，收回成本就不会有问题，但是他一切都要求最好，《时代画报》用的是铜版纸，封面和彩色插页用三色版，用料一考究成本也就高了，每月结算下来，还是亏本，弄得邵老板一筹莫展。

1934年，邵洵美在平凉路21号开办时代印刷厂，从德国引进了当时最先进的影写版技术设备，这是中国人自己经营的第一家采用影写技术的印刷厂。他打算将《时代画报》放在自己厂里印，以降低成本，又延揽了《良友画报》的印刷业务。结果，《时代画报》终于用自己的机器印出来了，谁知效果并不好，因为油墨是进口的，纸张是进口的，成本本来就高，而且厂里并没有聘请制版技术方面的专家，仅靠几个年轻人在苦心摸索，印出来的画报与外国杂志还是不能相比……

这给我们天真的诗人又泼了一盆冷水，原来办企业远不是仅靠诗人的激情所能够奏效的。这期间，他还租了一幢房子，挂出"第一出版社"的牌子，吸引了很多文学界、艺术界的朋友天天来聚会、碰头，新设想、新构思、新论调不断从中冒出来，促使邵洵美热血沸腾，更加起劲地追加出版投资。

这段时间里，他先后出版了《时代画报》《时代漫画》《时代电影》《时代文学》《万象》《人言周刊》《十日谈》；自己的作品有《花一般的罪恶》《一朵朵玫瑰》《天堂与五月》《诗二十五首》。出版物已蔚为大观，时代出版社名声大振，但邵家的老房子没有了，拆建的里弄房子同和里也没有了，钱袋逐年瘪下去了，他只好租房子住了。然而待人处世的派头依然故我，萧伯纳来沪，他掏钱在功德林请客吃饭；朋友们出书有困难，都会想到这位慷慨的诗人朋友。

最为世人称奇的，是邵洵美与美国女作家项美丽的异国之恋。

项美丽是个年轻、漂亮，浑身都散发着青春活力的美国青年。1935年年初，她来到上海，出发前仅仅是出于对东方的好奇，到上海后很快就融入了这个五方杂处、东西交

⊕ 邵洵美的藏书票

⊖ 邵洵美的女友项美丽

汇型的城市。她在外滩的《字林西报》工作，兼任美国《纽约客》杂志驻中国的撰稿人。她生性好奇、好动、好冒险，生活经历极其丰富。来中国之前，她为观察和研究猿猴的生活习性，居然在刚果的丛林里生活了两年，因此对猿猴怀有一种特殊的感情。后来在上海生活时，她也长年养着猴子。她这种独特的品性很快在上海滩撞出了火花，那就是认识了邵洵美。她与邵洵美的性格相辅相成，两人共同完成的最具冒险精神的工作，是在上海"孤岛"时期，出版了毛泽东的《论持久战》英译本，并秘密地发行和赠送出去。

1936年，由朋友介绍，邵洵美认识了英美烟草公司的三个经理：英国人泼拉斯、美国人斯密司、中国经理陈心惠，还有一个徐娘半老的弗丽茨。他后来常被邀请出席有外国人参加或是由外国人主办的宴会，步入了上海滩洋人的社交生活圈。有一次在"上海国际艺术俱乐部"主办的晚宴上，弗丽茨带来一位漂亮的金发女郎，这是邵洵美和项美丽的第一次见面。这一次见面给项美丽留下了深刻的印象，她一下就被邵洵美的容貌和气质所打动，因为他不仅长着一副类似"古罗马雕塑人物"式的鼻梁，而且英语讲得极为幽默和流利，几乎使项美丽有些震惊。邵洵美也为能认识这样一位有才华的漂亮小姐而庆幸，当即邀请她到其杨树浦的家中访问。谁知这一访问，竟导致了此后几年中邵洵美生活轨迹的改变。这对于项美丽来说，是一次更大的冒险，因为当时她在洋人圈子里极为出众，房地产大王沙逊也钟情于她，而与邵洵美来往，无形中把一大群洋人朋友给甩在一边了，难免会遭到她的国人的歧视。

有人竟然寄来污辱性的信，信中是一张用过了的草纸。

　　如果项美丽从此不再理睬邵洵美了，那她也就不是项美丽了。1937年"八一三"事变之后，她仍留在上海，而有钱的外侨都在纷纷逃离，沙逊也开始变卖财产，到上海来的次数越来越少。

　　"八一三"那天，邵洵美一家和他的工厂职工下午三点多才逃往苏州河南岸，后来他在《一年在上海》中写道："我们的车子过桥（可能是外白渡桥，因为过了外白渡桥就是英租界了——笔者注）时将近四点半了。有两个工友当时走散了，来不及和大家一起走，他们五点多钟出来，竟然被日本兵用机关枪扫射了。他们幸亏都懂得赶快伏在地上，只有一个人的腿上受了伤。他们说当时射死的男女老少不止几十百千。不知那有三个小孩的一对夫妇会不会在里面？ 更不知那一对六七十岁提着小手巾包的老夫妇会不会在里面……"有人撰文说，"八一三"一战使邵洵美"变成一个无产者"，他们搬了好几次家，最后落脚霞飞路（今淮海中路）1754弄17号，而项美丽住在9号。财产的损失是无法说清了，但这次逃难并没有使他们退却，反而激起了正义感和斗争精神。这期间，邵洵美以项美丽的名义出版了两份宣传抗日的杂志，中文杂志叫《自由谭》，英文杂志叫《公正评论》。《自由谭》出版到1939年3月1日第七期，后因日本人干涉而被迫停刊。秘密翻译和出版毛泽东的《论持久战》也是在这个时期。

　　1938年5月，毛泽东在延安发表《论持久战》，全面分析了中日战争所处的时代以及敌我双方的基本特点，系统阐述了持久战的总方针和人民战争的战略战术。这个重要文件很快传到了上海，中共地下党组织要求地下党员杨刚女士迅速译成英文，以便让全世界都能读到这部指导中国人民抗战的重要著作。杨刚是《自由谭》的作者，外语极好，为安全起见，她住在项美丽家里，在翻译过程中，邵洵美与之字斟句酌，并在译出之后，首先在《公正评论》上公开发表。这部著作从1938年11月1日至1939年2月9日，分四次连载完毕，遂后又出版了单行本。1939年1月20日，毛泽东在延安为这个英译本专门写了一千字的序言，题为《抗战与外援的关系》。这篇序言后来也由杨刚译成英文，刊登在单行本上。另外杨刚还写了一篇译者序，序中对邵洵美的帮助表示了诚挚的谢意。

上 项美丽上海旧居（淮海中路 1726 弄 现已拆）

下 邵洵美旧居（淮海中路 1726 弄 已拆）

单行本出版之后，一部分由杨刚带走，交中共地下党组织发行，另一部分则由邵洵美和他的助手王永禄，利用各种方式，把它塞进在沪外籍人员的信箱。这些工作无疑会遭到日本人的干涉，那时日本人虽然还未进入租界，但那咄咄逼人的气势，早已不把洋人放在眼里。终于有一天，两个日本人请项美丽"吃饭"，问她《公正评论》和《自由谭》的真正编辑是谁，稿子都是怎么来的。项美丽的回答不能令他们满意，于是杂志就被勒令停刊了。

杂志不能办下去了，项美丽在日益紧张的"孤岛"无法工作，便又捡起她初到中国时就想好的写作计划，撰写《宋氏三姐妹》。为采访宋氏姐妹，邵洵美为其引荐，并陪她去了重庆和香港。可是在香港，项美丽却投入了另外一个男人的怀抱，并与之结婚，生了一个孩子。1941年年底日本人占领香港时，她丈夫被关进集中营，她带着孩子过了两年艰难的日子；1943年回到美国，仍以卖字为生，从此再也没有来过中国。

项美丽可以一走了之，可是邵洵美的情丝却无法断绝。1946年，据说他是替一家电影公司考察进口电影设备，来到美国，并且找到了项美丽。谁也无法知道他们那次见面各自怀抱着一种什么样的心情，无法知道他们谈了些什么。总之，那时的项美丽经过战争的磨炼，已有了稳定的工作、安定的家和心爱的孩子，年轻时代的冒险该结束了。所以她不可能跟邵洵美再回中国，邵洵美只能悻悻而返。

关于邵洵美后来的生活，真正熟悉他的人几乎都不忍说了。这个诗人的悲剧完全是时代造成的，与其说是一个豪门后代的悲剧，毋宁说是一个天真的知识分子的悲剧。

解放初，邵洵美的时代印刷厂的机器全部由北京新华印刷厂收购，连同工厂里的工人一起全包了。为此邵洵美带上全家（除大儿子邵祖丞之外）也来到北京，一来他需要一份正式的工作；二来既然国家把机器全部买去了，工人也全由国家包了，为什么不可以再包一个邵洵美呢？他与出版打了几十年交道了，甜酸苦辣尝尽，现在解放了，百废待兴，出版业不也正需要人吗？于是1950年春，他在北京找了一处很幽雅的宅子住了下来，然后到处拜访朋友，找工作，如果不工作，他除了那笔卖机器的钱，一无所有了，全家怎么生活呢？然而现实是，北京方面并没有容纳他的气量。他过去不晓得帮了多少朋友的忙，而如今，好像所有的朋友都对他爱莫能助。他病了，两个女儿也病了，全家只得返回上海。

邵洵美的长子邵祖丞

朋友还是老的好。当时秦鹤皋在上海出版公司工作，1954年，他介绍邵洵美翻译了马克·吐温的《汤姆·莎耶侦探案》，薄薄一册，出版后销路倒是异常的好。但他不能老是在家里等活儿上门来，全家大小要吃饭、要读书呀！后来，他当年为之出过书、解过困的夏衍了解了他的窘况，就关照北京有关出版部门，邀请邵洵美翻译外国文学作品，稿酬每月二百元先预付，书出版之后再从中扣除。这样，他总算有了固定的收入，先后翻译了雪莱的《解放了的普罗密修斯》，泰戈尔的《家庭与世界》、《两姐妹》和《四章书》，但泰戈尔的三部书稿后因中印关系恶化而未获出版。后来，新文艺出版社约他和佘贵棠合译盖斯凯尔夫人的《玛丽·白登》（邵洵美用笔名荀枚），于1956年出版。

20世纪50年代后期，他还莫名其妙地被投入牢狱三年半，同牢的还有复旦大学著名学者贾植芳先生。关于这三年半的精神与身体上的煎熬，笔者实不忍心去叙述了，请大家阅读一下贾老先生回忆邵洵美的文章，原汁原味的牢狱生活全在其中了。

这场冤狱后来因"查无实据"而不了了之。据知情人透露，是因为解放后邵洵美给项美丽写过两封信，然而没有到达项美丽之手，都落到了有关部门手里。信的内容无非是向其求援，因为他实在是钱不够花。但在那个时代这是犯大忌的，因为项美丽的丈夫是英国谍报人员，跟有这样背景的人通信，还不是里通外国吗？但天真的诗人哪里懂得这些！

这三年半好歹算是熬过来了，但是到了十年浩劫，他无论如何也撑不住了。他的藏书全没有了，朋友都不敢上门了，各自性命难保。有一段时间他被扫地出门，与大儿子邵祖丞合居一斗室，室内仅有一张床，他睡床上，儿子就得睡地上……1968年，邵洵美贫病交迫，咳嗽气喘，身体不能动弹，夜不能寐，医院诊断是"肺原性心脏病"，住院、出院、再入院、再出院，折腾了好几个月，终于在5月5日与世长辞，结束了他那先甜后苦、有快乐亦有怨恨的"骑士"生活。他去世后，上海译文出版社出版了他生前的译作《青铜时代》和《麦布女王》。

粉碎"四人帮"后，他的如夫人陈茵眉女士经过长达十年时间的反复上访，过去对邵洵美的一切污蔑、不实之辞终于得到了纠正。他的儿子邵祖丞惊奇地从报上刊载的批判姚文元的文章里，得知其父病重时，有关单位还想把他拖到北京去批斗呢！

阴阳一生邵式军

汪伪时期的上海，有两个路人皆知的大财主。一个经营"烟"和盐，一个管税收，日进万金，财势熏天，背后都有日本人撑腰。这两个人居然都是盛家的后人，一度连汪精卫和周佛海都奈何不得他们。

这两人，一个是前文所述的盛老三，另一个则是盛宣怀的亲外孙邵式军（原名邵云麟，排行老五，又称邵老五，邵洵美的五弟），是四小姐盛稚蕙的第五子。邵式军也是因日本人入侵而阴差阳错地鬼迷心窍，一生命运跌宕起伏，有如天壤，尽管此二人最后的选择和结局是不一样的，亦是盛氏大家族中极富传奇的人物之一。

关于邵式军，外界只知他在敌伪时期是税务大官，却不知他投日的"门道"；只知他的后台是日本军部，却很少有人知道他在家中的"领导"，即他的夫人蒋冬荣。可以说，

盛宣怀的外孙邵式军

邵式军一生中所有重大的转折和决断，都跟他的夫人有关，没有蒋冬荣，也就没有后来的邵式军。

邵式军成年的时候，家族已经中落。分家时，大哥邵洵美因过继给大房，分得了邵家的一半财产，另一半分给他的父亲邵恒。但邵恒夫妇不善经营，常年以赌台为乐，尽管拥有大量的房地产、典当、银楼和店铺，但天长日久，坐吃山空，大小账房又乘机中饱私囊，等到邵家老四、老五、老六要花钱的时候，家中已拿不出钱来供他们享用了，甚至连上学的学费都成了问题。

邵式军长得眉清目秀，一表人才，且年轻气盛，很想在社会上有所作为。然而手中无钱，在上海就休想活动得开，于是在选择配偶时，他尤其注重门第，指望依靠丈人家的财势，有朝一日出人头地。

他在复旦大学读书时，在一次春游活动中认识了蒋家小姐蒋冬荣。蒋冬荣是民国初期浙江督军蒋百器的女儿；她的舅舅吴启鼎是四明银行老板；蒋冬荣的外公是旅日华侨商界的领袖吴锦堂，极富名望，他在日本神户的老房子，现辟为孙中山纪念馆。可知蒋冬荣是一个既有经济背景又有政治背景的豪门千金。一对恋人很快就热乎了，进入谈论嫁娶的阶段。

那时按照上流社会的规矩，结婚前男方必须给女方家里送"盘子"（即聘礼），通常是一些有相当价值的首饰。而此时的邵家已拿不出像样的"盘子"，偏巧蒋冬荣又非邵式军不嫁。为了顾全面子，蒋家就在夜间将一批首饰偷偷送到邵家，第二天白天，邵家再堂而皇之地送到蒋府上。因此，邵式军从一开始就对太太感激不尽，此后在重要的事情上，更是对太太百依百顺了。

他们婚后住在蒋家。邵老五见他的几个兄弟（此时老大邵洵美已成家，老六由其继母"马立斯"照管）都过得不宽裕，于是征得夫人同意后，把三哥、四哥都接到丈人家居住。蒋家不忍让这个漂亮女婿大学毕业后无所事事，就由蒋冬荣的舅舅推荐，到福建省税务局当一名稽查官，同时把他四哥邵云麒也一同带去，因他与四哥最要好。在福建税务官这个位置上，邵式军初步尝到了办税务的甜头。

说起蒋家，也是"陈芝麻烂谷子"的故事一大堆。

邵式军的岳父蒋百器（1878—1927，名尊簋）是老同盟会的会员，早年就读于杭州求是书院（浙江大学的前身），又留学日本陆军士官学校，在日本时全力投入了资产阶级民主革命运动。1907年回国时，正是徐锡麟在安庆起义失败，他的同乡秋瑾涉案被

邵式军在余庆路上的豪宅

邵式军的丈人蒋百器

捕之时，蒋百器奋不顾身进行营救，谁知营救不成，反而自己被抄了家，更不幸的是，还从他家中抄出一首秋瑾写给他的长诗，中有"久闻我浙有蒋子，未见音容徒仰止"句，更加引起清廷的怀疑，于是将他调往广西，辛亥革命后才又回到浙江，担任浙省督军。在后来的"护国运动"中，蒋百器还出任过孙中山先生军政府大本营的参谋次长、浙江宣慰使，在浙江省内，是个举足轻重的人物。也正是这个原因，他成了蒋介石的眼中钉，后来蒋介石派人把他害死了。

蒋百器与吴夫人只生了蒋冬荣一个女儿，没有儿子。但他早年住在北京时，曾与一个叫陈翠娥的名妓生过一儿一女。那时袁世凯要称帝，把蔡锷、蒋百器等人软禁在北京，并以青楼女子相引诱。陈氏是苏州人，能诗善画，还烧得一手好吃的菜，蒋百器与之渐生感情，还生下了女儿蒋冬华，儿子蒋益门（成人后参加了军统）。当吴夫人为蒋家无儿子承继家业而愁苦时，有一天听丈夫说在北京有一对小儿女，遂不由分说，私自派出丈夫的卫队，跑到北京找到陈翠娥，硬是从陈氏手里把两个孩子抢了过来。陈氏见丈夫一去不回，已悲观失望，眼下一对儿女又被抢走，于是心灰意懒，再入娼门。她后来与大总统徐世昌的弟弟徐世章相好，成了徐府的五姨太而去了天津，直到徐氏去世后，才带了一些从徐家分得的遗产到南方找她的儿女。这就是后来长期居住在邵式军家里的另一位丈母娘，他小姨子蒋冬华的生母陈氏。陈老太太见多识广，心胸开朗，年寿比邵式军夫妇还要长久。

蒋冬荣的外公吴锦堂

　　1937年抗战爆发，邵式军兄弟觉得在福建不安全，便返回了上海，但很快"落水"当了汉奸，这又是缘于他岳父那头的关系。

　　原来蒋百器在日本陆军士官学校时，有个要好的同学叫松井石根，此人在侵华战争中大出杀手，是南京大屠杀的元凶。他到上海后到处寻找老同学，想叫老同学助他一臂之力。打听下来，蒋百器早已去世，蒋的儿子蒋益门已是国民党军统的人，只有一个女婿赋闲在家，而且是搞税务工作的。松井石根听后大喜，立即派人把邵式军找去，请他为日本人在上海办税务。而这个位子，正是抗战前邵式军的七舅盛老七坐过的位子，他心仪已久。但这次情况不一样，是要当汉奸的，邵式军犹豫不决。回家与太太一商量，蒋冬荣决定立即答应下来。为什么呢？她要为父报仇，其父既是被蒋介石害死的，那么谁与蒋介石作对她就倒向谁，即便是日本人也来者不拒！于是，邵式军这个伪苏浙皖统税局局长就做成了。

　　蒋冬荣个头只有一米五，但心眼机灵，遇事果断，常为丈夫出谋划策。平时遇有重要的客人来找丈夫，她总是躲在隔壁房间"旁听"。若谈到棘手的问题，丈夫与客人支吾其词时，家里的侍从就会推门而入，说是"太太有要紧的事情请老爷过去一趟"，这时邵式军就心领神会，立即抽身而出，不管是什么来头的客人，一律被晾在一边。等他从隔壁房间被"面授机宜"出来，已是胸有成竹，应付自如了。

　　邵式军出任伪职后，把家搬到南阳路，租了两幢花园洋房，另外又为他的总务长、账房、姐姐邵云芝、卫队长等人也租了房子（即南阳新村的四幢房子）。等他大把大把地赚进钞票后，就在余庆路80号造了一幢四层豪宅。这栋豪宅外形雪白，类似飞机的式样，院内有大草坪，远远望去，似是一架银燕落在了草地上。平时门禁森严，有卫兵

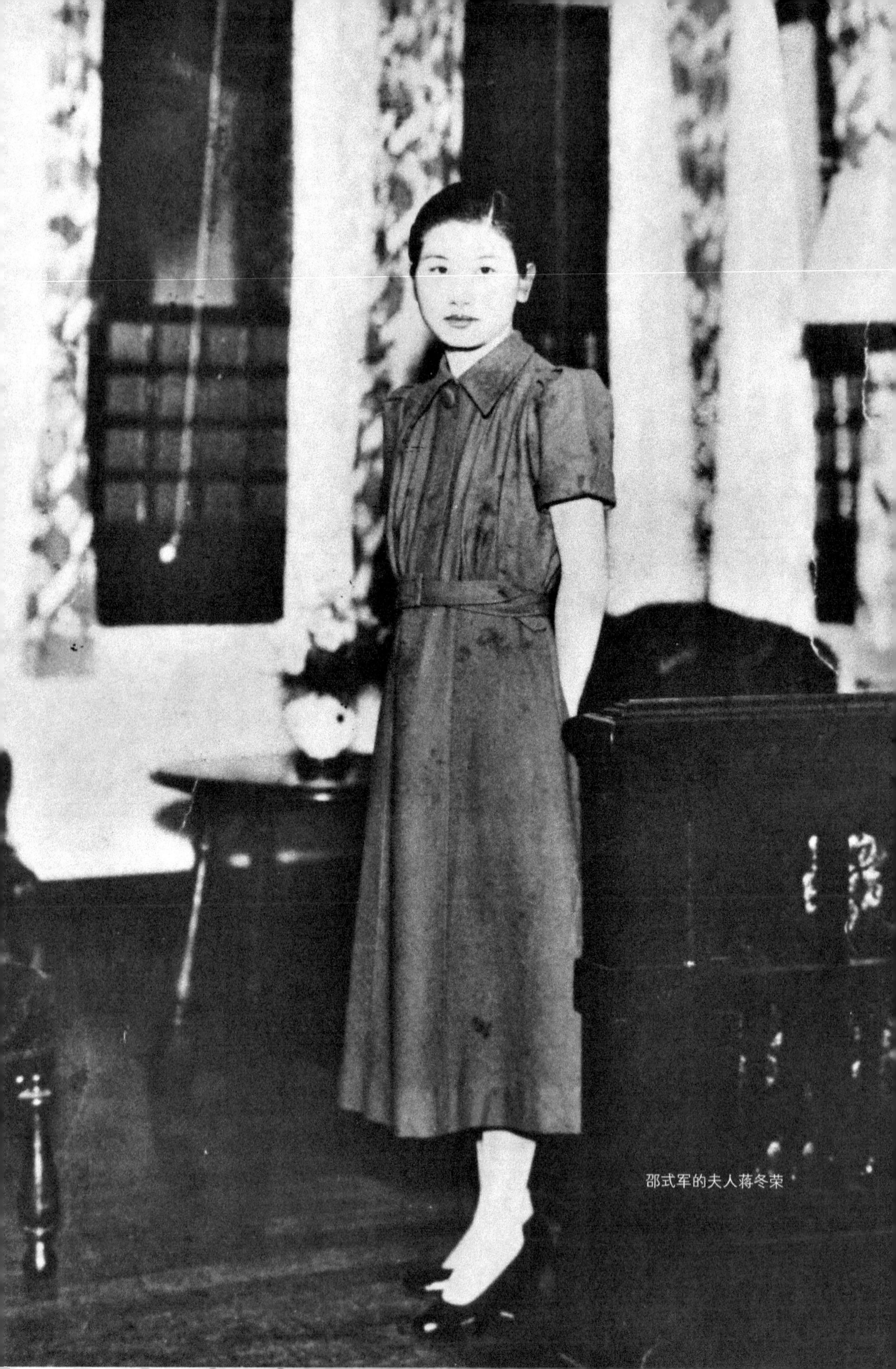

邵式军的夫人蒋冬荣

荷枪把守，一般的客人在一楼客厅接待，重要的客人才上二楼。二楼客厅的门饰和墙上雕花，至今看来都是艺术佳作。这个院子前后呼拥了百十人，除了卫兵、税务警、大小账房、男女佣人，还有奶娘、大姐等，进出都是呼啦一大群人，市民无不对其侧目。

邵式军赚钱的方式主要是"十抽一"，同时把收上来的税款先在他自己的银行里存上十天，以谋私利。苏浙皖向来是中国税收重地，光"十抽一"就是不得了的数字，所以他的钱袋迅速地膨胀起来，不仅自己办了大华银行、印刷厂、印染厂、当铺、店铺，还置办了很多房地产，并通过美国人斯密司（邵洵美的朋友），把大笔的美元存入外国银行，以至于到底有多少家产，他自己也讲不清楚了。那时在沪的欧洲人眼看中日在打仗，纷纷卖掉家产逃命，路上又担心带首饰不安全，同时欧洲的行情又不好，所以把许多贵重的首饰都送进了当铺。蒋冬荣趁机大开当铺，收进高级饰品达上千件。解放后邵式军在山东财政厅吃冤枉官司，办案人员反复要他交代，在汪伪时期到底敛了多少财，他怎么也讲不完整，实际上家中财权在夫人手里，他根本不清楚到底有多少家当，而办案人员就始终认为他不老实。

邵式军的汉奸行径理所当然遭到了人民群众的反对。有一次他的车经过南京路时，前面有辆车迎面撞来向他行刺，车被撞坏了，他的卫兵和刺客一阵枪战，司机见车还能开，就飞一般地冲出人群，七转八拐地穿小马路，终于甩掉了追车，躲进了巡捕房。

又有一次，他受汪精卫之托，去东北"拜见"溥仪，希望溥仪能与汪氏合作。列车途经山东时，邵式军遭到铁道游击队的伏击，列车后面几节车厢被炸得粉碎，然而邵式军命大，恰恰坐在前面的车厢里。当时火车上乱成一团，他的卫兵找不见他，原来他正躺在座位底下抽烟呢。但实际上他心中非常害怕，心想游击队可能就是冲着他来的。他此后尽可能减少外出，同时也觉得长此下去不知后果会怎样，于是动脑筋想给自己留条后路。

太平洋战争爆发后的一天，邵府来了一位不速之客，他自称是蒋大炜、蒋定一的堂兄弟，其实是中共地下党员冯少白。皖南事变后他与部队失散了，到上海来找党组织，又听说自己的义弟现在是邵式军的心腹人物，就冒险找上门来，试探着做些宣传和策反工作。蒋氏兄弟见冯少白只身前来，先是大吃一惊，慢慢聊下来，觉得其言之有理，跟日本人干下去迟早会死无葬身之地。蒋氏兄弟是邵式军最亲信的人物，一个管内

日本神户的吴锦堂旧居，现为孙中山纪念堂

务，一个管卫队。他们婉转地向邵式军讲明了来人的情况，没想到邵式军倒觉得是件好事情，立即请冯少白前来面谈。原来，他们夫妻俩 早就在考虑后路了。

那次会谈在邵式军楼上的小会客室里，双方都极为满意。冯少白临走时，邵式军交给他三万法币，作为送给陈毅将军的礼物。从此之后，冯少白多次往返于上海与盐城之间，邵府就成了冯少白与中共地下党的秘密联络点，其公开的身份是蒋冬荣的侄子。于是，解放区所需要的设备、材料和药品，就通过这条线秘密地运到了盐城新四军军部所在地。

抗战胜利前夕，国民党重庆方面已经探知邵式军投共的消息，派人联络了邵式军父亲从前的秘书前来说项，劝他抗战胜利后跟国民党走，不要投共。同时又派了蒋冬荣的弟弟蒋益门住进邵家，起监视作用。为避开弟弟，蒋冬荣在裕华新村买了一幢房子把弟弟赶了过去，同时为了安全，叫邵式军躲进百老汇大厦，不要回家。不久，日本人就投降了。

果真，蒋介石见邵式军不肯上钩，就令周佛海把邵式军押起来，周佛海下令让熊剑东（汪伪税警团的副团长）去捉拿他。熊剑东碍于多年与其共事的面子，不便亲自出马，就通过邵的二哥、三哥，把邵式军骗出百老汇大厦，然后软禁在熊剑东家里。他们对邵式军说，外面风声太大，不如到剑东那儿躲一躲。谁知车子一进熊家的大门，就听身后"咣当"一声，大门紧闭，遂宣布从此不许他出此大门。

消息传到邵府，蒋冬荣勃然大怒，她知是二哥三哥参与其中，就跑到他们家里大哭大骂，向两个嫂子拍案要人。两个嫂子知道是上了熊剑东的当，于是就陪着蒋冬荣冲进熊家。她们与熊剑东的太太都是要好的朋友，常在一起打牌，这回大家撕破了脸皮，大闹熊府，三个邵太太面对一个熊夫人，吓得熊夫人赶紧拿出蒋介石的手令给她们看，证明不是熊氏不仗义，而是军令难违。蒋冬荣素知熊夫人的脾性，一个眼色，嘱家人赶紧回去取来二十根大条，一股脑儿全塞在熊夫人怀里，求其赶快放人。适逢这一天熊剑东外出，家里还有一辆车。熊夫人经不住蒋冬荣"蘑菇"，终于答应将车子开出，送邵式军出走。

邵式军出了熊府也没回家，夫人已把应带的东西为其准备好了，带他到一个朋友家暂住，然后对丈夫说："赶快去解放区吧！现在没有人能保护你了。"几天后，他在冯少白同志的陪同下，打扮成农民，乘车到达青浦，再由青浦辗转来到苏北解放区，成为一名公开的革命者，被任命为扬州专区的税务局局长。

日本投降后，重庆方面的接收大员陆续到了上海，"五子登科"闹得不可开交，邵式军被指控为大汉奸，被国民党通缉，余庆路80号的房子自然也保不住了，成为被接收的对象。此时的国民党上海市党部主任是吴绍澍，要将此房作为他的市党部机关办公处，因此命令蒋冬荣三天之内，全部搬出。

蒋冬荣说家口太多，不仅是自家的人，还有亲属、佣人，能否宽容几天。吴绍澍说不行，三天搬不完，便把东西全都扔出去。蒋冬荣表面上不动声色，心里却恨得咬牙切齿，心想好你个吴绍澍，今天你叫我走，明天我叫你死！

蒋冬荣知道吴绍澍是中统的人，而国民党内部中统和军统一向矛盾很深，于是心生一计，她要通过戴笠来搞掉吴绍澍。

　　那时正是国民党接收大员在上海丑态百出的时候，报纸上天天有揭发，弄得国民党威信扫地，蒋介石为此大光其火。蒋冬荣设法找到了戴笠，说她封存在余庆路80号里的五只保险箱，里面的金银首饰、各种存款单据、地契均不见了，那房子被吴绍澍接收了，东西肯定也被他私吞了。同时她派人夜间潜入楼内，把那五只保险箱弄坏，造成一种假象，里面的东西是被人撬箱偷走的，而实际上里面早就空空如也了。她又向报界"揭发"，当时的报界如干柴一点就着，一下子成了谴责吴绍澍的海洋。吴绍澍面对五只坏保险箱，知道是蒋冬荣捣的鬼，但他有口莫辩。而戴笠则非常高兴，一个电报打到重庆去，向蒋介石告发吴绍澍。蒋介石自是气不打一处来，一个电报过来，就把吴绍澍给撤了。听说后来吴绍澍面见蒋介石时，蒋一句话未说，上来就是一记耳光！

　　这件事的影响在半个世纪之后还有余波。大陆改革开放以后，海外不少当年的豪门子弟又回到了故土，大家常有聚会。有一天邵式军的儿子邵立接到初中同学谭端言（谭敬的女儿）的电话，说是老同学难得见面，请来锦江饭店一聚。席间大家互相介绍，当介绍到邵立是邵式军的儿子时，一位女士忍不住大叫起来："原来你就是邵式军的儿子呀！你妈妈简直太厉害了！她把我们一家害得好苦呀……"原来此人正是吴绍澍的女儿，满屋子的人一片愕然！

　　后来，蒋冬荣与蒋冬华两姐妹被兄弟蒋益门出卖，关进国民党的一处特务机关。出来之后，所有的财产均被没收，只剩存放在朋友处的零星房契单据。但蒋冬荣仍设法汇集起来，交给了中共地下党组织。不久后，她带着一对儿女，也来到苏北解放区。

　　解放后，由于潘扬冤案的牵连，邵式军几次被隔离审查，尤其在1958年，对其老账新账一起算，判刑七年，致使其曾一度精神失常。这一回，他再也得不到太太的帮助了，蒋冬荣已于1952年因肺结核复发而病逝了。邵式军后来被送到山东一个农场劳动改造，于1964年冤死于农场的医院里。直到1979年刘少奇同志的冤案平反，整个白区地下工作重新得到了肯定，中共中央在关于为刘少奇同志平反的文件中，还特地肯定了对邵式军的策反成果。又经过十年的艰苦奋斗，邵式军也终获平反。他的儿子邵立一家，才得以从大丰劳改农场回到上海。然而此时他已受父亲案子的牵连，在农场度过二十五个年头了。

第十章

小姐心事

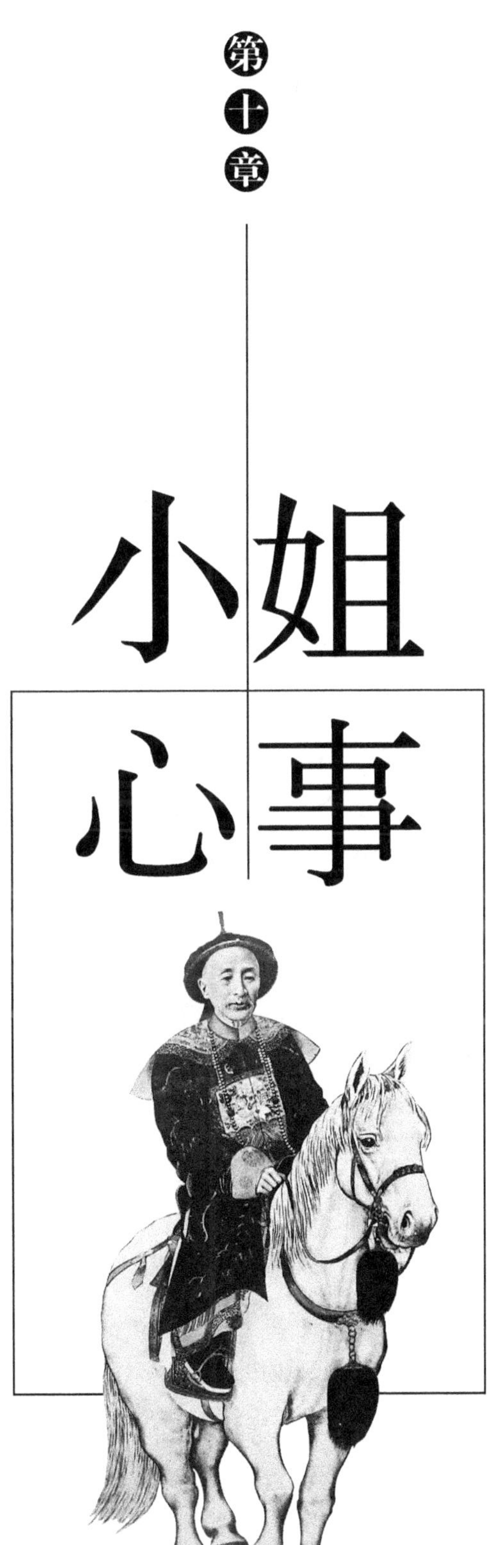

七小姐与宋子文的恩恩怨怨

上海滩过去有两个很出名的七小姐，一个是盛宣怀的七小姐盛爱颐，另一个是孙宝琦的七小姐孙用蕃。两个七小姐是亲戚——孙用蕃是盛爱颐的嫂子孙用慧的妹妹，还是张爱玲的后母。她的出名多半是由于后人同情张爱玲，一旦讲起张爱玲与后母不和，总要把孙用蕃扯出来指责一番。盛爱颐则不同，她的出名一方面是家庭关系，树大招风嘛，但更重要的还在于她自己。

盛爱颐是盛府当家人庄夫人的亲生女儿，其父去世时她才16岁，已经出落得亭亭玉立了。她的胞兄盛老四时任汉冶萍公司总经理，在上海滩朋友很多，整天在外面忙；盛爱颐则是妈妈的心肝宝贝，朝夕陪伴在侧。庄夫人外出应酬或是打牌，七小姐是当然的"保镖"。庄夫人若是有什么个人私密的事情，多半也是由她出面周旋，故不到二十就见多识广，伶牙俐齿，以"盛七"闻名上海滩。

当时宋子文刚从美国留学回来不久，由其大姐宋霭龄推荐，当了盛老四的英文秘书，因为宋霭龄当过五小姐盛关颐的家庭教师，与盛家上下都很熟。盛老四因社交活动繁多，几乎白天黑夜颠倒着过日子，差不多睡到中午才起床，而宋子文的作风是西洋一套，按钟点来盛府汇报工作，见主人迟迟未起身，只得在客厅里等候。庄夫人和七小姐看不过去，时而出来招呼一下，这就使他有机会接近七小姐。

宋子文长得一表人才，举止谈吐儒雅得体，办事雷厉风行，从不误事，很快赢得了盛家的信任。他主动担任了七小姐的英语教师，经常向她讲述大洋彼岸的异国风光，尽可能展示他的博学和才识。七小姐未出过国，经不住他的"唬"，那颗高傲的心渐渐向他靠拢了。

可是事情并非那么罗曼蒂克，七小姐的母亲庄夫人硬是不同意这门婚事。起初

盛家三姐妹，左起：盛
方颐、盛关颐、盛爱颐

她觉得小伙子人长得不错，又是留洋回来，两个年轻人似很投缘，也有些心动，但对宋子文的家底尚不了解，于是请大管家李朴臣去打听。李朴臣回来禀报说："宋家是广东人，他父亲是教堂里拉洋琴的。盛宫保的女儿怎么可以嫁给这样的人家？"庄夫人明白了，门不当户不对，不能答应他！

那时盛家虽失去了盛老太爷的支撑，但"瘦死的骆驼比马大"，那一千多万元遗产还是硬碰硬的，都在庄夫人的掌控之中，在上海滩仍能呼风唤雨。而宋家是传教士家庭，虽然兄弟姐妹都留过洋，但还远没有到发达的时候。宋子文回国的第二年，他父亲宋耀如就去世了，留下的家产仅够维持小康水平。他的大姐宋霭龄虽已与孔祥熙结婚，然而那时的孔祥熙不过是一个留过美的商人而已，远非后来出任民国财政部长的孔祥熙。宋子文的二姐宋庆龄时已与国父孙中山结婚，然而没有过上一天安宁日子，讨袁运动之后又是护法运动，1920年第二次南下广州后，又遭遇陈炯明叛乱，始终在风口浪尖上。他们在上海的住房（莫里哀路29号，今香山路7号，即孙中山故居纪念馆）还是海外华侨赠送的……宋子文眼下只是个汉冶萍的英文小秘书，如何能般配？

那时汉冶萍的大权捏在盛老四手里，盛老四一个命令就把小秘书给踢开了，把他调到武汉，当汉阳铁厂的会计处科长。宋子文明知是调虎离山计，碍于体面，还是前去干了几天，不久就返回了上海。他那时很背运，事业上到处碰壁，女朋友也谈不成。但他脾气很犟，庄夫人越是阻挠他越来劲。有时在大街上，看见前面是七小姐的车子，就

盛家小姐的读书生活

一脚油门追上去，把车子往前面一横，硬要与之说话。

聪明的七小姐为了不把事情弄僵，有时也答应与宋子文一起去逛街，但同时也拉上八小姐盛方颐。有一次他们三人走在街上，宋子文只顾起劲地跟七小姐说话，冷不防一辆汽车从身边擦过，走在后面的八小姐赶紧把他往旁边一拉，还好人没被撞倒，衣服被撕破了一个大口子，宋子文顿时一身冷汗。事后他对八小姐说："多亏你救了我一命。请相信我，如果将来我有发达的一天，一定不会忘记你的救命之恩。"这也许就是后来他坚持请八小姐的丈夫彭震鸣出任某银行经理的缘故吧。

1923年2月，广州陈炯明兵变被平定后，孙中山先生在广州重建革命政权，急需各方面的人才，宋子文由其二姐宋庆龄引荐，从而步入政坛。孙中山先生一封封电报催其南下，宋子文认为这是个人发展的好机会，但他放心不下七小姐，于是力劝其同赴广州。七小姐内心十分矛盾，一方面她不愿惹母亲伤心，但是内心深处对婚姻自主也充满了向往。然而宋子文要她离家出走，离开母亲，这对一个从小生活优裕，从未离开

210

盛宣怀的女儿七小姐盛爱颐

过高墙深院的千金小姐来说，也是一道难题。

她左右为难，宋子文却没有时间容她犹豫了。在七小姐、八小姐去钱塘江看潮的时候，宋子文也追到了杭州。他手里捏着三张开往广州的船票，劝两位小姐跟他一起去广州，说革命一定会成功，年轻人应当闯天下。

八小姐在一边讥笑说："怎么，你还想拉两个人走呀！"

七小姐心里很难受，思前想后，她还是离不开母亲，离不开盛公馆这个超级大宅门。最后她掏出一把金叶子（金质的树叶造型的礼金）交给宋子文。金叶子是当时上流社会送人的礼金，比直接送人钞票要高雅些。她知道宋子文没有钱，是给他作路费的。她对宋子文说："还是你自己去吧，我等你回来。"宋子文很失望，但也是意料中的事情。他感激地说："我真心感谢你，这些就算是借给我的吧。"

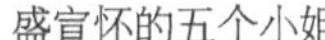

盛宣怀的五个小姐

青年时代的宋子文

谁知宋子文一去就是好几年。孙中山先生先要他筹办中央银行，后出任行长，还担任了广州国民政府财政部部长兼广东省财政厅厅长，那段时间他确为国民革命立下不小的功劳。可是时间一长，这位宋部长就把上海的七小姐抛到脑后了。1927年北伐胜利之后宋子文回到上海，那时庄夫人已经去世，按说当年的主要障碍已经不存在了，他原本可以跟七小姐叙叙旧的。可是国民党内部又闹宁汉分裂，宋子文处于一个尴尬的政治夹缝之中，他一会儿倾向于武汉，一会儿又倾向于南京；一会儿觉得二姐宋庆龄有道理，一会儿又觉得大姐宋霭龄和妹妹宋美龄也有道理。他非常苦恼，处境一度很危险。几个月后，他先去了武汉，最后还是倒向了南京。1930年当他再次回到上海时，身边已有张乐怡夫人了。

盛七小姐没想到事情竟会是这样，山盟海誓竟是一场空，整日闷闷不乐，闹了一场大病，一直到32岁才与庄夫人的内侄庄铸九结婚。

抗战胜利之后，抗战期间到大后方去的人大批复员回沪，盛家的兄弟姐妹也团聚了。他们常在盛老五（盛重颐）的淮海中路大花园中聚餐、喝茶，或是打牌。有一天七小姐接到电话来到盛老五的花园时，发现宋子文也在场。想必是宋子文透露过想与七小姐见面的愿望，盛家兄嫂便热心地安排了这次见面活动，为了避免七小姐知道了不肯来，事先并未告知实情。看到七小姐走进来，宋子文主动上前搭话，盛家其他人也力促他们"讲和"。

可是七小姐一脸冰霜，甚至还有些动怒，丝毫不给宋子文面子。她不需要任何解释，况且，年轻时的那段恋情已经过去二十多年了。大家劝她留下来共进晚餐，但七小姐不干，站起来冷冷地说："不行！我丈夫还在等我呢！"说完走人。宋子文讨了个没趣，也走了。

事后每当有人问起此事，七小姐总是说："我才不跟他啰嗦呢！大家都有了自己的生活，何必再去惹麻烦，他正高官厚禄，春风得意，我何必去巴结他呢？但话也得说回来，他那把金叶子还没还我呢！"

后来她的后代长大了，也知道了金叶子的故事。这个故事在盛家代代相传，最后权当一个笑话了。比如有人要到美国去了，临行前就会说："我到美国要是见着宋子文，一定帮您讨回金叶子！""我去美国帮您讨金叶子了，您要不要一起去呀？"

七小姐心高气傲是出了名的，但是天有不测之风云，所谓"三十年河东，三十年河西"，盛家在后来的日子中屡遭麻烦，在紧要关头，有时还不得不求助于这位宋大部长。抗战胜利后，国民党肃奸部门空前忙碌，盛老四的儿子盛毓度也被投入了监狱。

盛毓度早年在日本读书，抗战爆发后返回上海，曾在汪伪的复兴银行里做过事，很快又转到工部局和日本领事馆当秘书。他人在敌营，但与国民党军统头目戴笠有单线联系，曾策应、营救过一些国民党人士，戴笠后来飞机失事后，他有口说不清，被"挂"了起来。尽管他不断地写申诉，甚至让被他营救过的人写证明材料，可是朝中无人就

（上） 盛爱颐与女儿庄元贞

（下） 庄元贞、庄元端兄妹

晚年盛爱颐与儿女庄元端、庄元贞

无法出狱。

　　盛家兄妹自然是急得团团转，能托的人都托遍了，就是不见放人。最后，大家只好央告七小姐给宋子文打个电话，请这位宋大院长出面帮帮忙。当时宋子文正如日中天，出任了国民政府行政院院长，而且直接掌管对敌伪产业的接收和处理，据说放不放人全在他一句话。盛毓度的原配夫人叶元婵跑到七小姐家，在她面前长跪不起，几乎是逼着七小姐打电话——你不打，我就不起来。

　　七小姐被逼得没办法，只好答应了。她心里好生窝囊，当初不屑于理睬的宋子文，如今倒真的要求着他了，想不到这天底下还真有过不去的桥！但是想想盛毓度毕竟是亲侄子，还是自己亲手抱回来的，不能见死不救。于是她答应叶元婵：电话只打一次，成就成，不成就算了。

　　想不到宋子文那头十分痛快，一口答应了。七小姐心想，此事不能含糊其辞，光听你空口说说不行，必须讲好具体时间，于是苛刻地提出："我想明天中午跟我侄子吃饭。"电话那头一声："OK！""我一定让你明天中午跟毓度一起吃饭。"放下电话，满屋子的人一阵狂喜，还是大人物有办法，一个电话问题就解决了。而七小姐却觉得一阵心酸，

214

她明白,宋子文心里还是有她的。第二天中午,盛毓度果真被放出来了。

1947年,由于全国黄金风潮的影响,宋子文辞去了行政院长的职务,解放前夕去美国当了寓公,1971年在旧金山逝世。在后来的日子里,宋子文一直没有忘记七小姐,离开大陆之前,他曾委托一位留在大陆的民主人士对其关照。七小姐晚年患病期间,宋庆龄曾叫办公室的同志专程从北京来探望她,大概也与宋子文有关。

彭七乐逍遥,盛八不痛快

盛八小姐盛方颐是萧夫人生的女儿。萧夫人原是庄夫人房里的侍女,在盛家呆久了,老爷喜欢她,就纳为如夫人。萧夫人信佛,心地善良,相信因果报应,凡事都很随和,与盛府上下都处得很好。小姐们为打官司事曾向她求助,老人家二话不说就取出一只金刚钻戒。但人太好说话了往往不被人注意,所以萧夫人在盛府显得悄无声息,一切都看庄夫人的脸色行事。

八小姐从长相到性格都酷似其母,细高挑的身段,慈眉秀目,讲起话来从不出大声,遇大事也不敢拿主意,总是跟在七小姐后面。这种弱女子的秉性,在盛府内部尚无大碍,出了盛府可就麻烦了。

八小姐从小养在深闺人未识,一次家人带她外出看戏,被扬州大盐商周扶九的外孙彭震鸣撞见,惊为天女下凡。一打听,原来是盛府的八小姐,于是就想方设法接近她。有一天八小姐看完戏回家,汽车开进自家院门,谁知彭震鸣的车子也尾随进来了。原来,门房见车子跟得这么近,以为是小姐的朋友,就放其进来,其实那时他们还根本不认识呢,是彭氏自己闯进门的,这就是彭氏第一次进盛府的笑话。

彭震鸣在家排行老七,世称"彭老七",江西人。彭家本身并不太富裕,但是外公周扶九是个了不得的大商人,在清朝末年曾号称江南首富。周扶九的第六个儿子周钧

上　盛八小姐盛方颐

下　八小姐的丈夫彭震鸣

光很喜欢这个外甥，因他不但聪明伶俐而且能说会道，很会讨大人们欢心，所以供他读书，供他花费，自己的轿车也随他拿去开，久而久之，舅舅家就成了自己家，他也成了个花钱的好手。彭震鸣善唱程派戏，是程派名票，能粉墨登场，举手投足，挺像回事。为了唱戏，他还办过两个私营电台，专播戏曲节目，有时还请人点播，自己来演唱，既丰富了节目，又娱乐了自己，很出风头。

面对彭老七的正面进攻，八小姐不是对手，很快就被他"俘虏"过去。开始时，萧夫人对这门亲事很不放心，一来因为小伙子人虽漂亮但不够忠厚，二来因为彭家在上海无甚地位。后来，一定要周扶九的六公子将他认作自己的干儿子，方才松口。周家六公子原本就视外甥为心头肉，认作干儿子未尝不可。到了办喜事的时候，彭家拿不出许多钱，还是舅舅帮的忙。

其实那时的周家早已不是周扶九在世时的光景了。老太爷当年经营盐业起家，进而投资金融、房地产、纺织业，除了以上海为大本营外，还在南昌、武汉、镇江、南通、长沙、常德、徐州、扬州等地，开设钱庄、盐号、工厂、商店，足有数十家之多。周家在扬州的住宅，是一座七开间的七进大宅院，雕檐画栋，世罕其比。全家迁居上海之后，住在文监师路（今塘沽路）的长春里，亦是七开间二层楼的七进大宅，门前文监师路，后门海宁路。可是到了1921年老太爷去世后，尤其到了北伐战争之后，他那六个儿子、十一个孙子一分家，大家族的架子就散掉了。

周老太爷生前省吃俭用，夜里走路连灯笼都舍不得打，只是挨近人家的轿子边，借其灯笼照个明。他巧计买鸡的故事当时几乎路人皆知。可是他的儿孙们大多没能继承他节俭的品格，生活上互相攀比，追求时髦，奢侈程度令人难以想象。轮到彭震鸣和盛八小姐结婚时，他提出要去大华饭店摆喜酒，周家哪来那么多钞票去大华饭店摆阔？然而不依不行，舅舅舅妈拗不过他，只好硬着头皮撑足面子，变卖了一部分首饰，在大华饭店为他们举办了婚礼。那天的排场自是不用细说了，应有尽有。可悲的是，这场表面上是自由恋爱的婚姻，实际上并不幸福。

彭七盛八结婚之后，他们的私人轿车号码为"87"，隐喻八小姐和彭老七。萧夫人拿出私蓄，为他们在派克路（今黄河路）盖了一处花园洋房，另有几幢普通的楼房供其出租，叫梅东新村，收了房租可作日常开销。

　　按说彭老七是招女婿进了盛家，丈母娘已把一切都安排妥当，他如同"老鼠掉进白米囤"，吃不完用不完，万事不用操心了。但是彭老七是个"花"心很重的人，规规矩矩的日子没过多久就厌倦了，于是四处去"轧"女朋友，还在外面过夜。这对天生娇丽的八小姐来说，无疑是致命的打击，所以人们如今看到的八小姐的照片，没有一张是带笑容的。她的母亲不幸煤气中毒身亡后，八小姐更加沉默寡言了。人老实，管不住丈夫，自家的事情又不便向外人说，况且她又没有婆婆，彭老七是跟舅舅舅妈长大的……百般无奈，只好用吸食鸦片来麻醉自己。以至于后来，不管楼下来了何等重要的客人，只要她在吸鸦片，一概不下楼。有一次小儿子彭国维在街上玩，摔破了头，鲜血直流，佣人们吓得大声呼喊，正逢八小姐在吸鸦片烟，只说了句"赶快送他上医院"，便继续抽她的烟。生活中的一切，对她来说都已失去色彩了。

　　彭老七光花钱而不挣钱，实在没钱花了就卖房子，是个地地道道的败家子。他把梅东新村和自己住的花园洋房卖掉后，就住到新闸路一处周家的里弄房子里，那原是供账房清算周扶九家财产的房子，只能腾出一部分借给他们住。后来，又搬入玉佛寺附近盛家的房产成德里。那时大家族已分家，房产不属于他们，也只能暂住。再后来就搬至麦根路（今淮安路）租住张廷重的房子，他们是亲戚，张廷重（张爱玲的父亲）太太孙用蕃是盛老四的太太孙用慧的七妹，孩子们管她叫"北京七阿姨"，因为她说北京话。张家的这个院子只有两幢楼房，大的张家自己住，另一幢出租。后来他们连张家的房子也租不起了，只好迁入寻常百姓家了，真的是房子越住越小，汽车则越乘越大。

　　可怜八小姐后来一直生活在这种深深的无奈之中，烟瘾已重，不幸中毒身亡，年仅47岁。

　　彭老七把家当吃光败光之后，晚年就很不堪了。50年代，他又涉嫌一桩经济责任案子，被定以"反革命罪"去劳动改造。谁知劳改结束不久"文革"又来了，人们又找他算账，命他去扫街。寒冬腊月天寒地冻，他戴上手套去干活，结果被群众发现，剥下手套扔在地上，还当众羞辱他，批斗、抄家是必不可免了。在上海呆不下去了，他就住到松江（那时松江隶属江苏省）女儿家去。有一天，派出所发来通知，叫他第二天去谈话，他一下子紧张起来，精神恍惚，想到那时被捕时，也是派出所通知去谈话"谈"进去的，这次再去，定是有去无回。他思想斗争了一夜，想想只有一死了之。第二天一早，

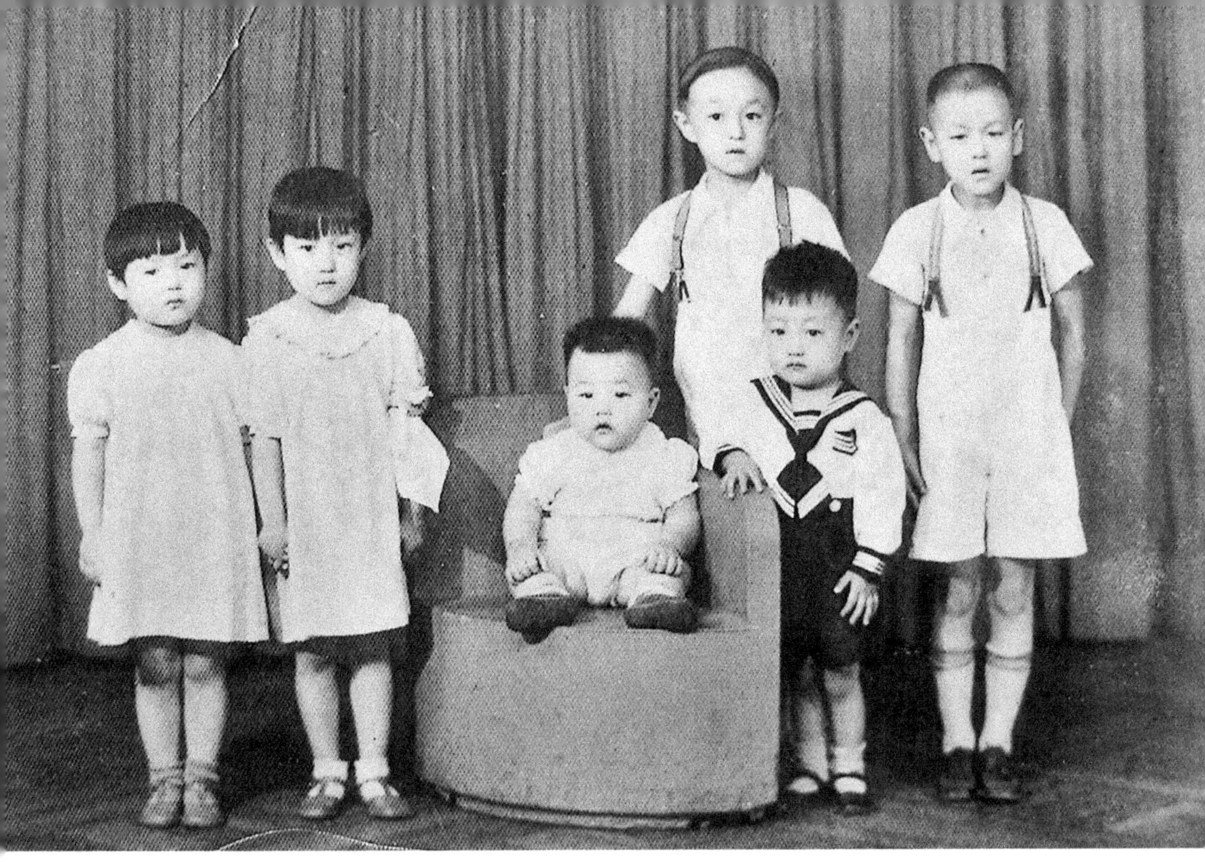

八小姐的孩子们

他就在卧室里上吊自杀了。

当时他的女儿正在上海，松江仅他一个人。消息传到上海后，小儿子彭国维赶去处理后事。当他把父亲从绳子上解下来放平时，人早已僵硬了，奇怪的是，他还是从腹中深深地吐出了一口气。想必是活得太累了，现在总算得到了解脱。

彭七盛八共生有四儿三女，儿女们几乎都继承了父母能歌善舞的艺术天赋，解放后各自努力奋斗，成家立业，过着小康生活。父母没有为他们留下遗产，反而促使他们正视现实，努力学会在社会上生存，活得比他们父母要充实得多。只是老二阿彭（彭国裕）很不走运，解放后是上海交响乐团的圆号手，不知什么时候跟伙伴们一起闲聊，发发牢骚，被揭发出来讲反动话，结果被送往劳改农场劳动改造。去的时候二十来岁，回来时已年近五十了。彭家大哥彭国宽（老彭）是"舞林高手"，"文革"后仍"死不改悔"，每逢双休日，总喜欢在舞池里转悠。大妹爱丽斯（彭蔚宜）舞也跳得很好，她家住在南昌大楼，正是闹市中心，于是成了兄弟姐妹的聚会场所。

七小姐、八小姐在盛家老公馆

　　狂风暴雨过后就是耐人寻味的平静了。八小姐的后代们谈起往事都很平静，他们认为"六十年风水轮流转"，一个大家族不可能永久地兴盛，但也不可能永久地衰败，他们是落难的一代，也是自力更生的一代，现在他们的后代或出国留学，或独立创业，均事业有成。人怀着希望活着，就格外充实了。

西花厅里的盛范颐

　　静安寺路上的盛家老公馆，里面分东花厅和西花厅。东花厅在东边，有中式房子也有洋房，是盛宣怀及其家眷的住宅。西花厅在西边，全是中式房子，是盛宣怀的小弟

220

弟盛善怀一家的住宅。

盛宣怀兄弟六个，他是老大，盛善怀最小，中间四个兄弟都与盛家老公馆无缘——老三、老四早夭；老二年仅21岁就去世了；老五盛星怀也只活到26岁，在1894年中日甲午之战中战死在朝鲜。六兄弟中盛宣怀最长寿，活到72岁；盛善怀次之，但也未跨过40岁的门槛，他是汉冶萍公司的财务官。从晚清到民国的半个多世纪间，这个占地一百零五亩的盛家老公馆只住了盛宣怀和盛善怀两户人家。东花厅人多，因盛宣怀有八房妻妾，生下十六个儿女；西花厅人少，盛善怀和夫人张钟秀仅有两个女儿，大女儿因病于19岁去世，只剩下一个小女儿盛范颐。西花厅独此一棵小苗苗，盛宣怀唯一的亲侄女，其受宠的程度可想而知了。

1918年盛范颐生下来的时候，母亲张氏奶水不足，盛善怀请名医挑选了好几个奶妈，在盛公馆"面试"后选用。要求非常苛刻，一是奶妈自己的小孩夭折了的不要，二是要求奶水有相当的浓度，滴下来呈散乱状的不要，非要像珍珠般"落桌不倒"才行。几个奶妈中，总算有一人的奶水真的"落桌不倒"，可是第一个条件不符合，她自己的小孩夭折了。不过，张氏夫人觉得这个人很老实，最后还是决定录用她。这就是后来与盛范颐一家共同生活了半个多世纪的老阿妈，名张喜欢，常熟人，比盛范颐的母亲小一岁。为了使这位奶妈安心在盛公馆喂好小宝宝，盛家把她的丈夫也招进来了，在西花厅当花匠，名张耀良。这一对忠厚老实的常熟农民，后来一直生活在盛范颐身边，伴随她从小到大，出阁成家。老阿妈直到91岁在盛家无疾而终，此乃后话。

盛范颐出生在盛公馆西花厅，一对大眼睛特别招人喜欢，圆圆的脸人见人爱。她常跟母亲或老阿妈到东花厅玩，那里人多热闹，一大群堂哥堂姐都喜欢逗她，连那里的大鹦鹉都喜欢她，见了她就会大叫："小宝宝来了！小宝宝来了！"

盛公馆的东西花厅之间有个大花园，有宽阔的草地，是孩子们踢球的地方。还有一个大厨房和好几个小厨房，统一管理着东西两厅的餐饮，包括一百多个佣人的伙食。盛家各房各户，每餐一律四菜一汤，是大锅饭，由盛家总账房安排，各房不需付账。总账房的首领叫李朴臣，是庄夫人的心腹，盛公馆后期的主管。哪家若是来了客人需要另外加菜，那是小厨房的事情，就需自家付账了。盛公馆的后门有个中药铺，是盛家每年冬夏两季向穷人施药、施茶、施棉衣的地方。

盛范颐的母亲张钟秀

　　盛范颐至今还记得，每到逢年过节，盛公馆就热闹起来，各路宾客不知有多少。每到腊八节，玉佛寺的僧人就会抬来一个很大的木桶，里面盛着香喷喷的腊八粥，那是腊八节的固定节目。因为玉佛寺的地皮是庄夫人捐献的，玉佛寺视盛家为东家，盛家视玉佛寺为家庙，彼此非常熟悉，以至于东花厅里有几个裁缝和绣工，成年累月地为玉佛寺制作跪垫、坐垫、窗帘、布幔……据说那些绣品到现在还没用完呢。

　　百年盛公馆，如今东西花厅早已不在，在里面生活过的人，仅剩盛范颐一人，现已97岁高龄。

　　盛范颐9岁的时候，父亲不幸病逝了。差不多同一时间，盛公馆的当家人庄夫人也谢世了，一下子失去了两大支柱，情景可想而知。盛老四盛恩颐是个公子哥儿，不管家的，其夫人孙用慧与盛范颐的母亲张钟秀就成了说话算数的人。孙用慧是民国总理孙宝琦的大女儿，她的四弟叫孙用岱（字蔚青），姐弟俩同父异母，年龄相差很大。孙用岱与孙用慧的大儿子盛毓邮同龄，他们从小一起玩，性情相投，孙用慧把这个弟弟权当儿子看，关心备至。

　　当孙用岱在复旦大学经济系快要毕业的时候，大姐开始操心起他的婚事了。左看右看，结果选中了西花厅的盛范颐，觉得她内慧外秀、亭亭玉立、温婉可人，不仅已完成了中学学业，而且琴棋书画、算盘、苏绣，样样拿得起来，还会裱花、做扇子，尤其是那一

手毛笔字，简直像男孩子写的，非常有力，下象棋
竟能赢她的老师，绣花绣得比观前街绣铺里的还
要栩栩如生……更何况盛家与孙家，彼此知根知
底，可谓一百个放心。

　　盛范颐的母亲张钟秀是苏州大盐商张履谦的
大孙女，她家祖宅的花园就是现在拙政园的西花
园，在张家手里时叫"补园"。张钟秀16岁嫁到上
海盛公馆时，有凤冠霞帔、十里红妆之盛，抬嫁妆
的队伍从补园一直排到船码头，抬了一天都抬不
完。当地老人说，他们几代人都没见过这样大的
排场。

　　在盛公馆，张钟秀多次见过孙宝琦，知道孙家
与盛家一样，都是著名的官宦家族，老太爷都是朝
廷的红人。不过孙家老太爷入朝的资历比盛家要
早得多。孙宝琦的父亲孙诒经是光绪皇帝的四个
老师之一，咸丰十年进士，曾入值南书房，任过户
部侍郎，佐度支部（财政部）达十年，朝野上下没
有微词。孙诒经有两个儿子、八个女儿。大儿子
孙宝琦，曾两次出任北洋政府国务总理；老二是
孙宝瑄，曾任宁波海关监督；最小的女儿孙宝琮，
嫁给民国外交部长颜惠庆，都是近现代史上可圈
可点的人物。

　　张钟秀见孙用岱一表人才，有知识，有派头，
待人非常诚恳，正是她心目中的佳婿。所以孙用
慧一提起此事，张氏乐得合不拢嘴，连声说："太
好了！太好了！"可是事不凑巧，当她们把两个年
轻人的生辰"八字"拿来对时，竟发现"八字"不

　少女盛范颐在苏州补园

　盛范颐在盛公馆

盛范颐、孙用岱结婚照

合！这怎么办？孙用慧很着急。可是张钟秀却很有男子气概，她一向敢说敢做，办事果断。她把传统的规矩全部抛到脑后，一心要"逮住"这位佳婿，竟让人把女儿的"八字"悄悄改了，改成观世音菩萨的第三个得道生日，即农历九月十九日。这下两人的"八字"相"合"了，婚配不成问题了，孙用慧不得不对这位婶婶刮目相看。

这时盛范颐已年满二十，住在苏州外婆家，大家仍叫她小宝宝。孙用岱得知大姐为自己说亲，满心欢喜，还没等大姐安排妥当，便自行带着家中的男佣阿山去苏州了，他要亲眼看看西花厅的小宝宝如今长成什么样了。孙用岱有两大业余爱好——摄影和小提琴，这两项爱好在他们恋爱中被发挥到了极致。他不晓得为盛范颐拍了多少照片。回沪后，为了让盛范颐听到他的琴声，他竟对着电话拉琴，琴声丝丝入耳，渐渐把电话那头的小宝宝给"俘虏"了。

1938年9月，盛范颐与孙用岱在上海国际饭店举行了隆重的婚礼。证婚人是孙用岱的八姑父颜惠庆，主婚人一位是孙用岱的堂哥、孙宝瑄的长子孙用恒，另一位是盛范颐的堂哥盛恩颐。郎才女貌，佳偶天成，来宾无不称羡。母亲总是最细心的，在试穿婚纱的时候，盛范颐的母亲觉得穿白皮鞋不好，于是换成了银色皮鞋，老太太看了仍旧说不行，说还是金色的好，于是再换，换成了金色皮鞋。那时的婚纱不兴租借，都是自己买的。结果市民中又传开了，说"盛家小姐是穿着金元宝出嫁的"。婚后他们住在胶州路，与舅舅一家比邻。舅舅也是银行界人士，舅妈是更大的银行家之后，即汇丰银行买办席正甫的孙女席德懿。

就这样，盛宣怀家族与孙宝琦家族成了"双份"的亲家。盛宣怀的四子盛恩颐娶了孙宝琦的大女儿孙用慧，而孙宝琦的四公子孙用岱娶了盛宣怀的亲侄女盛范颐。一个娶进来，一个嫁过去，大家都不吃亏，亲上加亲。

盛范颐与孙用岱结婚时，抗战已爆发一年多了。孙用岱大学毕业后在中央银行任职，两年后被分配到福建浦城，主管分行的交换和信贷工作，还有一个特殊的使命，即为前方的军队筹饷。盛范颐不放心丈夫一个人去那么远的地方，决定与他一起去。那时他们已经有了一个孩子了，名叫孙世建，才一岁零两个月。孙用岱祖父的老姨太太及父亲的姨太太都还活着，她们非常宝贝这个小毛头，还有孙用慧、孙用蓄等孙家姑妈，都不舍得让小孩子到福建去吃苦，说："你们带着孩子怎么抗战啊？"盛范颐无奈，只好同意

盛范颐、孙用岱婚后在上海

把孩子留下，由孙用慧、孙用蕃抚养。遗憾的是，乱世多难，尽管小世建留在了上海，有三个人照看，但患上了肺炎，还是不幸夭折了。那时候肺炎是致命的，抗战中缺医少药，盘尼西林无法进口，孙家和盛家想尽一切办法，还是无法挽救这条小生命，小世建那时才四岁。

临去福建时，盛范颐的母亲张钟秀又出一壮举，提出要跟女儿女婿一起去，说是眼下兵荒马乱，一家人活要活在一起，死也要死在一起。这时她已经五十多岁了，而且是小脚老太太，走路不方便。但盛范颐明白，母亲决定了的事情是很难劝回头的，只好同意了。他们带上两个佣人，一个是老阿妈，还有一个男佣人阿根，五个人一起上路。果然，一路上非常艰难，日本人在各个路口设卡，盘查得非常厉害，还借搜查行李之机劫掠钱财。在过其中一道关卡时，日本人见他们穿着与众不同，又带着这么多行李，断定有油水好捞，于是要翻查他们的行李。老太太见势立马席地而坐，双手合十，开始闭目念经。大概在场的日本人中也有信佛教的，等老太太念到一半，箱子还没完全打开，就有人示意不要查了，扬扬手让他们过去了。盛范颐夫妇惊出一身冷汗，深感老太太的大智大勇，因为行李中有中央银行的文件，一旦落到日本人手里，不

抗战中在福建的一家三口

知要引来多大麻烦呢！

　　抗战八年，他们几乎都是在福建浦城度过的。虽说中央银行提供的住处还算宽敞，但是远离了家乡和亲友，远离了她从小生活惯了的上海盛公馆和苏州补园，盛范颐深感寂寞。那时候，生活条件差倒还在其次，要命的是常常要跑警报，与市民一起躲入防空洞，时有惊险。这期间因为受了惊，动了胎气，盛范颐不幸小产一次。后来好不容易在福建生下了二儿子孙世强，也因为患了肺炎，缺医少药，得不到有效治疗，无奈也夭折了。

　　在残酷的现实面前，盛范颐经受了前所未有的磨炼，一天天变得坚强起来。她和丈夫无怨无悔，在福建一直坚持到日本投降。然而失去三个孩子的切肤之痛，是她一生都无法摆脱的噩梦，以至于半个世纪后中国改革开放，在日本的亲友多次约她去日本观光游览，她总是以各种理由推托不去。因为只有她自己明白，那场战争在她心上留下的伤痕有多么深！

　　抗战胜利后，盛范颐与丈夫回到了上海，丈夫仍在中央银行任职。生活逐渐安定后，他们又有了三个孩子，儿子孙世仁，女儿孙世瑛、孙世瑾。到了20世纪40年代末，无论是盛氏家族还是孙氏家族，包括苏州张家，都已是江河日下、盛景不再了。盛家后人早已搬出了盛公馆，在那片地皮上造了很多里弄房子出租，各支各房都自立门户了。孙家在上海原本就没有大宅门，老太爷从北京南下上海时，先后住在哈同花园和汉冶萍公司的俱乐部，1931年在该俱乐部里病逝，孙家八个儿子早就各奔前程了。

50年代末的全家福

　　解放后，盛范颐一家再次面对新的形势。丈夫孙用岱所在的中央银行被政府接管，他们没有考虑去香港或台湾，而是留在了上海。50年代初，银行界在各行业中率先进行公私合营。对职员个人来说，合营的结果是工资收入大幅度减少了。经济上的压力不可避免，毕竟家里有八个人要吃饭，自家六口，还有两个保姆。何况还有社会舆论的压力，豪门望族的后代在别人眼里很容易被看成吃闲饭的寄生虫。尽管家中还有些积蓄，但盛范颐仍决定走出家门，参加社会工作，自食其力。

　　1950年，适逢新建立的中国人民银行向社会招聘职员，盛范颐当时33岁，肚子里还怀着小女儿孙世瑾，可她仍前去参加财务培训班，考试后被录用，分配在静安寺分行工作。说来也奇怪，在此之前，她从来没有工作过，但进入人民银行后却很快进入状态，再复杂的报表到了她手里，都能顺顺当当地理出头绪，所以常常得到领导表扬。她的算盘打得又快又准，而且双手都会打，因此还获得了一个"庄则栋"的雅号，因为庄则栋打乒乓球是左右开弓的。盛范颐一直工作到退休，始终是业内人尊敬的"盛老师"。

这样基本平静的日子过了十几年。尽管经过公私合营，母亲名下的房地产都变成了每个季度的"定息"，而丈夫孙用岱也从银行被整编到一个职工学校教书，但这些变化对他们一家来说都尚无大碍，毕竟三个孩子都在健康地成长，老母亲仍旧天天焚香念经，老阿妈忠实而勤恳地操持着家务，盛范颐只管上好自己的班就行。她每天上下班都要走一个多小时，晚上一家人围在一起吃饭，自是其乐融融。她开始过简朴的生活，不乱花一分钱，不再添置新衣服，教育孩子也要艰苦朴素，以适应新的社会环境。

然而很不幸的是，这种简朴而温馨的生活还是被一场突如其来的"红色风暴"打破了。1966年夏天的一个傍晚，盛范颐下班回到家里，发现里面闹哄哄的，造反派在她家院子里挖了一个坑，点起了火，正在把她家里的书籍、照片、信函、卷轴等不断地往火坑里扔。母亲设在三楼的佛堂被砸烂了，她与母亲的首饰盒被抄走了，丈夫那把心爱的小提琴，被摔在地上砸成两半……更有甚者，恰巧这天她在单位里刚刚领了工资，也被造反派顺手抄走了。她不明白，工资是自己的劳动所得呀，要养家糊口的，为什么也被抄走？当时她家门口挤满了人，有的是来看"热闹"的，还有的是被那特殊的香味吸引来的，因为佛堂里大把大把的檀香也被造反派扔进了火坑，那浓郁的香味弥漫了整个街区。围观的人越来越多，造反派不得不用"绳子"把围观者隔离开来，而那"绳子"，竟是用孙用岱的领带一根一根地接起来的。

烧"四旧"一连烧了三天，家中被折腾得一片狼藉，有的房间还被贴上了封条。老阿妈面如土灰，茫然不知所措。造反派走后，她把家中仅剩的粗粮、细粮收集起来，全家人喝了一周的面糊糊。

尽管家中遭遇如此洗劫，盛范颐照样早出晚归，坚持每天上班，有时还要加班。她明白，越是在这种情况下，自己越是不能倒下，坦坦然然去上班，就是对家人的最大鼓舞。她清楚地记得丈夫说过的话：像我们这样家庭出来的人，在中国的境遇已经算是好的了，要是在苏联的话，早就被杀头了……

丈夫说的是事实，因为孙家的社会关系实在太复杂了。孙宝琦有十六个女儿，当年家大业大，豪门联姻，解放后却成了令人咋舌的大麻烦——孙宝琦的二小姐孙用智，嫁给庆亲王奕劻的五公子载伦；三小姐嫁给大学士、总理衙门大臣王文韶的孙子；四小姐孙用履被皇帝近臣宝熙看中了，成了大甜水井宝大人家的媳妇；五小姐嫁给了袁世凯的七公子袁克齐；七小姐孙用蕃成了张佩伦的儿子张廷重的妻子，也就是张爱玲的后母；八小姐嫁给了天津国华银行的经理崔某……这样盘根错节的社会关系，想甩也甩不掉，运动来了，只能坦然面对。

在风浪面前更显坦荡的是老母亲张钟秀。老太太是小脚，"文革"时已经七十多岁了，每天被迫在弄堂里打扫卫生，还要拿着"红宝书"去早请示、晚汇报。有一天她被里弄里的造反派拉去批斗，造反派问她："我们抄了你的家，你恨不恨？"老人家平静地回答："不恨，不恨。"造反派又问："为什么不恨啊？"老人家说："我这一辈子看抄家看得多了，辛亥革命时就抄家，盛家被抄；抗战的时候，汪伪政府又来抄，伪市长傅筱庵亲自下令，我们张家也被抄；国民党搞金圆券的时候，比抄家还要厉害呢，东西都被他们抄去了。你们现在抄去的，都是剩下来的垃圾啊……"老阿妈也是个硬骨头，每天搀扶着老太太去扫街，每次批斗她都陪在一边，斗完再搀扶着老人回去。造反派训斥她阶级阵线划不清，不许她在孙家做下去，把她赶回常熟乡下，可她回去几天又回来了……

1972年是个非常特殊的年头，一部分中国人的命运，就是在那一年突然起了变化。随着美国尼克松总统的破冰之旅，那些二十多年没能回国探亲的美籍华人，终于可以回乡了。第一批获得批准的有三百人，其中包括吴健雄、袁家骝夫妇。消息传来，统战部门可就忙开了，忙着为他们的亲戚平反，做好安抚家属的工作，忙着发还抄家物资，落实房屋政策。好像一夜之间，天地又翻了个个儿，过去袁家和孙家的种种罪名，一下子都不存在了。

孙用岱的五姐（袁克齐夫人）从天津来电话说："袁家骝要回国了，我们都平反了，看来你们也快了。"果然，没出一周，盛范颐的丈夫孙用岱就被宣布平反了，同时恢复了工作，被查封的房间也可以撕掉封条入住了。但上海与天津的做法不同，抄家物资并没有归还，包括盛范颐母亲首饰盒里的有一百零八粒翡翠的珠串、有五十四颗水晶的珠串，都没有发还。等到进一步落实政策时，仅仅作价二百人民币了事。

改革开放以后，盛范颐一家的生活又有了变化，儿子孙世仁去澳洲创业，大女儿一家去了美国，老阿妈于"文革"后不久去世，老伴也在十年前过世了。如今的盛范颐，由小女儿孙世瑾与外孙杨溧涛陪伴，还有一个干女儿李文琪常来探望。或许真要感谢小时候喝的那"落桌不倒"的奶水，现在她已是97岁高龄，依然眼不花，耳不聋，走路不需人搀扶，每个周五还能去老朋友家打全天卫生麻将，早上9点出去，晚上9点由女儿接她回来。一旦写起字来，仍旧横平竖直，铁画银钩，令年轻人为之汗颜。

2006年春节，苏州拙政园迎来了三位非常特殊的客人——近90岁的盛范颐与她的儿女孙世仁、孙世瑾兄妹。盛范颐还带来一个重要的决定，把她母亲张钟秀当年从补园（现为拙政园西花园）出嫁时的一些嫁妆，再送回故园。母亲张氏1902年结婚时的那套凤冠霞帔早已捐给了地方政府。经过十年内乱，很多东西都被抄走和糟蹋了，家里零零星星地还剩有一些木器和漆器，盛范颐觉得摆在家里用处不大，而送出去展览倒可以作为那个时代大家族生活的见证。检点这些百年前的红漆嫁妆，竟还有四大箱二十三件之多，这令苏州人非常兴奋，他们母子自然受到苏州市园林局领导的热忱欢迎。拙政园专程派人到上海送来了奖状，并接走了这批老嫁妆，安排在拙政园永久收藏和展

97岁的盛范颐在沪安度晚年

拙政园领导将捐赠证书送到家里

览。消息传出后，《姑苏晚报》和苏州电视台以《补园大姑奶奶嫁妆重回拙政园》为题，播发了新闻，还着实热闹了一阵子。

盛名奈何"女门低"

盛家的女儿、孙女个个都出落得秀气，但她们大多未受过现代正规的高等教育，据说是为了安全考虑，怕遭人绑票，因为长房长孙盛毓常确被人绑票过，因此更不敢叫女

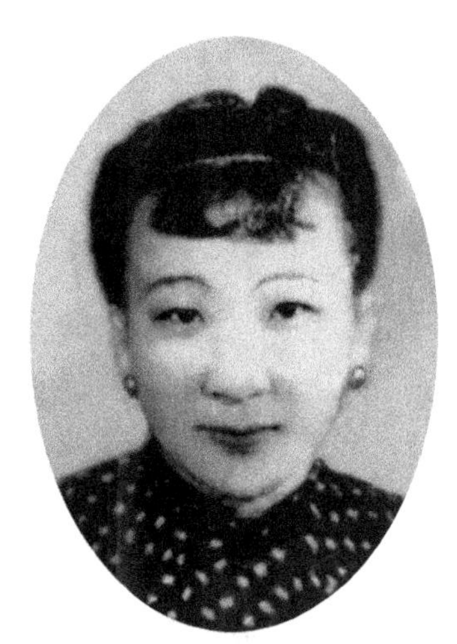

盛宣怀的孙女盛毓菊

孩子出门读书了，而是聘请家庭教师来家里教，倒也中英文并举。过去的私塾先生多重古文和写字，布置的作业多以背诵古诗文和抄写古诗词为主，况且私塾先生本身写得一手好字，所以盛家女儿辈数理化未见有何长进，而一手毛笔字都规规矩矩，似有师承。

前些年笔者在孙蔚青、盛范颐家里聊天，承盛范颐老人写给一个地址，那钢笔字竟像毛笔字一样抑扬顿挫，笔笔有生气。

据说七小姐的字写得还要好，历来为亲戚朋友们赞赏，还常有人来向她索取"墨宝"。她的一手好字还引起了孙家七小姐孙用蕃的羡慕，发奋随之学字，也练得很有架式了。到了晚年，孙七小姐夫妻十分潦倒，丈夫张廷重在沪的房产都没有了，就租住江苏路上大律师吴凯声的房子，只有十四平方米。再后来孙七小姐眼睛也瞎了，然而眼睛瞎了并不妨碍她写字，她仍操笔给亲戚朋友写信，每个字都有乒乓球那么大，上下竖排而不会重叠，亲友们无不诧异她的腕底功夫。

盛家女孩子中还有一个"发烧"的节目，就是唱戏。五小姐、六小姐、八小姐，孙女中有盛毓珠、盛毓青、盛毓菊，还有盛毓邮的太太任芷芳、盛毓度的太太彭菊影、任芷芳的侄女任颖华、孙用慧的妹妹孙用鲁、八小姐丈夫彭震鸣的表妹周毓俊，还有八小姐的一群孩子……七七八八的小姐太太，动辄就是一大帮子人，她们请了程砚秋的琴师周昌华来家拉琴，吊嗓子，一吊就是大半天，遇有家族的喜庆之事，动辄还在院子里搭个戏台，不用到外面请人，仅自家人就能唱全本。盛毓邮结婚的时候，小姐们就在万航渡路的盛家花园里

搭了戏台，大家逐个粉墨登场，整整唱了三天。

半个多世纪过去了，她们大多把对京剧的爱好保持了下来。在台湾的五毛盛毓珠（岫云），是程派的终生名票，艺号是"颖若馆主"，她与周昌华建立了感情，后来在台湾结为夫妻。周昌华过世后，她又嫁给邵逸夫在台湾的总代理马芳踪。

"文革"中上海市委机关的造反派审查任芷芳的侄女任颖华，竟拿唱戏来捉弄她："你不是唱'三堂会审'吗？今天就对你三堂会审！"任颖华40年代就拜梅兰芳为师，是其入门女弟子，与梅葆玥、梅葆玖都稔熟。前些年逸夫舞台举办庆祝梅兰芳艺术生涯的活动，她在《四郎探母》中出饰铁镜公主，又在《起解》中饰苏三，毕竟八十多岁的人了，台步不灵活了，但嗓音依旧洪亮，顾盼流光，仍不减当年。那天笔者与住在宝山的周毓俊老师（周扶九的曾孙女）通电话，电话里人的话语尚未传出，胡琴声先声入耳，原来是一帮朋友在她家里吊嗓子……

京剧是那个时代的流行歌曲，她们就是那个时代的"发烧友"。但是老天爷在为小姐们打开一扇窗的时候，常常把另一扇门给关上了。上帝在赋予盛家小姐、太太艺术天赋的同时，却常忘记把美好的爱情带给她们。

五小姐盛关颐与台湾巨商林薇阁结婚，由于个性不和，后来离婚了。六小姐盛静颐嫁给南浔巨富之子刘俨庭，生了两个孩子，由于夫

盛毓珠、马芳踪夫妇

妻不和离家出走了。七小姐、八小姐的情况如前所述。似乎四小姐婚姻是幸福的，但可惜不长寿，仅三十几岁就去世了。

孙女们的婚姻也有许多不顺心之处。盛毓青（冠云）的丈夫舒叔培是上海著名的兽医，湖南长沙人，早年求学于北京清华大学留美预备班，后公费派往美国留学，先后在美国密执安大学获微生物博士与康乃尔大学兽医博士学位。1930年回国后，他曾在国立中央大学畜牧兽医系、圣约翰大学动物生理系任教，还曾在开滦煤矿公司任兽医。1949年前，他长期在上海租界工部局卫生局负责公共卫生工作，并建立了一套兽医卫生检验制度和监督体系，是中国兽类食品卫生学最早的开创者之一。新中国成立后，他曾创办上海蓝十字兽医院，自任该院院长，后在华东农林部上海兽医院及上海市农科所畜牧兽医试验站任兽医师。他对乳牛、马、骡及犬、猫等动物的临床诊疗有丰富的工作经验，在兽医界颇具声望，是国内兽医界和兽医教育界的著名专家。可惜50年代因为奶牛死掉而受怀疑搞破坏，被打成右派，他不服又无力反抗，只好自我结束了生命。盛冠云的公公舒修泰，是汉冶萍公司萍乡煤矿的矿长，电影《燎原》拍摄时，有关演员还曾到他家体验生活。"文革"初老人已90岁了，被押到人民广场作为批斗曹荻秋市长的陪斗，不久就被折磨而去世了。

　　盛佩玉原本与邵洵美相亲相爱，可是又冒出了个项美丽。

　　盛昌颐的二小姐嫁台湾银行买办周文瑞，而周氏又倾心于会乐里的"花国大总统"……

　　于是老上海们话就出来了：盛氏一门"女门低"。

刘世玲、刘世庆等在台北

民事訴狀

原告　盛愛順　二十九歲　江蘇武進信孝鎮...

代理人　陸鴻儀　律師　事務所...

被告　盛且順　三十八歲
　　　盛升順
　　　盛毓郵

為祈庇不坊訴語查事...

[以下為手寫草書，難以完全辨讀]

盛毓市

律師　盛愛順　陸鴻儀

遗产风波

老公馆方寸大乱

1916年盛宣怀去世之后，庄夫人成了盛公馆的领袖。她执掌了整个家业四年，直至1920年五房分家为止。从1920年至1927年庄夫人去世，虽然盛家后代各有支系，庄夫人仍是这个大家族的中心，但凡大事非得经她同意不可。

庄夫人精明过人，善于理财治家，盛家老公馆及亲戚朋友，哪个要过生日了，哪个要出嫁了，哪个孙子要满月了，哪个亲家来往礼品送来多少，哪个佣人是谁介绍进来的，介绍人与盛家是何种交情，逢年过节该往哪家走动，哪一笔生意是亏是盈……她心中一本账清清楚楚，谁也别想瞒过她。她坐在房间里不用出门，而外间事务无不通晓，账房、管家、跟班随时会跑来向她汇报。所以她竟能在辛亥革命起义军占领上海时，为保全老公馆，动脑筋把门口汉冶萍上海办事处的牌子摘掉，换上某某洋行的牌子，同时动员洋人朋友来老公馆暂住，以洋人的身份来"压阵"；在盛宣怀逃亡日本时，她能以一己之力，与"革党"周旋年余，保全老公馆，此均非一般妇道人家所能为。

所以在盛宣怀去世后的最初十一年里，盛家老公馆内一切尚无大碍。然而到了1927年秋天，庄夫人突然患病去世了，顶梁柱一下子轰然倒下了，老公馆可就大乱了。时值国民党北伐胜利，北洋政府倒了台，南京政府成立，盛家必须仰仗新人，遵守新章程。刚巧此时以盛老四为首的几个公子哥儿，又去动愚斋义庄公款的脑筋，结果弄巧成拙，偷鸡不成反蚀一把米，引来民国江苏省政府前来没收，报界亦连篇累牍地跟踪报道，情况就愈加复杂化了。

庄夫人原本没什么慢性病，长年吃斋念佛，身体挺健朗。可是这年秋天不知何故一直腹泻，医生说是痢疾，所以给她服止泻药，谁知吃药并未见好，反而一卧不起，没过多久就去世了，时年61岁。

关于庄夫人之死，盛氏家族里不少人感到很意外，认为庄夫人原本是不该死的。说是她一辈子不知向穷人施过多少药，不仅老公馆北侧开有自家的药房，一方面为自家人抓药，同时向穷人施药，在苏州留园也开有药房，亦兼施药。盛家药房在南北各大药号办药也是出了名的，如今为庄夫人治病，怎么竟连腹泻也治不好，反而丧了命呢？此疑点之一。

其次是与傅筱庵的矛盾。傅筱庵原是盛家的师爷，早年跟着镇海同乡到上海滩谋生，曾在黄浦江上摇小舢板，因与盛家的一个账房相熟，后来在此人的推荐下踏进了盛公馆。他开始是当听差，办些杂事，后来当上账房，进而成了师爷，帮盛家掌管一些投资企业的业务，主要是管中国通商银行的经营。他得知庄夫人喜欢打牌，为了讨好她，就常陪之打牌。傅筱庵又知庄夫人有个脾气，喜欢赢钱，赢了就高兴，输了就不高兴，于是就常常故意输钱给她，因而就有了更多陪同打牌的机会。他知道庄夫人喜欢坐马车，还花钱买了一辆当时最时髦的、小巧玲珑的藤制座位的马车孝敬庄夫人，于是就更得庄夫人的欢心，一些重要的事情就由他办理了。久而久之，他变得有恃无恐。1919年他当上中国通商银行总经理之后，野心大露，在公开场合不再为盛家讲话，反而投机取巧，落井下石，想方设法收购盛氏子孙手中的通商银行股票，到1920年盛家清理家产时，尚有汉冶萍公司、轮船招商局的股票，而独不见通商银行的股票了。后来庄夫人发现了他的阴谋，当面斥骂了他一顿。庄夫人去世时，正是盛家与傅筱庵矛盾激化之时。于是有人猜测，会不会是傅筱庵从中做了什么手脚？总之，庄夫人之死，至今仍是个谜。

庄夫人突然去世，大家均无思想准备，一下子陷入极大的忙乱和惶恐之中。一直守护在庄夫人身边的七小姐也慌了神，赶紧派人去找哥哥盛老四，因前面三个哥哥均已去世，公子哥儿中盛老四是老大了，又是庄夫人亲生的。然而到处找不见他人，等到他得知母亲已去世时，一时愣住了，不知如何是好。丧事如何办，母亲身边的一大帮人马该如何安排，母亲名下的产业该如何处理，他一概拿不出办法。

当公子哥儿不知所措的时候，盛公馆内一些素不大管事的内眷却在忙着搬箱子、抢东西了。反正顶梁柱已倒，谁也管不了谁了，东西谁抢到手就是谁的，因为大家都知道，盛老四既是头儿又不是头儿，他从来不得罪人，也管不了这个家，什么事儿到了他手里，总是大事化小、小事化了的。于是老公馆就像开了锅的灶头间，大家各忙各的，乱成一团。

然而，大家族毕竟要有一个头儿来出面，盛老四不愿出头，就推孙用慧夫人来料理一些面上的事情。孙夫人平时节省惯了，一看账本，公馆内每月花费要这么大，吓了一跳，考虑到眼下市面不好，决定节省开支，各房各户每月要用的水电费都有严格的控制，过了量就要剪电线、摘灯头，小姐们的零用钱也大为减少。尤其是庄夫人身边的一大帮佣人、跟班、账房，原本是服侍老太太的，现在既然老太太已去世，那么理应裁撤，统统打发他们回家。

小姐们在老太太身边用钱用惯了，如今嫂子来管家有了限制，她们浑身不舒服。原庄夫人身边的一班服侍人马亦大为惶恐，因为他们有的在盛家已有几十年了，有的是两代人均在盛家服务，是依附于盛家的小家庭，离开了盛家就没地方去，于是到处哭诉，希望不要赶他们走。七小姐是老太太的心肝宝贝，一直在老太太身边，与管家、佣人们都熟得不能再熟。于是，七小姐的房间里就跪下了一大片人，哭着要七小姐救命，说我们不要钱，干什么活儿都行，只要有口饭吃就行。七小姐心软，把他们一个个叫起来安慰说："只要有我吃的，你们就饿不死！你们没地方去就留在我这儿好了。"于是七小姐斗胆收留了一大批人。但七小姐尚未出嫁，手里只有母亲给的六万元嫁妆钱，她何来本事养活这么多人？而且事情被嫂子知道了，又平添了姑嫂间的矛盾。本来就已乱了套的老公馆，更是乱上加乱。

老太爷留下几多遗产

大家族台柱子一倒，最敏感的就是遗产问题。盛宣怀身后被人议论得最多的问题之一也是遗产问题。由于他钱多、地多、股票多，人们就推断他是"赃官"。

至于盛宣怀到底留下多少遗产，近百年来一直众说纷纭，有的说一千万，有的说两千万，有的说三千万……其实都是信口说说，没有真凭实据。

事实上盛宣怀去世之前立有遗嘱，将其遗产的一半拿出来建立愚斋义庄，救济盛氏贫苦人家和从事社会慈善事业。这项遗嘱的执行监督人，是盛宣怀当年老领导李鸿章的长子李经方。辛亥革命后李经方在上海当寓公，是个褪尽华彩的海上绅士。在他的组织下，成立了盛氏财产清理处，负责清理盛氏名下的所有财产，同时在盛氏去世后的第二年（即1917年6月1日），召开了盛氏五房（大房盛昌颐由其长子盛毓常为代表，二房早夭不计，三房盛同颐由其嗣子盛毓邮为代表，四房盛恩颐，五房盛重颐，六房和八房均早夭不计，七房盛昇颐）及亲族会议，成立愚斋义庄。

这个盛氏财产清理处经过两年半的努力工作，于1920年1月报出了工作成绩，认定盛氏财产至1920年1月止，总额为银元一千三百四十九万三千八百六十八两八钱五分五厘，扣除应偿款及提存各款一百五十三万二千四百五十余两外，实际可以分的财产为一千一百六十万零六千零十四两三钱八分八厘。这是当时公布于《申报》的实际数字。

另外，复旦大学档案馆里保存了一组完整的盛氏遗产清理和分配的详细抄件。这组抄件包括《盛氏公订保存遗产公约》《上海公共租界会审公廨谕》《估价清册财产总表》《各半分配清单》《五房分配清单》《盛氏遗产分析办法》《盛氏遗产拈阄仪式记录》，以及盛氏遗产清理小组前后八次会议的记录。盛氏财产清理处及财产分配监督人均有法律上的资格依据，听从会审公廨的谕令，因此应当说，清理下来的数字是有法律保证的，因而是权威性的。这个数字包括了盛氏的所有股票、房产、地产、现金和他名下的投资数额。

根据这个清理结果，1920年由盛氏亲族会议议决，盛庄氏（庄夫人）及其子息五房同意，作为十成分派，以五成作为五房分析，以五成捐入愚斋义庄，各得五百八十万零三千余两。由此可知，盛氏的后代真正继承的盛宣怀遗产，就是这五百八十万零三千余两。盛氏五房子孙，每房各得遗产一百一十六万两。

关于愚斋义庄的财产管理，经由财产监督人李经方会同盛氏五房及亲族会议商议，订立章程，成立董事会，由董事会照章永远保守，只准动用生利（即动息不动本），

地方名称	道契号数	亩　数	公估时价		
			房地	空地	
苏州路栈房	英　册 2022 号	十亩〇六分八厘六毛	十四万六千八百六十两		此项道契与三多里 3975 号道契共押德和元十万两
东有恒路	英　册 5134 号	二亩九分七厘七毛	一万八千四百二十两		
庆祥里	英　册 4709 号	四亩一分八厘	一万三千七百十两		
后里	英　册 9065 号	七亩二分一厘八毛	一万一千三百九十一两		
东效绩里	英　册 9064 号	四亩九分五厘	一万一千二百十两		
南里	英　册 2889 号	五亩九分七厘七毛	一万三千〇六十七两		
北里	英　册 9063 号	十二亩二分八厘八毛	二万四千七百九十二两		
课北里	英　册 2890 号	五亩四分六厘	三千八百十三两		
经里	英　册 9066 号	四亩七分七厘七毛			
又	英　册 5016 号	一亩九分	一万四千七百二十四两		
又	英　册 9067 号	七亩三分五厘八毛			
西墙效里	英　册 9061 号	四十五亩五分一厘	十七万八千二百八十四两		内有二亩七分二厘未计科

地方名称	道契号数	亩　数	公估时价		
			房地	空地	
三新纱厂	英　册 8500 号	二百六十一亩六分九厘九毛	一百三十九万四千〇三十六两		
又	活本		二十万两		
又	机器		六十万〇九千八百六十二两〇八分		
三新布厂	又		二十八万〇一百四十七两		
三新丝厂	又		四万七千七百二十二两		
公顺香烟厂	又		四万二千四百十九两		厂屋基地已估入三新房地之内
眉寿里	英　册 1934 号	三亩六分三厘三毛	四万五千一百十三两		
泰昌里	英　册 1736 号	三亩五分六厘四毛	三万五千五百十两		
大丰纱厂	英　册 1923 号	三亩九分三厘二毛	四万五千五百五十八两		
又	机器		八万一千七百九十三两		
麦根路二号	英　册 2265 号	三亩〇八厘二毛	四万〇〇三十三两		即现在玉佛寺中院
沁园西首	英　册 3207 号	二亩九分九厘	一万四千四百六十五两		此项产业闻已归入兼荪先生

盛宣怀遗产中地产的部分目录

不得变卖义庄财产。此财产用途的分配亦订入章程（即庄规），以其中四成作为慈善基金，四成作为盛氏公积金，两成作为盛氏家族公用。此议一出，即刻得到地方政府的好评和盛氏亲族的拥护。1921 年，经盛家远亲庄蕴宽（庄夫人的本家兄弟，曾代理江苏督军）及苏绅唐文治、冯煦、张一麐等以命妇特捐巨产等情，呈江苏督军（即省最高军事长官）齐燮元、省长王瑚，转呈北京政府，同年 10 月 31 日，由大总统颁发嘉奖令，均备在案。

1927 年秋，庄夫人去世之后，盛氏财产清理处又清理出一笔财产，估计这就是庄夫人"颐养费"的剩余部分。按照庄规，仍旧是一分为二，一半归五房子孙，另一半归愚斋义庄。愚斋义庄实得一百四十七万三千九百三十二两七钱四分九厘，加上原先归入义庄的五百余万两，合计共有七百二十七万六千九百八十九两九钱四分三厘。按说，大家按章办事，相安无事，天下太平，皆大欢喜，可是盛老四又闯祸了。

庄夫人去世仅几个月，义庄董事狄巽公、盛泽丞（即盛老四）等自行破坏庄规，于1927年11月26日，具状向临时法院提出要求将早已归入愚斋义庄的除了慈善基金以外的部分，由盛氏五房分掉，这就在家族内部引起了轩然大波。

首先七小姐不服气，这笔基金已归入公产怎么还能讨回，如果可以讨回的话，那么按照民国的法律，未出嫁的女子也有继承权，那就应该分成七份，七小姐盛爱颐、八小姐盛方颐亦应有权分到一份。于是七小姐向其四哥盛老四提出要十万银元出洋留学，谁知盛老四不同意，他自己都不够花，何来心思顾及其他！七小姐脾气也犟，你不同意那么就法庭上见！

中国第一件女权案

七小姐盛爱颐于1928年6月，把他三个哥哥（恩颐、重颐和昇颐）及两个侄子（毓常、毓邮）告上了法庭。她在诉讼状中写道：

先母于民国六年，奉先父遗命，创设愚斋义庄，以全部遗产之半作为基金，共计银五百八十万两有零，为数甚巨。成立迄今，甫逾十稔。先母于上年九月间弃养，而被告兄弟叔侄，即于本年二月间，将义庄财产之六成，约合三百五十万两，按五房平均分析，经董事会呈请钧院给予过户，而于原告应得之权利，竟置之不顾。不思在此党治之下，法律上以男女平等为原则，国民党对内政策第十二条业已确认，而最高法院迭次解释，亦根据第二次全国代表大会妇女运动决议案，明确未出嫁之女子，有与同胞兄弟同等承继财产之权……法律所赋与之权利断难丝毫放弃。前于四月十三日（下）一八九六号呈请钧院，谕饬停止执行，以候合法解决。

旋于同月十九日奉批示，如有权利可以主张，应向相对人为之，如果发生争议，只可诉请法院裁判等。原告遂即委托律师函致被告，请特此项财产，依法将原告加入同等承继。乃迄今两月，被告等仍置之不理，殊无和平解决之望。为此请钧院，迅予查照最高法院解释，判令被告将此项六成庄产，与原告重行钧分，以符合法例而重女权……另有庶出胞妹方颐一人，亦尚在室，故此项庄产，应按七份均分，原告应得七分之一，约合银五十万两。谨以此价额缴纳讼费。合并陈明，谨状上海租界临时法院。

此案在报端一经刊出，即刻引起极大的反响。因为按照中国传统的大家族析产法，女子确是没有财产继承权的。民国以后男女平等，虽然在政府法律条文上已明确女子有继承权，但真正实行起来困难颇多，得有敢于挺身而出的现代女子带头来维护自己的权益才行。因此盛爱颐打的这个官司，即为民国以来第一例女权案，它的社会意义已经超出盛氏家族的内部矛盾的范围，成为一个社会公众所关注的传统制度的改革问题，因而颇有轰动效应。此也是盛老四等人所万万没有料到的。

当时《申报》曾大段地摘刊七小姐的诉讼书，为之摇旗助威，文中还对其作了如下介绍："盛爱颐女士为已故兰陵盛杏荪之嫡女，在室未嫁，最近以弟兄分析遗产之保留部分，并不遵守党纲及现行法律、依男女平等原则办理，乃延聘律师，向法庭起诉。盛女士为国民党老党员，对于革命工作，曾迭次参与机要，先总理在日，甚为重视，又与宋氏姐妹相知甚深，故此次提起诉讼，各方均表同情。现悉该案已由临时法院定期九月五日在第八庭开审。按女子要求男女平等之财产继承权，此尚为第一起，影响全国女同胞之幸福，关系甚巨……"

关于文中称七小姐曾参与孙中山和宋庆龄的革命活动诸事，现已无从考证了，但她敢于第一个打起维护女权的官司，则充分说明了她的魄力和勇气。

9月5日开庭之日果真盛况空前，因为史称第一件女权案，不仅引起社会上广泛关注，亦引起了法律界的高度重视。到庭旁听者极多，名律师江一平、詹纪凤亦到场旁听。七小姐未出席，而是请律师陆鸿仪、庄曾笏为之代理。盛老四亦未到场，也是由律师代理。七小姐的律师陈述案情后，盛老四的律师继起反驳，主要理由是，盛宣怀是

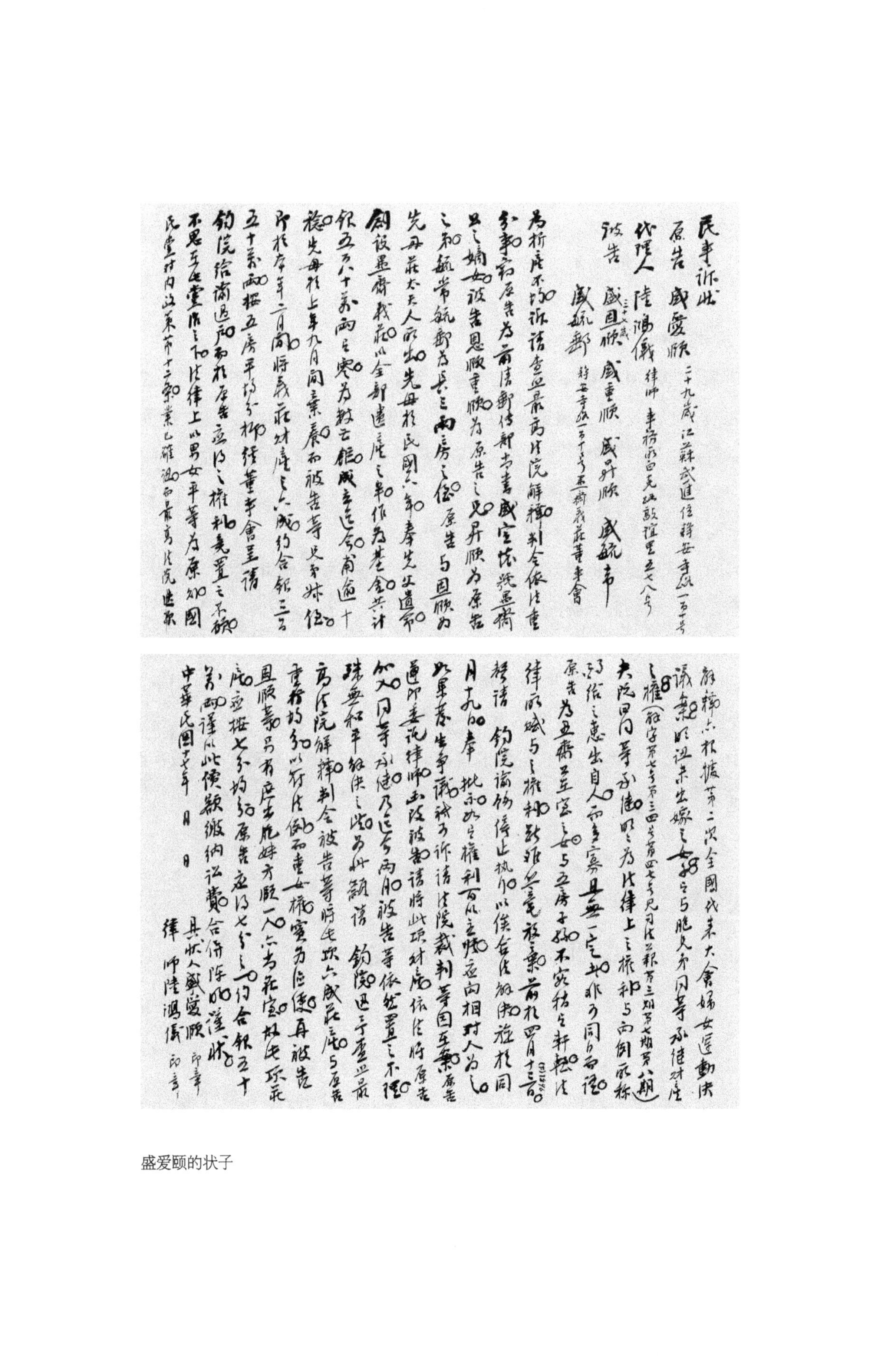

民事訴狀

原告　盛愛頤　二十九歲　江蘇武進　住持志安李廠一五十號

代理人　陸鴻儀　律師

被告　盛恩頤　盛重順　盛昇順　盛毓甫

為析產不均訴請查照……

1916年去世的，从那时起就有了继承权的问题，就有了财产分配问题，然而那时并没有关于男女平等的法律条文，所以盛爱颐不应具有分得遗产的权利等。接着又有盛重颐、盛昇颐、盛毓常的律师出场，一致反对盛爱颐有继承权，盛毓邮的律师未出庭。后来盛恩颐同意分给盛爱颐十万元，但其他几房仍然不同意，于是法庭展开调查、辩论后，宣布"候定期宣判"。

一个月后，法院的判决书下来了，宣告盛爱颐胜诉，应可分得遗产五十万元。这一消息不仅鼓舞了七小姐，八小姐见事有可为，亦大着胆子，也向临时法院递上状子，要求法院判决她亦有同样的财产继承权，法院请张正学推事承审。开庭审理时，八小姐本人不到场，请律师代理，而被告的五房亦多不到，双方均由律师代理。律师们唇枪舌剑，各执一词，让旁听者又看了一场精彩的"好戏"。

租界临时法院自是同情盛方颐一方，不久即宣布盛方颐亦胜诉，也应当分得该项遗产的七分之一。据说七小姐和八小姐为此官司付出了很高的律师费，但毕竟打赢了官司，拿到了自己应有的份额。

然而愚斋义庄的这一部分基金毕竟是订入了"庄规"的，而"庄规"规定不许分析，也不许变卖。现在北洋政府倒了，国民党来了，盛氏兄弟以为有空子好钻，谁知国民党比北洋军阀还要厉害，在盛氏兄妹的官司尚未完全搞定时，竟来宣布查收那四成慈善基金了。

民国政府再次捡走"皮夹子"

正当盛氏兄妹忙于打官司之时，地方绅士吴培钧向江苏省政府"参"了他们一本，认为愚斋义庄的财产不应当准许他们分析，而应请省政府加以制止、查办。江苏省政府遂派孟心史为查办本案的特派员，又委派李时蕊律师全权代理，依照法律程序进行查办。

江苏省政府最初的意见是：永远禁止他们分析义庄财产，由省政府加派委员，会同管理，每年子息仍照原庄规分配。然而此时不知是谁出了一个新主意，正中省政府的下怀，于是一波未平，一波又起。

盛氏子孙五房执意要分掉的是愚斋义庄财产中的六成，因分配不均，引起了七小姐与八小姐前来打官司。然而愚斋义庄还有另外四成财产呢！盛氏子孙见省里派人来查办，禁止分析，于是赶紧讨好省政府，声称愿将义庄内的其他四成全数交公！不仅如此，还愿把庄夫人遗下的颐养费的一部分，以及愚斋藏书楼的藏书，全数捐献。言下之意是，此四成交公，你们千万不要干涉我们那六成的分析就好了！而这么一来，整个愚斋义庄岂不就不复存在了吗？愚斋义庄的董事狄巽公不服气，他拒不交出账册，还到租界的临时法院去讨公道。于是江苏省政府与临时法院又有了矛盾，江苏省政府与义庄更是矛盾突出，最后弄到江苏省政府主席钮永建出来发话的程度。钮永建当然是主张四成归公的，义庄存不存在，与他何干！

钮永建训令特派员孟心史的文件被披诸报端，文中有称："查愚斋义庄四六分析办法，系该董事会及盛氏五房一再坚持请求之结果。四成财产（即本属于慈善基金部分），系纯粹公有之慈善基金，非复四六混合，盛氏子孙尚有多数持分时可比，在四六未分以前，依照愚斋义庄庄规组织之董事会，其主要任务在代盛氏保管私财、分配人款。关于慈善事业，向由广仁堂专管，故管理方法、董事人选应依庄规办理。现在既已分析，原有庄规已根本消灭，而依庄规组织之董事会，当然失其存在之依据。盛氏五房既各将所属私财自行分管，即为不复信赖该董事会之明证。其公有之慈善基金，关系社会公众，保管方法当然另行规定，保管人员当然另行选定，岂能任已失根据之盛氏管理机关，长久把持之理？此种办法，本府早经决定，本年二月七日，电上海临时法院李时蕊律师转知遵照令内，即经声明四成慈善基金，候令行特派员遵照执行。据呈，已遵令并抄七条办法给谕，于六月七日送达愚斋义庄董事会，遵照该谕揭明，派员接收四成慈善基金之决议。又有七条办法，规定四成慈善基金分属公有，已与盛氏无涉，应由省政府筹设保管机构负责办理。又载明保管规程，由省政府议定公布。同时即照该规程组织保管机构，负责接收、保管全部财产等语。本政府对于四成慈善基金地位之规定、及将来之措置，已巨细不遗。该董事会自接收前项院谕之日起，即应知其管理财产之地位早因请求分析义庄、打破旧有庄规而消灭了，其消灭之后之办法，又经本政府慎重议决，详细声明，应即静候派员接收办理。今据来呈，尚欲借口诉愿，要求中止进行，意在抗拒接收……借词躲闪，所引各种法例。该义庄庄规及董事会既早经消灭，法律上即无此财团法人。无论如何规定，均非该董事会所能适用，属无权代理，何得滥引不相属之案例，资为抵抗？所请断难准行！……合亟令仰知照，着即查照前案，通知临时法院，克日严厉执行，勒限交收。倘敢故违，应即拘传各董事本人到案，勒令移交，毋任玩延，以重公产，切切此令。中华民国十七年十月廿四日，江苏省政府委员会主席钮永建。"

如此看来，省主席大人已经发火了。那四成义庄慈善基金即二百三十余万资金，绝非小数，省政府是志在必得了。此时，盛家子孙已拿到了义庄资产的六成，其余四成任省政府与义庄董事会吵架去，至于义庄还存不存在，盛老太爷的遗嘱能不能贯彻，似已无人关心了。

省政府当然比义庄董事狄巽公的手段要厉害。在勒令他们限时移交的同时，又下谕文给招商局和仁济和保险公司，因为义庄的资金很大一部分是招商局、汉冶萍和仁济和公司的股票，四成慈善基金中有汉冶萍股票五万三千九百五十六股、仁济和股份三千七百股、招商局股票四千四百股。省政府即下令这些公司将这些股票一律冻结，不许买卖、转让、提息，一切候省政府派员来接收。如此一来，狄巽公等还有什么法子呢？

1928年年底，江苏省政府白手捡了一个大皮夹子。至于此项基金后来的命运，现在恐难查证清楚了。愚斋义庄自然寿终正寝。这样一个"四六分析"的结果，如果盛老太爷地下有知，不知该作何感想！

关于盛宣怀的愚斋藏书楼的藏书，盛家后人确实是捐给民国政府了，共有十余万卷。民国政府接收后来了个"三家分晋"，一份给了圣约翰大学，一份给上海交大，另一份北上山西，因孔祥熙的大女儿孔令仪在山西铭贤学校当过校长，就被她争取了去。这些书在解放以后院系调整时又作了新的调整。上海交大所得部分转给安徽大学，现仍存该校图书馆；圣约翰所得部分调拨给新成立的华东师大图书馆；山西铭贤学校校址后来成为山西农业大学，那部分藏书就随之归入山西农大。华东师大得到圣约翰藏的愚斋藏书后，曾于50年代组织人力整理、编目，发现其中仅地方志就有六百多种，海内孤本达七部，其中《三山志》为存世的唯一一部。另外三百多部医书中，有三十余种是海内外早已失传了的孤本医书。那个年代讲究互相协作，大公无私，因华东师大无医学院，就把这三十余部孤本古医书送给了上海中医学院。中医学院不乏识货的老中医，认为这是一批罕见的国宝，立即报告了院党委，院党委立即召开全校师生员工大会，以示庆贺。中医学院还请华东师大图书馆的领导和专家与会，台上人欢天喜地，台下的华东师大诸位专家心里则不是滋味，后悔莫及啦。

现华东师大图书馆有愚斋书库，专储盛氏藏书，为"三家分晋"时最大的一宗。这批藏书经该馆古籍部专家精心整理分类排架，重制函套，在教学科研中发挥着应有的作用。

野火春风

上海滩最后的"小开"

前几年《收获》杂志刊出孙树棻先生的一篇文章，题目叫《豪门的衰败》，讲的是盛氏家族抗战胜利之后的衰败景象。文中说，他家与盛家是远亲，有一次母亲叫他去给这个亲戚家送点东西，他因此第一次踏进了盛公祠的大门。

盛公祠位于现在的北京西路万航渡路路口，在汉冶萍公司上海俱乐部旧址的旁边（现已拆，建了交通银行大楼）。孙先生走进去，发现房子和大门都已经非常破旧，墙头和屋瓦上长了挺高的草，大殿被木板分隔成若干间小房间，中间一条阴暗的走道，两边排列着许多小门。每个小门的门口都堆放着煤球、炉子、柴火筐和乱七八糟的东西，小门里则挤满了盛家的穷亲戚。这些住户潦倒不堪的窘状，恰恰衬托了房子的破败，给人以落日黄昏的无限惆怅……

这幅难民营般的画面，是笔者所见到的关于盛公祠的唯一记载，想不到竟是这样！昔日的荣华富贵，对盛家大多数人来说，已是一个梦了。

笔者曾在胶州路的一个亭子间里，与盛四小姐的长房长孙邵祖丞先生（邵洵美的大儿子）把盏共饮。邵先生当年是个很"海派"的人物，曾与朋友合伙在淮海路陕西路路口，开办一家专售外国唱片的音乐商店，凡是西方的音乐、美术、文学、语言，他均能"一触即发"。他平时西装革履，海外新潮无所不知，在时代中学教英语时全部用英语教课，是一个浑身上下都很挺括的小开。然而退休之后他仅靠为学生补习英语贴补家用，笔者见到他时，他的居室最多只有十平方米，岁月已把这位盛、邵联姻的公子哥儿，塑造成一位"亭子间老伯伯"了。

讲到家族后来的灾难时，邵先生显得出奇地洒脱，他说："六十年风水轮流转嘛，盛家和邵家的风水大概已转到别人家去了。人家说'富不过三代'，盛、邵两家到我这一

最后的小开邵祖丞（右）与吴
立岚

代的上半期，已富了四代人了，再往上一代也算是富有的，所以严格来说，我们已富了五代人了，大概应该吃点苦头了吧？人家说'便宜不可以沾尽'，到了我们这一代，大概就该着把便宜还给人家了……"

以这样的豁达来解释家族的盛衰，笔者还是第一次遇见。他在电话里为笔者指路的时候，语气也是一样的平静："您到了胶州路从我们弄堂走进来，会遇到一个大铁门，那大铁门您不要进去，而要走那旁边的小弄堂，进来向左拐，然后再向右拐，然后再向右拐，一定要找到后门，反正您若找不到号码就问问人家……"

当我走上那摇摇晃晃、阴暗、逼仄的小木楼梯时，才明白他的处境，那是一个躲在闹市一隅的、几乎是个被遗忘了的角落。回想起以前看到的，从外国报刊上翻拍下来的静安寺道台花园的照片，再举头叩开那扇亭子间的小门，豁然洞开中的邵先生，简直是位历史导师了。

在谈到这"风水"在"转"的过程时，邵先生讲了很多场景。他故意把悲凉的故事说得"味淡"一些，轻松一些，尽可能不让听者伤心。他说50年代时，国家要把时代书局公私合营，或者派一名党员干部进来当领导。那时书局已与有关银行家共同主持，那些银行家不同意合营或让党员干部来当第一把手。那时时代书局很有特色，出版马列主义的书，也出纯文艺作品。"但不晓得怎么回事，后来有人在《人民日报》副刊上写文章骂我们书店，一周一篇长文，都是半版或整版的大块文章。他们这么一骂，我们的书店名声就坏了，书店办不下去了，只好乖乖地交给国家。"

他讲到他父亲邵洵美到了晚年，肺气肿病很严重，家里被抄得家徒四壁，又被扫地出门，曾住在原先他"顶"下来的一间房子里，父子俩一个睡床上，一个睡地上，相依为命。那时多亏华东师大的施蛰存先生，每月寄五十元钱来，等于救了父亲一命。"没想到后来，姚文元居然也救过家父一次。那是'文革'以后揭批'四人帮'时，报纸上登出了姚文元的十大罪状，其中一条是包庇邵洵美。说是1968年，北京的红卫兵本来要把我父亲拖到北京去批斗的，不晓得怎么搞的，居然是姚文元出来制止的，红卫兵没得逞，就是'包庇'了这么一回。其实那时我父亲都病得快要不行了……"

讲别人还能具体，讲到他本人，邵先生总是一带而过。"我嘛，'历史反革命'，是沾了我父亲的'光'，50年代我父亲被抓进去时，我也倒霉了，发配农村劳动改造三年零两个月。我父亲放出来了，我也可以回家了。'文革'中亦是批斗对象，扫地出门……"说到这里他不再深入下去，或许一扯开的话，"味淡"的气氛就会被破坏了。话头一转讲到他的亲戚："我的情况还算是好的吧，命没有送掉。我的一个表嫂，'文革'中从济南回上海，正碰上聂元梓组织什么'南下兵团'南下上海点火，叫火车上出身不好的人都前去报到。我表嫂人老实，也去报到了，结果一车厢的'牛鬼'，都被红卫兵用铜头皮带打死了，家属去认尸时几乎认不出了，还是从那只在瑞士定做的手表上认出来的。"

他说的这位表嫂笔者也略知其人，名叫聂光锡，是中国老一辈的银行家、原中国银行副总裁聂其炜的女儿。她的爷爷叫聂缉椝，是中日甲午之战时的上海道台；她的祖母是曾国藩最小的女儿曾纪芬；她的丈夫蒯世京是上海杨树浦发电厂的总工程师；她的婆婆是邵洵美的堂姐，即邵颐与李夫人生的女儿邵畹香，也就是那个致使上海"杨庆和"银楼倒闭的蒯太太。蒯世京的爷爷也不含糊，是清末京城里有名的清流蒯光典……"风水"转到聂光锡，已无甚夺目之处了，她是个准家庭妇女，只因家庭出身有"问题"，竟遭如此毒手！这个骇人听闻的事件因在"文革"初的天下大乱时期，"革命风暴"席卷全国，媒体上亦未曝光。

作为盛四小姐的孙辈，比邵祖丞更"背运"的还有，邵式军的儿子邵立便是一个。

那年邵式军公开投共后，其妻蒋冬荣先是被国民党当局关押，后来保外就医住在医院里，财产被抄没，他们的两个孩子邵立、邵蓓蒂姐弟俩只好寄居在外祖母（蒋冬华的生母陈氏）家里，那时邵立才六七岁。人所共知的是其父邵式军是大汉奸，而他后来投奔解放区却很少有人知道，所以父亲走后，两个孩子仍然"享受"了大汉奸儿女的"待遇"，在里弄、学校里处处被人唾骂、扔石头，回家又不敢对大人说，只能晚上躲在被子里偷偷地哭。

解放初的一天，父亲终于穿着一身解放军军装高高兴兴地回来了，家里顿时热闹了起来。谁知好景不长，"三反五反"中，邵立在济南，眼睁睁地看着父亲被人五花大绑押走了，后来听说是怀疑他贪污。回到上海，他把事情跟母亲一说，母亲是个急性子，一时想不通，急火攻心，不久就病故了。后来上级宣布对邵式军的审查结束，证明无罪，官复原职，可是过了没几年，又来了一场审查、抄家、关押，直至1958年冬天，邵式军被宣布正式被捕，判刑七年，押送山东广饶县劳改农场服刑。本来好歹还当了几天高干子弟的邵立，一下子又跌入了"反革命家属"的深渊。这个深渊对他来说是将近三十年的痛苦岁月，占去了他全部的青春岁月。

1959年邵立高中毕业，他没有听从父亲不要从文的劝告，立志非艺术院校不读。他的姨妈蒋冬华一生未嫁，也没有正式工作，就把邵立当成了自己的儿子专心培养，把她所有的艺术才华都传给了这个外甥，所以邵立不仅钢琴弹得好，绘画、文学、英语都很出色，立志报考电影艺术学院。为此，他在图书馆苦苦泡了一年，1960年，考取了上海电影专科学校电影文学专业。谁知，邵立和姨妈高兴了没几天，校方却又发来一张"自动退学证明"书，劝其退学。邵立不同意，跑去问校长。校长当然不会说因为出身不好，将来不适合做宣传工作，但对付一个小青年还不是件容易事？何况又是邵式军的后代！邵立只能流着泪，告别那所本已跨进又被推出来了的艺术殿堂。

为了生活，邵立凭姨妈教给的钢琴技艺，在一所中学当音乐代课教师，同时跟施济民先生学习英语，谁知竟招来一场大祸。

1962年正值三年困难时期，台湾那边蠢蠢欲动，国际形势也变幻莫测。这一年，据说从内地逃往香港的人特别多，有关部门对上海社会上各种英语补习班就特别注意。施济民先生是"右派分子"，家庭背景也较复杂，他辅导的五个学生竟然个个都有海外关系，尤以邵立家庭问题最为严重，因其父正在广饶县服刑。人们按那时的逻辑来推理：既然你父亲在服刑，你还要申请去香港，这里面难道没有里通外国的因素？学英语的人平时都爱用英语交谈，有时也会交流一些街上听来的小道消息，于是就更加被人怀疑，认为他们是搞反革命串连。终于，1962年11月4日晚上，公安局来人了，宣布邵立被拘留审查，最后以反革命罪判劳教两年，送大丰农场劳动改造。想不到此去竟是二十三年！

来到农场，邵立听别人讲，像他这样家庭背景的人犯了政治案件，稍有不慎就会罪加一等，因此他必须处处小心谨慎，夹紧尾巴做人，只希望两年中不要再出什么意外，熬过两年即可回上海了。

可是"意外"还是出现了，而且是父子两人的意外。他父亲在山东劳改中，没能熬过最后一年刑期，于1964年去世了；而他自己，在农场的社教运动中，意外地被宣布为"反革命分子"，这么一来，他自觉无出头之日了，那时他才25岁。听到这个消息，他顿时目瞪口呆，脑海里只闪过一个念头，就是死。可是那时的邵立，求生不易，死亦难成，他被人日夜监视着，连半夜如厕也有人跟随。这种被人监视的感觉后来几乎成了他生命的一部分。若干年后他获得平反，那时早已心如死灰。有一天他走到室外，突然发现身后不再有人监视了，才意识到自己真的获得自由了，那一刹那，他陡然觉得天空是那么高，大地是那么广啊！

1966年，对邵立来说是大喜大悲的一年。喜的是一位"根红苗正"的姑娘蒋文姬爱上了他，尽管姑娘的家长极力反对，领导们也苦口婆心地劝她不要跟邵立好，因他是反革命。可是姑娘相信自己的眼光超过了任何说教，她表示非邵立不嫁，宁可与娘家人决裂。这使邵立感动得泣不成声。那年春天，新郎新娘搬进了一间由猪棚改造成的"新房"。

邵立的命中似乎不能有太高兴的事，常常是一件好事后面，马上要跟来一件不幸的事。没多久，上海传来了噩耗，姨妈蒋冬华病逝了，邵立悲痛万分。然而不久后"文革"大潮掀起，他又为姨妈能幸免遇上那场灾难而庆幸。十年浩劫，邵立夫妇所遇到的种种事情，就更离奇了。

1967年秋，蒋文姬生下一个男孩，取名邵宛誉。小毛头长得虎头虎脑，夫妻俩喜不自胜。也许是蒋文姬劳累过度，产后无奶，孩子又患上奶痨，小生命危在旦夕。农场的医疗条件太差，回上海医治吧，因当时各地武斗正炽，江苏多处地方交通阻塞，军代表已禁止所有人员赴沪探亲。但要给孩子看病怎么办呢？蒋文姬只好抱着孩子跪在农场干部面前，求其开张路条，急赴上海给孩子治病。领导很为难，这母子是"四类分子"家属呀！谁批准了，谁就要承担"右倾"的风险。就这么一张路条，又成了一桩不得了的大事情。后来，还是一个名叫粘洪兴的老干部，在军代表面前拍胸脯作担保，给蒋文姬开了路条，农场的朋友们又凑了十元钱作路费，蒋文姬得以匆匆赶到上海，孩子总算得救了。邵立得到儿子脱险的消息后，深深地吐了一口气。他说这是他到农场后，最为刻骨铭心的一件事。

1979年，刘少奇同志得到平反，邵立在听中共中央文件传达时，突然听到了文件中有邵式军的名字，顿觉心跳加速，当即意识到，压在身上的沉重的十字架大概快要被掀掉了。他欣喜地对妻儿说："春天来了！"果然，1980年春，他被聘为农场中学的英语教师。1982年秋，山东省济南市人民法院正式为其父邵式军平反，恢复名誉，恢复政级，邵立与其堂兄邵林赶往济南，办理善后，领了一纸"革命工作人员死亡证明书"。不久，邵立本人的冤案也得到了纠正。1986年，他们夫妻带着儿子，终于结束了二十三年的流放生活，正式回到上海的家，那时儿子已18岁了。

以后的日子，就像一只小船终于冲过了激流险滩，开始驶入宽阔而平静的海面一样，尤其是他们的儿子邵宛誉，不久后即东渡日本，求学自立，后来成为日本三昌株式会社的高级职员，已能派大用场了。

邵立夫妇在大丰农场

邵立夫妇与儿子邵宛誉

　　盛家毓字辈的老大哥盛毓常，是在老太爷被任命为太常寺少卿的年头出生的，所以叫毓常。他的父亲是颐字辈的老大哥盛昌颐，可惜不长寿，四十几岁就去世了，所以毓常也是个先甜后苦的"命"。要说背运，他在解放前就已背运了。

　　当年分家时，毓常作为长房长孙分得了一大笔祖父的遗产，其中有闸北区乌镇路的一片土地（查现存复旦大学档案馆内"盛家析产文件"的抄件，的确有乌镇路空地二亩六分四厘）。毓常后来又买下了周边的一些地皮，在上面造了三百六十栋石库门里弄的房屋，组成了毓常东里、西里、南里、北里、总里。那时那一带尚未开发，离市中心较远，隔了条苏州河，上面又没有桥，为便于地区的开发，毓常在河上造了桥，就是乌镇路桥。乌镇路桥建于1929年，原先是木桥，抗战中毁于"八一三"战火，抗战胜利后由国民政府重建时，改为钢筋水泥桥。据盛毓常的儿子盛承懋先生回忆说，其父非常用心于这个小区的建设，不仅每户都安装了抽水马桶、洗浴设备，还仿照英国人的样子在小区里设置了救火会，有十几个人供职，随时应对火警。

房子造好要出租营业了，毓常的奶妈丁氏就说："这么一大片房子，得找个可靠的人来管理，就让我二女婿来帮你管吧。"毓常不好意思推托，只好交由她女婿去管。可是几年下来收到的房租，盛家一个子儿也没拿到，都被这位"可靠的人"挪用掉了。后来毓常成立了毓常地产经理处，亲自掌管房地产经营，可是也没管好，或许是不善经营的缘故。不幸的是1937年日本人轰炸闸北的时候，乌镇路的房子正当其中，损失惨重，三百六十栋房子只剩下二十栋。

盛毓常还有一次重大损失与日本人直接有关。他所继承的祖上遗产中，有一部分是盛宣怀的收藏品，其中最著名的一件瓷器是被誉为"雨过天晴"的宋代宫廷之物，据说是慈禧太后赐给盛宣怀的。另有字画、印章、碑帖凡数百件。抗战前夕，毓常带着盛家大管家宋德宜的儿子宋治钧，把这宗文物带到日本东京，准备举办一个展览会。帮他具体办事的是一个日本籍牙科医生，名叫奥田。这个牙医又认识藤山爱一郎（当过日本外相），在藤山爱一郎的帮助下，展览会得以如期举办，藤山自己还买了几样东西。谁知此时毓常收到了私人律师卓腾干从上海拍来的电报，说是有急事请他速回签字。毓常想，反正签完字再来日本亦可，于是把宋治钧留在东京，他自己先回上海。

然而到上海后很快"七七"事变爆发，中日开战，他想去日本也去不成了。滞留日本的宋治钧眼看上海已打仗，日本人亦不许他久留，就赶紧把文物全部装箱封好，寄存在东京一个叫龙名馆的旅馆里，自己匆匆赶回了上海。可惜从那以后，这批珍贵的文物就失踪了。

Ⓤ　盛宣怀的长房长孙盛毓常

Ⓓ　盛毓常的夫人王碧芙

英文画报上刊出的盛毓常家眷与轿车

有人传说，美国人轰炸日本的时候，东京一带遭到狂轰滥炸，房子已成废墟，东西全都损坏了。也有人说，其他文物尚不清楚，那只"雨过天晴"的瓷器在那个牙科医生手里。又过了一些年，宋治钧在街上的书店里，看到一本柯罗版印刷的元代的碑帖，似曾相识，翻开来一看，上面果然印有盛家的图章，于是跑来对盛家人说："这本碑帖原先是盛先生的，现在被印出来，说明尚在人间，未被毁掉，应当抓紧查一查。"可是那时还是兵荒马乱，毓常没有力量再与日本人较劲了，眼睁睁又损失了一大批财产。

前些年，国内兴起对日战争索赔运动，盛家后代旧事重提。毓常的女儿盛瑛曾设法与当时仍在世的藤山爱一郎联系过，对方有回信，承认有过此事，也办过展览会，他还写过对这些展品的总体介绍，可是对于展品的最后下落，他也讲不清楚了。

巧的是改革开放以后，毓常的后代中有人到了日本，并且专程去了东京。他们自然对当年的事情怀有疑虑，结果发现那个龙名馆旅馆居然还在！这就为这宗文物的下落，多了一丝令人兴奋的线索。于是，毓常的夫人王碧芙女士写下委托书，托一律师继续调查。直到现在，事情仍没有眉目，而毓常本人早在1966年2月就去世了。只是人们在感慨他经济上的"背运"时，接着又感慨他的"幸运"了，因为他毕竟去世在"文革"之前呀！

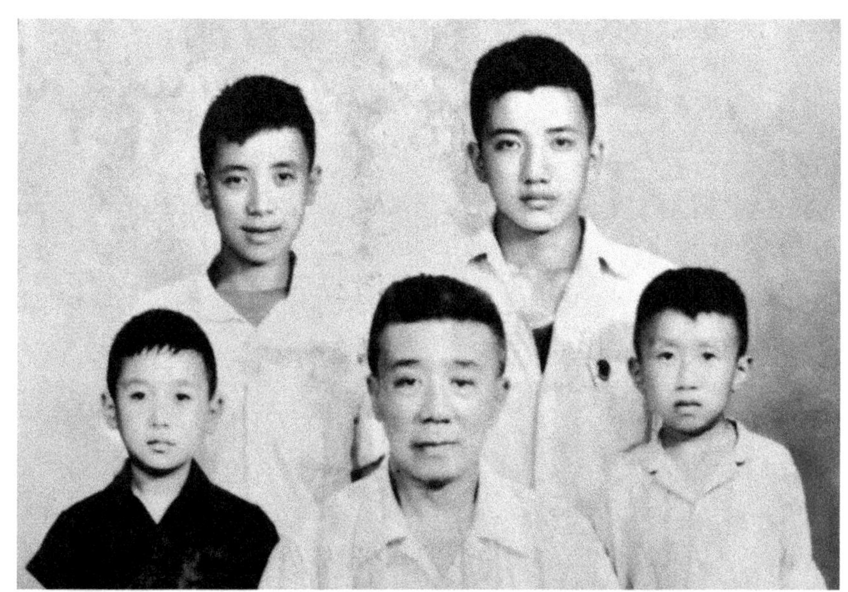

 盛毓常（居中）与四个儿子后排右起盛承志 盛承惠 前左盛承宪 前右盛承懋

 盛毓常的儿女，前排左起：盛琪、盛承志、盛瑛、盛玮；后排左起：盛承懋、盛承珏、盛承宪

盛毓常早年没有孩子，领养了两个，其中一个在上海震旦大学读书时加入了中共地下党，后来成为著名法学家，名盛愉。盛毓常自从娶了王碧芙后，陆续生了八个孩子，四男四女，儿子是盛承志、盛承惠、盛承懋、盛承宪；女儿盛承璞（盛玮）、盛承琦（盛瑛）、盛承瑁（盛琪）、盛承珏。经过抗战八年和四年解放战争，盛家大房到了他们这一代，祖上留下的"老本儿"差不多已经吃光了。在儿女们的记忆中，小时候父母总在为家里的经济犯愁，到了40年代末期，已经不得不卖卖当当过日子了。盛承懋在他的回忆录中写到，那时常有收购旧货的人到家中来，但是解放初所有的奢侈品都身价大跌，一只红木凳子才卖一元钱，以至于到了开学的时候，父母还要为他们的学费颇费周折。不得已，老二盛瑛放弃了学业，较早参加了工作，每月把工资的八成寄回家，贴补家用。

1952年，为了节省开支，他们全家搬到了苏州。在极左的"唯成分论"尚未泛滥成灾的时候，有关部门没有为难他们，从现实出发，给予他们兄妹甲等助学金资助，使他们均完成了中学学业。盛家人个个学习成绩优秀，最终，盛琪考取了华东师大；盛承志高中毕业后入伍，先是进入南京军事学院学习，1958年又考取哈尔滨军事工程学院；盛承懋考入北京师范大学。轮到盛承宪、盛承珏考大学时，"文革"爆发了，他们只有自学成才。自然，在后来极左路线占上风的时候，仅仅因为家庭出身问题，他们又遭遇了很多磨难。现在，真的"雨过天晴"了，过去的磨难反而成了精神上的另一种财富，他们比一般豪门子弟活得更加充实，更加自信。

宠辱不惊盛毓邮

笔者2000年在东京见到盛毓邮先生时，老人家已九十高龄了。

那天盛毓邮先生的小儿子盛承兴先生——一个大半辈子生活在日本，却能说一口地道上海话的中年实业家，开着他那带"天窗"的漂亮轿车，带笔者去见他的父亲。

盛毓邮是盛宣怀的孙子、盛老四的大儿子。他出生在一个意味深长的年头——1911年。这一年既是盛宣怀官至邮传部尚书（即交通、邮电部长），发达到了极致的年头，又是盛极转衰，盛家开始走下坡路的年头。虽然其祖父为其取名"毓邮"，小名"传宝"，但老人家邮传部尚书的位子只坐了十个月，接着就爆发了辛亥革命……所以从他出生开始，就一直生活在一种盛极转衰、日薄西山的家族氛围中。他是这个家族九十年间的历史见证人，又是一个穷则思变、东山再起的成功的实业家，是盛家一道特殊的风景——一位不可多得的、颇具传奇色彩的老人。

车子在东京市区南部的小山上蜿蜒，绕到王子饭店后面的一片幽静而典雅的住宅区，在一幢精致的小楼前停下了。门帘自动卷起，车子入内停妥后，我们从一侧的电梯上去，升至三楼，就是大客厅了。

一壶酽酽的茶早在等候了。从客厅沿墙一圈皮制的大沙发看，可知这儿常年高朋满座。不出笔者所料，眼前是位非常慈祥、第一面即令人生出信赖感的老人。宽宽的额头、四方脸型，相貌酷似其父。我们像是老朋友似的，很快就进入了主题，历数盛家的陈年旧事……令笔者感慨的是，老人面对家族的兴衰，有一种现代人少有的坦率与真诚。他没有一般豪门子弟刻意为其家

（上）盛毓邮少年时参加了童子军

（下）青年盛毓邮在老公馆

族隐恶扬善的旧习，更没有纨绔子弟的虚荣和玩世不恭，那平静而坚定的语调，来自他内心的真诚。

谈起他的祖父，老人家依然充满了崇敬与自豪。他认为他的祖父之所以了不起，是因为他在一个封建末世图振兴，在一个农业国家办工业，处在一个弱国的地位与洋人抗争……

40年代后期，盛氏家族已全面衰落——盛宣怀的几个儿子当中，连财大气粗的盛老五、盛老七，也先后在上海和香港生意失利，迅速地走向暗淡；盛老四把自己的那份家当花完了，再花大儿子毓邮的钱；盛毓常连遭两次大的经济损失，手里的钞票已所剩无几。小姐当中，除了五小姐嫁的林家（林薇阁）在台湾尚有一批企业外，七小姐和八小姐日子都日趋艰难。七小姐的丈夫庄铸九曾投资静安寺百乐门和一个轮船公司，但都经营得不太顺心；八小姐的丈夫彭震鸣原本就没有什么经营，坐吃山空的日子自然分外凄凉。四小姐夫妇早已去世，几个儿子的命运，均在一波三折之中……盛毓邮的中年时代，正是面临了这样的家族背景。

毓邮在大家族析产时，分到了总价为一百一十六万零五百八十六两银的祖上遗产，其中包括三新公司、客利房产合股、沁园房屋、泰吉里、郑家木桥、东有恒路地块的房地产，还有上海、南京、汉口、武昌等地的空地，以及中国通商银行和扬子公司的股票若干。这个时候他才9岁，就已经成了百万富翁！按说他是第三代，1920年分家产还轮不到他，但是因为盛家老三盛同颐早逝无子，盛毓邮被过继给了盛同颐，于是继承了三房的份额。

9岁的孩子自然还不会花钱，那么就由他父亲来"帮"他花。所以后来毓邮对人说，他最怕父亲请他吃饭，或者是为他做西装，因为吃完了饭、做完了西装就要向他借钱。自己的父亲嘛，不借是不行的，但是总是有借无还。

盛毓邮是盛家哥儿们中最用功的一个，在上海圣约翰大学毕业后又留学英国曼彻斯特大学读商科，回沪后打理自己的产业。他平时有两个跟班，一个叫大董，一个叫小董，都是他祖父盛宣怀的原配夫人董夫人的本家人。但是很快抗战爆发，进出口贸易做不成了，只好坐吃山空，静观待变。这期间，他最开心的一件事就是他的婚事，盛毓邮娶了一位漂亮小姐为妻，在静安寺百乐门办了一场规模空前的婚礼。新娘子是宜兴

盛毓邮、任芷芳订婚照

望族任家的小姐任芷芳，端庄典雅，温婉可人，典型的一个东方美人。

宜兴任家也是江南著名的大户人家。祖上读书做官、骑马打仗，为清廷立下汗马功劳。朝廷赐以办盐的肥缺，由此发家。任芷芳的曾祖父任道镕（字筱沅，号寄鸥）当年是李鸿章的哥儿们，与盛康、俞樾都是至交，拔贡出身，跟李鸿章一样，原在京城当官，太平天国打到江南时，他也是被朝廷赶回老家办团练的文官之一。李鸿章同治年间剿捻的时候，他成了李氏麾下的一员骁将。《清史列传》中表扬他："（同治）二年，擢直隶顺德府知府，时捻氛北窜，顺德适当其冲。道镕勇督驻守沙河，挥众突击，破悍贼，获其酉朱学孟，贼遁去。以防剿功，升道员，加盐运使衔，赏戴花翎。方军兴时，客兵过境络绎，道镕择适中地，备粮转运，使无缺乏，而民亦不扰。"文里讲的全是优点。

他还是一个治河能手，洛河在他的主持下，疏浚畅通，得良田万亩，因此后来还当过河道总督。同治十年他当直隶保定府知府时，李鸿章是直隶总督，正是他的顶头上司，对他印象不错。光绪七年他升任山东巡抚（相当于山东省长），二十七年又调任浙江巡抚，一路青云，无灾无难，想必一方面是由于本人努力，办学堂、治武备、赈恤灾区，政声挺好，另一方面与李鸿章的"敲边鼓"，恐怕也不无关系。

任道镕与李鸿章挺投缘，后来就成了亲家——李鸿章把小女儿李经溥嫁给了任

盛毓邮、任芷芳婚纱照

家的九公子任德和。婚后他们先是住在苏州铁瓶巷，那是任氏家族在苏州的大本营，后来来到上海，住在文监师路一处有走马楼的大房子里，抗战爆发后搬到上海静安寺的愚谷村。任芷芳的祖父与任德和是亲兄弟，小孩子便管两位老人叫九公公、九婆婆。当然这是按任家的名次排法；若按李家的排法，李经溥大，排行老六，所以李鸿章的曾外孙女张爱玲等还是按照李家人的排法，叫他们六姑奶奶、六姑爷爷。

九公公和九婆婆喜欢养金鱼和波斯猫，院子里放着好多养金鱼的大缸。他们还喜欢江南丝竹，家里每周都有丝竹会，请艺人到家里吹拉弹唱，欢迎亲戚朋友前去听，任芷芳的父母常带了她们姐妹前去。每年过年和过生日也是必定前去的，在他们家里，任芷芳还见过张爱玲和她的父亲。九公公、九婆婆很喜欢任芷芳，因她从小聪明又乖巧，很讨老人的欢心，若干年后任芷芳嫁给盛家孙子盛毓邮，还是两位老人给提的亲。

不过任德和这位九公公性格有些怪癖，的确有令人喷饭的历史记录。任文若老人（任芷芳的弟弟）回忆说，任德和住在苏州的时候，家中有钱，并不做事，有名士派头。他对穿着并不讲究，走在马路上谁也看不出他的身份，但说起话来从不肯饶人，一辈子端着贵族的架子。有一天他一个人在苏州观前街上溜达，看见一家店里刚进货进了一套消防水龙头，当地人称之"火龙"。因带着长长的管道，在店堂里摆了一地。他从旁边路过觉得好奇，就凑上去看。店伙计势利，看他穿得随随便便的，还以为是个穷人，就拿话逗他："看什么看？有本事花钱买回家去！"任德和大少爷一个，哪里听得这种话？他气呼呼地说："你当爷爷我没钱买吗？老子买给你看看！"回家就叫账房开了支票，去把"火龙"买了回来，在客厅里堆了一地。其实买回来什么用也没有，就算是家用消防吧，光有水龙头也不行，那时他家还没自来水呢！花了那么多钱，买了一堆无用的东西，就是为了赌气。久之，"任德和买火龙"成了一个大笑话。

任芷芳的父亲任伯轩是个举人，是个有福气的老太爷，几个女儿一个个出落得如花似玉，家业全由夫人路氏（路克严，山东人）打理，他只管整天在书房里读书写字。任家在上海滩出名的人还有好几个，一个是任凤苞，盐业银行上海分行的经理，还是著名的京剧票友；任百尊是任芷芳的侄子，出任锦江饭店的第一任总经理；任颖华，任百尊的姐姐，任芷芳的侄女，也是著名票友，还是梅兰芳的私淑女弟子。

上　任老太爷盖章证婚（右一张廷重）

下　虞洽卿到场盖章证婚

任家四姐妹，后中是任芷芳

　　关于盛毓邮、任芷芳的相亲和结婚，至今还是上海老人津津乐道的话题——任家小姐是大家闺秀，大家族规矩大得很，即便是盛家公子来相亲，也不能走得太近，看得太真，只能让你远远地"瞭望"一下。所以他们的相亲就很有戏剧性——任芷芳的妈妈陪任芷芳去看牙医，在国泰电影院附近等车；这时盛毓邮在一帮盛家人的陪同下开着汽车来国泰电影院看电影。整个相亲过程真的就像看电影一样，一晃一个镜头就过去了。任芷芳小姐根本不知道这内幕，就已经被人家相中了。

　　到了结婚时可就热闹了，盛老四包下了整座百乐门舞厅，来了数百名亲朋好友，静安寺一带路为之塞，新娘子有一群伴娘，新郎官也有一群伴郎，还有男女小傧相，新娘子长长的婚纱，从舞池中心一直拖到大门口……然后来到婆家，大宴宾客三天！

　　这些老上海的"闲话"，笔者以前只是听之、想之，并没有具体的概念。2009年春天

在东京，笔者第二次来到任芷芳老人的家，看到了他们结婚时成套的原版婚礼照片，才明白所谓豪门气焰，到底是怎么一回事！

婚后他们和母亲孙用慧住在一起，在万航渡路一处大花园洋房里过着闲适而优雅的生活。常常有亲戚朋友来玩，大家就在大客厅或是花园里喝茶、打牌。不过大家庭旧规矩很多，媳妇陪婆婆打牌是天经地义，常常要陪到深夜。新媳妇的到来，解放了小姑子盛冠云（青姐）和盛岫云（五毛），她们就不必陪妈妈了，所以她们很喜欢这个嫂子，嫂子接替了这份苦差事。公公盛老四因有姨太太，很少在家。

然而到了20世纪50年代，社会发生了天翻地覆的变化，使得9岁就当上了百万富翁的盛毓邮，变成了一个"无产者"！解放以后，国家实行土地国有政策，所有的土地归国家所有，个人已占用的，要付地价税，迟付的要成倍地加付滞纳金。如果地价税付不出，地皮上的建筑物可以计价抵付。这么一来，很多豪门望族都迅速萎缩了。盛毓邮只得重新开始自我奋斗，为养家糊口而奔波。他退掉了花园洋房，把妻儿安排到丈人家，自己去香港、新加坡工作，其间做过生意，也当过中学教师。1960年，已经先期到达东京的盛毓度创办了留园饭店，需要一个帮手，就请他前来协助管理洋人客户，于是他从新加坡来到东京，加入了餐饮业。经营餐饮业非常辛苦，每天都是早出晚归……这时候，谁能想得到，他就是当年盛宫保的孙子、英国留学生、9岁时就有了百万身价的人！

新娘子步入红地毯

    一切都是今非昔比了，好在苍天不负苦心人，数年后，他开拓出了一片属于自己的天地。60年代初，妻子任芷芳带着三个孩子也来到日本。1968年，两夫妻面对现实，仿照旅日老华侨的"刀工"（世称旅日华侨三把刀：菜刀、剪刀、剃头刀），开办了一家很小的新亚饭店。这期间，他们能上能下，精心经营，日夜苦干，聘请了沪帮名厨吴国祥掌勺，很快，新亚的酱猪蹄、红烧划水、明虾豆腐、红烧排翅等名气不胫而走，他们店的小笼包子，皮薄馅嫩，咬开后满满一包汤汁，很受市民的欢迎。后来店面不断扩大，又开设了分店，直至现在，已经发展为七层楼面的新亚饭店，地点在距东京塔不远的御城门。

    儿子盛承洪和盛承兴都是美国留学生，留学生活也是艰苦奋斗，他们自知父母赚钱不易，业余时间就去打工。盛承洪至今还记得他60年代在美国餐馆洗碗每小时一美元，为旅馆擦窗每小时两美元……

新娘子任芷芳与女傧相

任芷芳与三个孩子

　　盛毓邮不愧为大家之后，能屈能伸，白手起家，而且还做得别有特色。他有几样至今为人所称道的"壮举"。

　　其一是首创中国人不洗碗的店规，凡到他的饭店来打工的中国留学生，都被安排做其他工作，洗碗的事用毓邮的话来说是："让日本人洗去！"

　　其二是首创中国留学生每小时工作一千日元的规矩。70年代末80年代初，国内赴日留学大潮涌起，绝大多数留学生靠业余在餐馆洗碗端盘子，来维持学业和生活。别人店里的留学生工资一般都是每小时八百日元，而他考虑到留学生们很辛苦，毅然做出决定，每人每小时一千日元，而且最多时用了二十多个留学生。其实他店里已有不少固定职工，本不需要那么多学生来打杂的，他完全是出于帮助学生们的一番好意。来打工的小伙子们自发组织起来成立篮球队，又触动了他那几十年前热爱体育的"神

经"，立即拍胸脯："你们组织篮球队，我给你们买队服！"小伙子们惊讶得都愣住了：天底下哪有这么好的老板呀！管吃、管工资，还管打球、买队服，这真是标准的"海外奇谈"了！所以在他店里打工的留学生，无不有一种回家了的感觉，大家无不积极进取，奋发向上，形成了很好的氛围。他们从语言学校毕业后，一个个都考进了名牌大学，现在都已成家立业，各奔前程了。

其三，创办了东京唯一一家京剧票友活动中心——东京票房。

几十年来，这个东京票房团结了一大批热爱京剧艺术的老华侨，每周日下午，大家汇集到离新亚饭店不远的一处房子里，这是毓邮夫妇为之特地租下的场所，大家各自带上"家什"，乐器、唱本、磁带、锣鼓，自拉自唱，自娱自乐，唱了整整一下午，到吃晚饭的时候了，大家就去新亚饭店吃饭，几十年间风雨无阻。老人去了之后，又有新人加入，现在还有四个日本人加入了队伍。每逢国内有名角来东京访问演出，他们总要出来组织联谊活动，请客吃饭，联袂演出，发动捧场，非常热闹。梅葆玖、梅葆玥、艾世菊等人到日本，东京票房的活动就像旋风一样，席卷了整个东京。

票房最有力的领导者是盛毓邮的夫人任芷芳。任老师今年已经97岁，她从小就

上　盛毓邮夫妇的儿子盛承宏、盛承兴

下　中年任芷芳

跟大人们上戏园看戏，渐渐成了戏迷。她们任家是上海滩出了名的票友之家，全家老老少少，人人会唱。她的妹妹嫁给了名票赵培鑫（其弟弟赵培忠、徐文湘夫妇亦是名票，而且把票房移植到了美国，在洛杉矶开办了海外唯一一所京剧学校）。任芷芳本人喜欢唱程派戏，除了组织并参加票房活动，自己每周一、三、五下午还请琴师来家拉琴，吊嗓子。那天我们正在聊盛家的老人老事，碰巧琴师推门进来了。任老师说今天有客人就不练了吧，我却执意要听听，结果一曲悲愤的《六月雪》，把几十平方米的大客厅震得嗡嗡作响……

胡琴拉响的时候，他们的小孙子盛乐毅噔噔噔地跑进来了，说他也要唱，大家一致鼓掌，他就"自打锣鼓"地来了一段"失街亭"，满屋的人为之喝彩。

过去，在大家热热闹闹的时候，盛毓邮总是一个人斜卧在沙发上，静观一切。

任芷芳九十岁生日众人来贺

上　盛毓邮八十寿庆

下　任芷芳八十寿庆

老人家话不多，但句句有分量。只要他一发话，全家人都要动作起来——老太爷以其人格的力量，赢得了社会和全家族人的崇敬。他显得十分沉静，因为九十年间，他什么都看到过了，也什么都经历过了，他无需遮掩什么，也不需弄出什么声响，像一潭平静的秋水，可以直面青天。2001年盛毓邮病逝了，他的品格和家族意识得到了很好的传承。如今他们每间屋子里都悬挂着盛宣怀老太爷的像，或是老太爷写的字，谈起盛家过去的一切，他们依然那么一往情深，但比过去更多了些理性的思考。

东山再起盛毓度

盛家第三代人中，商业上最有建树的要推盛老四的二儿子盛毓度。

盛毓度，字念祖，早年就读于其祖父创办的南洋公学，同时在家塾中读古文，古文底子打得很扎实。盛家人都喜爱体育活动，其父养了许多良种马（据殷四珍女士讲，在跑马厅养了七十五匹马），经常参加赛马，还组织孩子们在老公馆的草场上开展各种体育活动，篮球、足球、跳高、赛跑……其中以"鸡蛋赛跑"最为出奇，他让每个孩子手里拿一汤匙，汤匙里放一只鸡蛋，然后赛跑，匙中的鸡蛋不许掉下来。盛毓度机巧灵活，常常能得第一，久而久之爱上了体育运动。进入南洋师范之后，他带头组织了一支足球队，队员十人，取名"留社"，常活跃于校内外的赛场上，从那时起，他已显示出了不同凡响的组织才能。之所以取队名为"留社"，是为纪念他们盛家的祖业——苏州留园。或许留园对他的影响太深，他后来在东京创办的著名高级饭店，也取名"留园"。

1933年，父亲安排他去日本留学，当时"一·二八"淞沪抗战已经爆发，人心惶恐。此时去日本，他感到非常惶惑，可是父命难违，只好硬着头皮去了。

　　最初他是住在与盛家有世交的日本人家里，补习日语，不久后考入东京最负盛名的一所中学——成城学园；成城毕业后又考入了京都大学经济系。京都大学历来是日本出人才最多的高等学府，尤其出过不少政府高级官员。在这个环境里，他视野大开，交往也空前广泛，既有其祖父一代的重臣，又有其父亲一代的社会贤达，还有众多的校友，为日后走向社会打下了极好的人脉基础。

　　珍珠港事件爆发时，盛毓度在京都大学的学业已经修完。眼看日本人在自己的祖国打仗，他无意在东京呆下去了，随即束装回国。他先是在一位堂姐的帮助下进入复兴银行工作，不久即转入工部局当日语翻译。后来国民党政府派戴笠与他单线联系，他曾奉命营救过敌伪时期国民党的地下工作人员。谁料抗战胜利后不久，戴笠飞机失事，他们之间的关系中断，致使肃奸部门把他作为汉奸投入牢狱，判刑三年六个月。后经七姑妈（盛爱颐）设法与宋子文取得了联系，盛毓度才获释放。从这件事上，他看出了国民党内部的阴暗，或许这就是他日后不再与国民党打交道的原因。

　　50年代初，盛毓度抱着"野火烧不尽，春风吹又生"的信念，再次东渡，决心重振家业。在职业的选择上他有过成熟的考虑：在饮食行业中，中国烹调素有传统，在日本市

盛毓度与洛克菲勒在
东京留园

280

洛克菲勒（左二）在东京留园饭店

场上一枝独秀，然而一般的中国料理店遍地开花，缺少真正上品的、高质量的、能体现中国传统文化与饮食文化相结合的中国饭店，如果经营得法，成功的可能性极大。他的这个创意一经传出，立即得到了新老朋友们的一致响应，结果参加投资的，有八幡制铁、富士制铁、日本矿业、三井银行、三菱商事、野村证券、日铁矿业、大泽商会等企业，共投资七亿五千万日元，于1960年7月正式成立了留园株式会社，兴建了一座中国宫殿式的高级饭店——留园饭店，他被推举为社长。1961年10月3日，留园饭店开始营业，不仅使日本人耳目一新，而且吸引了众多前来东京旅游观光的各国游客，一时名声大振。

留园饭店聘用了京、粤、川、沪、闽五帮的名厨高手，力求"质量上乘，灵活多样"，做到百味俱陈，使顾客各得所好，所以在店面楼层的安排上也动足脑筋。底层是大众散席，客饭点心，无所不备；二楼是特设大厅，供大型宴会和集体活动场所；三楼是包房，分设各式厅堂，以供专用。这样，各阶层的人士均能各得所需，而且菜肴、点心品种

上 1960年的日本东京留园饭店（居中）

下 东京留园饭店外景（现已拆旧翻新）

上　东京留园内景之一
下　东京留园内景之二

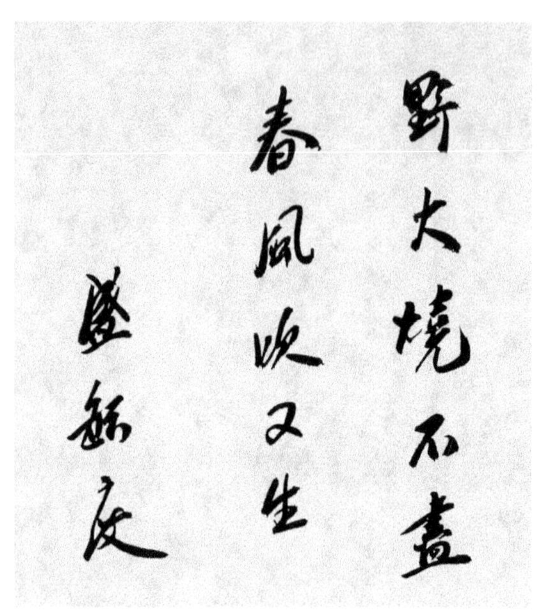

盛毓度手迹

繁多，开业以来长年宾客盈门，没有座位了，顾客宁肯排队等候，所以那时"吃留园"成了一道东京城内的特色风景。

盛毓度事业心极强，虽是办饭店，他亦事必躬亲，每日到各处视察。晚市高峰时段，人们常见他一袭长衫，往来于宾客之间，不时与一些老顾客寒暄、交谈。有如此高雅的环境、高档次的菜肴和服务，东京各大产业集团、各界知名人士，甚至日本政府政要，都愿来此摆宴。日本历届首相如田中角荣、大平正芳、中曾根康弘等均多次光临。美国前总统尼克松、卡特，财阀洛克菲勒，前国务卿基辛格都曾兴致勃勃来此品味佳肴。时任美国驻日大使曼斯菲尔德与盛毓度交谊深厚，更为座上常客。中国领导人及访日的代表团等，也常常来此设宴酬宾……一时风光占尽！

盛毓度不仅是个成功的实业家，还是个极有智慧的政治家，曾为中日邦交的正常化作过贡献。他以留园饭店为基地，广交天下朋友。他开的是饭店，却喜欢谈论、研究国际关系问题；他学的是经济，却对政治和历史有着浓厚的兴趣；他身体多病，却很喜欢体育活动……这些貌似矛盾的现象，却十分真实地统一在他身上，尤其是关于中日关系问题、日本社会与经济发展问题，他的观点都曾对日本社会产生过积

284

极的影响。

他还把他的研究心得汇编成了几部政论性的著作。1969年第一部著作《对日本的忠告》问世，书中谈论的都是市民极为关心的问题，共由十个部分组成：独立国家的义务和责任；对于政治赞助费的疑问；结局是为了自己；错误的保守合同；损失最终带给了全日本国民；没有能够满足的幻想；断崖绝壁，一种隐身草；亚洲的建设；儿童是成人的镜子。1970年第二部著作问世，书名为《黄旗的弊害》，谈了日本经济的三大问题：一、路遥知马力，日久见人心；二、鱼鹰捕鱼的时代；三、日本经济是伪扩张。1972年出版的《从汉民族到大和民族》更是一部皇皇巨著，专谈中日关系，从历史到现实，从经济到政治，内容丰富，论述精辟，受到各界知名人士的重视，签名推荐者竟达二十一位，包括高峰秀子、中曾根康弘、五岛升、吴清源、冈本太郎、松本清张、井深大、舟桥圣一、藤山爱一郎、梅原龙三郎等。1978年出版的《新汉民族到大和民族》，更加透彻地阐述了他对中日关系的看法，为中日邦交正常关系的发展而大声疾呼。书中讲了五个问题：盛家和我的足迹、中国人和日本人、相似又相异的中国与日本、亚洲中的日本、给日本人的忠告。1980年，他又出版了《中国五千年的生活的智慧》，共分八个部分：外交的智慧、政治的智慧、教养的智慧、交际的智慧、处世的智慧、商场的智慧、博弈的智慧、健康的智慧。

这个长长的政论性的书单，居然出于一个饭店老板之手，这就不得不令人对其刮目相看，这也使得他的留园饭店具有了"留园外交"的特殊意义。不知中国饭店的老板中，还有没有如此"突出政治"的人物。

于是，人们纷纷找上门来了，把他当作"国士"来看，常有电视台、广播电台及报刊记者来采访他，他亦多次接受邀请，出席各地各社团的演讲会。这期间最重要的一次"放谈"，是1976年他与中曾根康弘在留园饭店举行的一次"春节放谈"。

这次"放谈"的时间很长，涉及的范围也很广，主要着眼点仍是国际形势、中日关系、日美关系、美中苏的关系以及日本的现状与对策等。他的"放谈"真正是实说直说，无遮无拦，时而正襟危坐，时而谈笑风生，诙谐有趣。比如讲中日关系，他说现在好比穿上了衣服而把纽扣纽错了，必须慎重地重新一粒一粒地纽好。

讲到尼克松访华时，他直言不讳地说："您还记得吗？ 1970年您到留园来，我对您说，美国人要有所动作了，美中要握手言和了，您恐怕是半信半疑吧？这中间，还有人说这是不可能的，绝对不可能的。当时带有这种想法的日本人占压倒性的多数。美国人大胆、鲜明地干了一般人预料之外的事。我对美国人干的事感到钦佩的有两点：一是在越南能中途撤兵，如果换了日本人的话，一定会干到底的吧！二是中美会谈，那样错综复杂的事，一下子就解决了，实在是相当惊险的技艺！……那以后基辛格又去了北京十多次，而日本外相大平只去了一次。"讲到石油涨价后日本人还在浪费能源时，他又说："……连资源丰富的欧美都在拼命努力节约资源，但日本是怎么样呢？满不在乎地浸泡在温暖的洗澡水中，心情很舒畅。去高速公路看看就知道了。我周六、周日去看赛马，去中山赛马场的高速公路上，十几公里汽车成串……在日本大概有成亿的石油就这样给浪费掉了。关于自动门的事，我写了好几次了，即使是一个很小的店铺，只要人站到门口，门也就自动开放，其实用手推门也没有什么不可以嘛，自动门总要浪费不少电力吧……一边浪费，一边吃力地赚，就像竹篮子打水一样，利用率肯定是低的。根据日本经济计划，1980年度需要买进的石油是现在的二倍，五亿吨！"

现在回过头去看看，这些哪里是一个饭店老板讲的话？简直是经济部长兼外交部长！

果然，他的政治使命也随之而来。

1975年，周恩来总理指示，邀请盛毓度全家回国参观、探亲，由中日友协廖承志会长出面邀请。这显然是一次政治性的"探亲"，中日友协派专人接待，廖会长与之就加强中日双方的交往诸问题，进行了愉快的晤谈。在京期间，盛氏一家参观了各大名胜古迹和新式建筑，又赴胜利油田参观了生产现场，接着回上海探亲。在上海，他第一个拜访了当年教他日语，如今已卧病在床的费老师，又把远在福建的七姑妈请回上海见面，互诉离情。那时他住在锦江饭店，包了一层楼，让远道而来的亲朋好友都住下来。大家朝夕相处，好好聚聚。闻知他衣锦还乡的老朋友们纷纷前来探望，他和每人只能谈几分钟，有的直到他离开上海仍未轮到，其盛况可以想见。

1986年6月，上海交通大学举行建校九十周年庆典活动，同时为该校的创办人盛

盛毓度夫妇出席上海交通大学盛宣怀铜像落成仪式

宣怀重铸铜像举行揭幕仪式，特邀盛毓度及其全家回沪参与活动。盛氏欣然应邀，于6月7日偕同夫人彭菊影、长女承倩、长婿荣兆蕃、外孙盛乐辉等回沪。这一次又是肩负使命，而且任务更加艰巨，因为行前，时任日本首相的中曾根在官邸接见了他四十分钟，可能是面授机宜，而一般日本大臣来会晤只谈五六分钟，可见日本方面极为重视他这次回国。在6月8日上午的上海交大的庆典活动中，他得以与时任上海市市长的江泽民亲切晤谈。9日下午，他又出席了上海市对外联谊会主办的冷餐会，与时任上海市市委书记的芮杏文、市长江泽民同席。

在上海及南方的活动结束后，他们一行飞往北京，国务委员、国务院副总理谷牧同志在人民大会堂山东厅会见并宴请了他们一家人。对于这次会谈的安排，他事先特别示意陪同人员，暗示有重要的内容相告。这次与谷牧副总理见面，在场的人越少越好，少到什么程度，由你们领导决定。他还说家属不要参加，因为要谈的内容与他们无关。所以当天晚上的会谈，就局限在了很小的范围之内，然而第二天的《人民日报》，还是非常醒目而简略地报道了会见的消息。

盛毓度、彭菊影夫妇与女儿承倩一家

　　接着，中央统战部、国务院侨办、国家安全部及著名民主人士，均安排了宴请和会谈。

　　从那以后，盛毓度一家与国内的联系日渐密切，他们向上海交大闵行分校捐献了一座留园宾馆，在上海交大设立了留园教育基金，又向家乡捐献了一所小学，他的妻子彭菊影捐献了一所幼儿园……成为资助国内教育界的有功之臣。

　　1993年，盛毓度因病在东京逝世，江泽民同志以个人名义发了唁电。遵照其叶落归根的遗愿，归葬上海青浦"归园"华侨公墓，墓后为碑石，墓碑两侧为墓志铭。墓地左右两根石柱上，镌刻着盛毓度的遗墨，"野火烧不尽，春风吹又生"，表明了他一生坚韧不拔的奋斗精神。

汽车专家庄元端

　　庄元端是七小姐盛爱颐唯一的儿子，青少年时代在自家的庄公馆里玩得很惬意。他父亲庄铸九是庄太夫人的侄子，是一位很有艺术天赋的生意人，在上海银行老板陈光甫手下任职，主持过著名的《旅行》杂志，投资并出任过百乐门舞厅的经理，还办过一家长江内河航运公司——达成航运公司，所以他家的房子最初在愚园路838弄10号，是一栋很阔气的花园洋房，他和妹妹都出生在那里。抗战中，他们一家曾去香港避难，回沪后没去内地，但留在上海也很危险，要做事就必须跟汉奸妥协；不想当汉奸，那事业就休想做成。七小姐夫妇不肯当汉奸，那就只好吃老本。1943年1月8日，他们卖掉了花园洋房，顶下了淮海中路愉园8号的房子。

　　愉园8号也是一幢很高雅的房子，三层楼独立门户，属于新式里弄房子，有漂亮的小花园。房子小了，别人的空间被压缩了不少，但庄元端是父母的心头肉，他的活动空间不能少，他的各种玩具铺满了整整一个房间，绝大多数是进口的各式汽车玩具。庄元端把汽车玩具玩得很彻底，拆了装，装了再拆，各种部件和机械功能摆弄起来得心应手。那时他何曾想到，这玩小汽车学来的本

庄元端小时候

1936年庄元端与母亲盛爱颐在杭州

事，后来还真救了他一命。

庄元端初中时在位育中学和著名的世界学校读书，高中时考进了圣约翰附中，第二年解放军进了城，这所学校就关门了。他因为喜欢机械，就考入私立南山职业中专，1952年毕业。1956年，他进了上钢三厂当技术员，可惜仅仅工作了两年就出事了。他就是因为多说了两句话，不幸在"反右"的时候被戴上了右派帽子。他多说了两句什么话呢？据说是针对当时"十五年赶上英国"这一类发热性的口号的。他性格耿直，问人家："怎么叫十五年赶上英国？是赶上现在的英国呢，还是赶上十五年以后的英国？因为十五年以后，英国又发展了，你还是赶不上呀。"他只是想给那些头脑发昏的人们提个醒——你们不要拎不清，就靠炼些废铜烂铁、搞什么土法炼钢就想赶上英国？只怕你们连英国到底什么样都不知道呢！

那英国什么样你庄元端知道吗？

他当然知道啦。他父亲因主办《旅行》杂志，订了很多原版的外文杂志，上面那些精美的图片都成了庄元端的家庭功课，他房间的墙上挂有很多彩色的英国风光图片。可是在一场政治风暴来临的时候，聊聊海外风光就不是什么生活小事了，动不动就成了政治问题。可惜，天性阳光的庄元端不懂得这些，不幸成了上钢三厂第一批五个右派之一，被送到安徽蚌埠劳动教养，这是当时对右派分子最重的处罚。

真是祸不单行，他的父亲也遇到了大麻烦。庄元端至今也搞不清楚，父亲是个知识型的生意人，没有吃过政治饭，怎么突然就成了"反革命"呢？这件事谁也讲不清

⊥　庄元端的父亲庄铸九先生

⊤　小开时代的庄元端（1956年）

楚。既然你是"反革命"，就不可以住这么好的房子，搬出来！搬到哪里去呢？搬到汽车间里去！可怜盛宫保的七小姐夫妇，只得在一个汽车间里相依为命，直至享尽天年。

1958年冬天，庄元端随劳改队乘火车开赴安徽蚌埠，参加了治理淮河和修水库的艰苦工程，他当时只有25岁。到达蚌埠的第一天，下着大雨，显然接收方没有作好应有的准备，房间里一塌糊涂，没有秩序。开饭的时候，只见有人拎进来一个大桶，是一桶地瓜汤，但是里面地瓜并不多，主要是地瓜秧子和汤。大家早就饥肠辘辘，有力气的都挤到前面，用刷牙的杯子去深捞沉于桶底的地瓜；力气小的就只好喝汤了。庄元端年纪轻，个子高，总算捞到了一块地瓜，但是看看身边瘦小的陈巨来（他母亲的朋友）没有东西吃，实在可怜，就把这唯一的一块地瓜给陈巨来吃了。二十多年后他们都回到了上海，陈巨来见到庄元端还念念不忘这件事："当时我已经饿得眼冒金星了，要不是那块地瓜，我能不能熬过那一天也说不定。"

庄元端母亲住的汽车间现在成了烟杂店

劳改队开到了淮河边上，扛石头、挑土方、夯土、垒堰、修坝，每天都是极其繁重的体力劳动，但每人每月的粮食定量只有十六斤。劳动强度大又吃不饱，大家的腿脚都浮肿了，不仅是劳教人员，监管干部也浮肿了，但干不动了也得支撑着干。那时一个劳教大队有十二个中队（其中三个是劳教中队，其余都是劳改中队），一个中队约三百人。那时不知为什么，身体好的人居然先死，劳改队伍中死亡率非常高。

在这种情况下，庄元端也病倒了，不幸胃出血，昏倒在工地上，被送进了劳改队的医院。那个医院非常特殊，科室齐全，医术高超，但是医生全是劳教分子和劳改犯，而且都是从上海来的。更滑稽的是医院里没有护士，护士的职责由那些病情较轻的病号担任，轻病号照顾重病号。庄元端的病情很重，只好开刀，胃被切除了一部分。他不忍心告诉母亲，怕母亲伤心，便写信告诉了远在福建的妹妹庄元贞。那时大家都困难，福建也买不到什么营养品，庄元贞设法买了一些鱼肝油和炼乳给他寄去，在当时已经是了不起的奢侈品了。

后来庄元端被调到新成立的技术大队，与机床打交道，为水利工程提供机械方面的简单修理和配套服务。那时的机床都是半土不洋的，生活条件也非常艰苦，但是技术大队里汇聚了很多技术人才（不少人是身怀绝技的，如造假银元、造假票证），这些人一旦聚在一起切磋技术问题，就是一件很开心的事情，而且，技术大队不知从哪里弄来了各式各样的汽车，包括外国老爷车，使庄元端大开眼界，学到了很多原先没有的知识。

这支技术大队后来迁到了巢县，就是后来的巢湖汽车配件厂、江淮汽车制造厂（1964年5月建立）的前身。庄元端是这个工厂的第一批技术骨干，参与了这个厂从无到有、从小到大的全过程。这个厂子现在还在，是安徽省的第一家汽车制造厂，供应安徽全省所需的卡车和公共汽车，现在已是上市公司，即安徽江淮汽车股份有限公司了，员工达一万七千余人，年产七十万辆整车。庄元端为这家厂的创建和早期发展，贡献了近二十年青春。

当时的情况是地地道道的"没有条件，创造条件也要上马"，因为全厂大多数都是劳改就业人员，从工人到干部，包括总工程师，没有一个干过汽车这一行。而庄元端虽然会捣鼓汽车，但是从来没有正式学过，全是靠从小玩小汽车，后来自己不断自学、钻研出来的。厂里最初的任务除了生产汽车零部件，还要模仿造公共汽车，具体办法

江淮汽车制造厂初建时生产的卡车

是把长春汽车厂的解放牌汽车底盘和主要部件买来，拆卸后改造，自己制造公共汽车的车身，装配成公共汽车，供应全安徽省的公共汽车需求。这期间，除了汽车发动机以外，其他部件和项目，包括外形、结构等的设计，全是庄元端的活儿。他原本就喜欢汽车，这回真的让他干汽车了，尽管身处逆境，毕竟可以一展身手了，他还是全力以赴地投入其中。他们生产的公共汽车很快投入了营运，外形跟上海的公共汽车一模一样，开门也是自动的。

领导们看到这帮劳改人员还真有能耐，能出货，于是鞭打快牛，继续上新的项目，提出要自力更生，自己生产大卡车的目标。这样一来就要上发动机了，不能光搞改造了，而且要建设一条正规的生产、装配汽车的流水线。这可不是闹着玩的，必须参加正式培训。庄元端与其他两个队友被送去南京汽车厂学习，仅仅三天，他就把造汽车的全过程都弄明白了，扛回来一大堆资料。

1968年4月，第一辆江淮牌卡车诞生。后来生产流水线投入使用以后，每二十分钟就能下线一辆JAC牌卡车。前来参观的领导们看得眼花缭乱，赞不绝口。整个流水线效率之高以至于生产零部件的车间和外厂的附件供应单位（如轮胎供应）都跟不上他们的进度了，流水线只得每个月开机半个月，剩下的半个月只好停工待料、等米下锅。按说，庄元端工作做得好，是技术骨干，有立功表现，理应政治上从轻论处了吧。然而不，在那些惯于整人的"左派"眼里，右派分子永远是异类，必须要用一个"紧箍"套住，否则尾巴就会翘到天上去，所以变着法儿地不断地强加以精神枷锁。

庄元端原本只是劳教两年，可是等他拿到劳教通知书的时候两年时间早已过去了，他早就劳教超时，已经劳教了三年零九个月了，照理说可以回家了吧，但是不行，县官比不上现管，劳改队就胆敢违抗法律，扣人不放，还发明了一个新名词叫"继续劳教"，叫你在劳改队就业，统称为"队员"，有的地方叫"场员"。像他这样的"队员"很多，照理说大家都一样了吧，可以平等了吧。还是不行，"队员"中还有"有帽"和"无帽"之分，庄元端是右派分子，属于"有帽"的，而那些地痞流氓、刑事犯罪分子不是右派，他们就是"无帽"的，所属的"等级"反而比"有帽"的要高一等。庄元端毕竟表现出色，对厂里有功，而且除了业务上的事情，平时很少跟人说话，从不得罪人，只知闷头干活儿。不知感动了哪个领导，有一天他的"右派帽子"宣布被摘掉了。可即便这样，他只是又换了一顶"帽子"而已，叫"摘帽右派"，虽然档案中的说法跟以前不一样了，但在现实生活中仍受歧视。庄元端是个最最渴望平等的人，只能仰天长叹！

1968年，庄元端的生活里终于出现了一丝亮色——他得以从集体宿舍里搬了出来，每月花四元钱租住郊区农民的一间房子——这是一个很了不起的变化，他起码在下班之后可以避开那些冷漠、鄙视的眼光，可以自由地跟知心人说说话了——他要结婚了，这是精神上一个重大的缓冲。

说来也是门当户对，庄元端是晚清洋务巨擘盛宣怀的外孙，新娘子王永瑛（小名三毛）是晚清军机大臣、大学士王文韶的曾孙女。此事由他的母亲和八姨夫彭震鸣牵线促成。王永瑛跟着二好婆（她外公的第二房太太）一起生活，她学过医，读过大学，但是没有毕业。到了"文革"爆发时，她外公麾下庞大的家眷队伍无一例外地被"彻底革命"了。当她决定远走高飞、嫁给远在安徽的庄元端的时候，首先的一个步骤就是要设法把她的两个箱子运出家门。但是又怕被里弄里的"左派"们发现，那就注定要被抄没无疑。

怎么办呢？好在盛家亲戚多，人多力量大，敢于打抱不平的也大有人在。庄元端有个亲戚叫李家庞，是李鸿章家族的后代，也是盛家的后代，他母亲是盛宣怀的孙女盛毓菊。解放初，李家庞在庄元端父亲的帮助下报名参军去了，后来复员当了工人，这下好了，成了无产阶级成分。李家庞知道王永瑛的难处后，二话没说，立马弄

艰难中相依为命的一对夫妻

来一辆三轮车和一件军大衣，把造反派的红袖章往臂上一缠，就带着庄元端的妹妹庄元贞出发了。庄元贞原本浙江美术学院（今中国美术学院）毕业，由于出身不好，分配到福建工作，难得来上海探亲。他们来到三毛住的地方，什么话都没说，装上两个箱子赶快走人。由于他们戴着红袖章，居然把里弄里看管的人给唬住了，没人出来阻拦。

七小姐非常心疼三毛这个苦命的儿媳妇，尽可能为其准备好衣物，买好火车票，送其去合肥，因为庄元端请不出假，那就只好请她只身北上了。没有婚宴，没有灯彩，没有亲友们来祝贺，两个"封建社会的孝子贤孙"在四元钱租来的农民的房子里，度过了他们的洞房花烛夜。三毛没有工作，却有一身病。庄元端只有二十三元的工资，付掉房租还剩十九元，他们俩要生活，还要给三毛治病，在这种情况下，每一分钱都显得十分珍贵。他们进城买东西要细心算好，要走几站路才能省出五分车钱。一旦有香烟抽了，那绝对是少有的奢侈品，只好一根香烟两个人抽，你几口，我几口……

可惜的是，当时的条件无法治好三毛的病，她不幸患上肺癌，在确诊五十几天后就撒手人寰，离开了这个对她绝对不公的世界。仔细算来，她与庄元端夫妻一场仅有八年还差三天。

粉碎"四人帮"之后，改革开放的春风终于吹到了"有帽"和"无帽"的角落。在

296

对右派分子的甄别和改正工作中，庄元端获得彻底改正，按照政策，应当回到原单位，扬眉吐气的一天终于到来了！但是，"左派"的势力是极其顽固的，他们总不甘心退出历史舞台，总不情愿眼看着被他们专政了几十年的人，突然有一天跟他们平起平坐了！

庄元端的妈妈盛爱颐是个了不起的人，尽管那时已经七十多岁了，而且长期身处逆境，但她仍然保持了一个正直的人的尊严和勇气，遇事闯得出。眼看儿子的右派问题已经改正，但是安徽方面迟迟不肯放他回上海，这是什么王法？此事不能马虎，必须理论理论。她去找当年她丈夫在交大读书时的老同学、解放后出任上海市副市长的赵祖康，向他反映情况。赵祖康非常同情，在一个合适的机会，就向当时的安徽省委书记万里反映了。万里也表示同情，但是后来又传过话来，说是安徽省机械厅的厅长不同意放，因为江淮汽车厂已经是省里著名的企业了，而厂技术科的骨干力量是五个"右派"，五人中有四个上海人，放一个回去其他几个也得放了，厂就成问题了，所以，宁肯一个不放。万里对赵祖康说："他们都不同意放，我也没办法。"

七小姐不肯罢休。她想起了她青年时代的朋友、已是国家名誉主席的宋庆龄。宋庆龄收到了她的来信，非常重视这件事情。

（上）　合肥时代的庄元端

（下）　1981年，庄元端摄于离家赴美前五分钟

上　庄元端、庄元贞与母亲
盛爱颐在五原路

下　"文革"中的娘仨

现在发表的许多史料都表明，宋庆龄一贯非常重视人民来信，凡是信到了她手中，她总是很快就作出答复。很快，安徽江淮汽车制造厂收到了一封上级转下来的、来自全国人大常委会办公室的公函，指名道姓要厂里按照党的政策办事，从速办理庄元端右派改正中的相关落实政策事宜，而且特别强调要"从速办理"。这下安徽没有辙了，他们看到宋庆龄亲自关心这件事，都怕了。厂里的军代表向庄元端通风报信说：北京来信了，宋庆龄主席亲自来救你了，看来安徽顶不住了，这回你肯定要走了。你一走，其他几个人也留不住了……

真是巧得不能再巧了，庄元端回上海的日子，居然跟他离开上海的日子是同一天。算算在安徽的日子，整整二十一年过去了。去的时候25岁，青春焕发；回来的时候46岁，已白发映鬓了。

回到上钢三厂，很多人都不认识了。人事部门知道他是宋庆龄亲自关心的人，也陪尽笑脸，说是只要写个简单的履历和情况介绍，就可以升他为工程师。庄元端不愿写什么履历和情况介绍，也不要这个迟到的工程师头衔，他说我什么都不要，我只要一个护照，我要到美国去。

1981年，庄元端飞至美国旧金山，开始在异国他乡打工，摆脱了那么多年的精神枷锁，终于可以呼吸自由的空气了，可以凭自己的双手，自由自在地生活了，这对于他来说，已经是命运给予的至高

（上） 庄元端在美国

（下） 庄元端在美国旧金山渔人码头

回报了。凭他的聪明才智以及深广的社会关系，他有很多经商的机会，可以像很多美籍华人那样发财致富，可是，他最终还是选择了与汽车相关的职业——主管一家汽车加油站，并为车主修车。由于他的敬业精神和善于待人，在他退休的时候，老板执意要把这家汽车加油站送给他，但是他不要。他不需要过多的财产，他需要的是永远平静的心境和简单的生活。他把时间都用在与汽车相关的事情上了，常常义务为朋友们修车，义务为他们到废车场上淘一些经济实惠的汽车零部件，所以他的时间总是不够用，有时候星期天他还没有起床，请他修理的车子已经停在门口了。

　　笔者跟他第二次见面约在徐家汇港汇广场二楼。按照老习惯，笔者总是早些来到，想不到庄元端来得还要早，只是他并没有坐在咖啡桌前，而是伏在栏杆上观看广场里过往的如潮的人流。那专注的神情、凝重的眉宇，他是在观海吗？他听到了海的什么样的呼啸？

慈善大家盛承慧

　　盛承慧是盛宣怀的曾孙女、盛恩颐的孙女、盛毓绶与任蕊芬的独养女儿。20世纪50年代后期，她出生在外公外婆的老房子里。那栋老房子是一处带花园的三层老洋房，坐落在上海常熟路安福路口，曾经非常热闹，里面住过几十口人。任家是一个大家庭，盛承慧的外公任伯轩、外婆路克严生了两个儿子、八个女儿，等孙子孙女、外孙外孙女生下来后，三代同堂，其乐融融。任家又是个有名的票友世家，几代人都喜欢看戏唱戏，所以每到周末，楼上楼下，不是胡琴声、锣鼓声，就是吊嗓子声和欢笑声。盛承慧从小在外婆身边长大，是老人家膝下最小的外孙女，在这栋美丽的花园洋房里，从小沐浴着长辈们慈爱的目光。她的祖父盛恩颐和祖母孙用慧，住在万航渡路上一处更大的花园洋房，但那是她父亲一辈人早年生活的乐园，等到她出生时，老人们已经去世，盛家毓字辈人已经各立门户了。

　　盛家与任家是"双份"的姻亲——盛毓邮娶了任家大小姐任芷芳；盛毓绶娶了任家的小女儿任蕊芬。盛家两兄弟娶了任家两姐妹，亲上加亲，皆大欢喜，可知任家小姐的魅力。与盛家一样，任家也是个官宦大家族，宜兴人，任蕊芬的曾祖父任道镕是李鸿章的老部下，打太平天国时马上封侯，与李鸿章还是姻亲，即李鸿章的小女儿李经溥嫁给了任蕊芬的叔祖任德和；而盛毓邮和盛毓绶的亲姨妈孙用蕃，又是李鸿章外孙张廷重的继室，即张爱玲的后母。所以，李家、盛家、任家、孙家，大家都是亲戚，一百多年来互相支撑，演绎出很多难忘的海上旧事。

　　然而到了盛承慧来到世上的时候，社会状况完全变了，大家族纷纷败落，盛家很多花园洋房都划归公家的版图，连苏州的留园也由国家管理、开放了，所有的公子哥儿和大家闺秀都必须变成普通人，和工人一样上班下班，早出晚归。盛承慧的父亲盛毓绶是圣约翰大学政治系毕业的高材生，原先在中央信托局任职，解放后当过代课教师，最后成了工人，在一家毛巾厂里剪毛巾。母亲是一家医院的护士，三班倒，非常辛苦。还好，他们有一个温暖的避风港，就是外公外婆家的老房子，位于常熟路182号的花园洋房。

　　外公去世得早，外婆是一家之主。她是山东人，虽然是小脚，但是非常勤劳能干，里里外外操持得井井有条，十个儿女对她都非常孝敬，老人家以她特有的智慧带领全家人面对新的生活。她总是对后代们说："吃亏是福啊，不要老是想着占便宜，天底下没有什么便宜给你占的"，"要学会吃亏啊"，"三十年河东，三十年河西"，"一切都是命，做人最要紧要知道认命"……那时生活艰苦倒也罢了，因为大家都一样艰苦。盛毓绶、任蕊芬夫妇适应力特别强，而且生性厚道、豁达，万事没有脾气，在艰苦的环境里总是抱着乐观的态度，只要二胡声一响，什么困难都忘了。何况上一代人的大智慧早已在他们心中扎了根。

　　然而，人格上的歧视和侮辱总是让人受不了。1966年十年浩劫爆发，她家那美丽的花园也成了重灾区，批斗、抄家、抢占房子，造反派无恶不作，抄家抄了六天，甚至把花园里的井水也抽干，怀疑里面藏着什么金银财宝。小楼里突然挤进来很多不认识的人家，生活变得混乱不堪……一天傍晚，天下着雨，造反派在她家开批斗会，把一家老

盛承慧的父母盛毓绶、任蕊芬夫妇青
年时代

小都押到门房间的房顶上，对着马路站成一排，第一个是外婆，接下来是她父亲、母亲、舅舅、舅妈、表姐，最后一个是还在念小学的盛承慧。造反派用高音喇叭嘶声叫喊着，弄得马路上下班的人全都驻足来看，整条马路挤得水泄不通。年仅8岁的盛承慧不知怎么回事，就怕被同学看见。她胆战心惊地扭头看了看大人，发现她父亲身上背了一根大烟枪，那是多少年前的老古董了，被造反派抄出来充当了"道具"；而外婆身上则披上了一件清朝的官服，花花绿绿、织锦缎的，那是祖上的遗物，竟也成了"罪状"和"道具"……正当大家垂头丧气、一脸窝囊的时候，只听见外婆大声地跟造反派对骂开了："你要我死啊？哼！你死了我还不死呢！"回到屋里，老人家一点也不气馁，还给全家人打气："我们要坚强些。他们要我们好看，我们偏要给他们看看……"果真，老人家活到96岁高寿，直到1984年才离世。

粉碎"四人帮"以后，盛承慧与父母亲于1977年定居香港，父亲在朋友的一家工厂管理人事，母亲还是当护士，后来还带学生，但是不教护理，而是教烧菜，教日本人和香港人烧正宗的上海菜和任家特色菜，每周教三次，一直教到七十多岁。盛承慧白天上班，晚上读夜校学英语，父亲成了她的活辞典，不懂就回家问父亲。在夜校里，她遇到一位高一届的同学，成绩优秀，一表人才，像大哥哥一样关心着周围的同学。那位同学与盛承慧平时很谈得来，这就是后来成为她的丈夫的黄炳均。

黄炳均是广东新会人，是位很有创业和经营意识、很有眼光的实业家，在20世纪

盛承慧（后中）与受助孩子们在一起

70年代就已经开设了一家公司，从事计算机和电视荧光屏等的对台贸易，1983年开始做大陆生意，但是他普通话不行，盛承慧就成了丈夫的翻译和助手。90年代，他们开始做矿砂、水泥和钢铁生意，同时做些地产生意，还办工厂，先后办起了水泥厂、钢铁厂、鞋厂、隔板厂、手袋厂。工厂大多设在大陆。现在总公司叫昌兴国际控股公司，已是上市公司，自己有码头、煤矿、水泥和矿砂，业务发展到加拿大、巴西、印尼、马来西亚等国家。非常难得的是，盛承慧与丈夫黄炳均总是夫唱妇随，思想上高度一致，用承慧的话来说就是："我们从未有过不一致。"

事业发达了，钞票赚多了，除了继续投资、发展企业之外，还能干些什么呢？在这个大方向问题上，夫妻俩仍是高度一致——他们决定举办慈善事业，回报社会！盛承慧认为，自己的曾祖父盛宣怀一生大办洋务，同时一刻也没有忘记举办慈善事业，他非常同情穷人，不仅多次到内地赈灾，捐款捐物，自己家中还设有广仁堂药房，常年向普通市民施医施药，在荒时暴月还设粥棚，向贫民施粥。曾祖母庄太夫人吃长素，常年拜佛念经，一直向穷人捐款捐物、施药施茶。别的方面不能继承祖上，而慈善事业则是自己唯一能做的。谈起此事，盛承慧幽默地说："我丈夫管赚钱，我只管花钱。"

于是从2003年开始，她把目光首先投向了内地的贫困地区与受艾滋病侵扰的重灾区，开始关注那些最为不幸的群体。当她从凤凰卫视上看到河南出现了一些"艾滋病村"，致使一些孤儿生活陷入困境时，她非常震惊，就与丈夫商量，想去实地察看一下，如果有可能的话，她想帮那些孩子一把。丈夫支持她的想法，于是她带着女儿即刻前往河南，因为女儿已经读大学了，还从来没到过农村，更谈不上中国内地的农村，她想让女儿开阔一下视野，了解民情，增加奉献社会的意识。自然，想要进入这些艾滋病的重灾区考察是件非常困难的事情，有来自各方面的阻挠。最终，她们在当地民政部门的帮助下进去了，但是她们被告知，现在民怨沸腾，当地干部日子很不好过，进去后千万不能暴露你们是从香港来的，也不能说出你们要捐款捐物的打算，否则就会遇到大麻烦，走不出这个村庄都说不定……

后来她们在当地干部的陪同下走访了几家人家，盛承慧看后非常心酸，想不到世上竟有这样的情况！当地的孤儿政府部门已经照看了，她就决定资助那些单亲家庭的儿童，从孩子出生到18岁，提供他们的生活费，请当地民政部门列出名单和地址，她来落实。这项工作做了之后她还不放心，她发现那些孤儿，尤其是那些年龄小的孩子，光给他们钱还不解决问题，还需要有人照看，于是又在周口和商丘两地捐建了孤儿院。

随着慈善义举的逐步落实，她了解到的实情越来越多，仅一个拓城县，查出的携带艾滋病病毒者就有一千多人，政府每月补贴他们每人四十元，盛承慧觉得远远不够，于是每月再补给每人四十元。当她得知政府对孤儿们的生活补助只到初中毕业为止，她就主动承担了他们高中这一段的生活费和学费。对于考上大学的孤儿，盛承慧更是大力资助，给他们每人每年四千元，直到完成大学学业为止。她还了解到，当时在河南省，事实上没有人管的孤儿还有约五百人，于是再追加补助，每人每年补助一千五百元学费。

盛承慧与孩子们在一起

　　盛承慧的义举很快在当地产生巨大影响，无形中给地方政府带来了压力和推动力，逐渐地，政府也加大了对这一困难群体的经济补助力度。

　　几年后，盛承慧的慈善事业越做越大，从河南扩展到了宁夏、甘肃、江西、安徽、云南、广东等省，资助范围从"艾滋病村"到一般家庭困难的学生，甚至到生活无着落的抗日老兵。她从电视上看到，当年抗日战争中孙立人将军率领的远征军曾深入缅甸作战，有的部队打散了，士兵们有的留在了缅甸，有一部分人则回到了国内，但是由于种种原因他们没能回到故乡，而且生活上非常困难，这样的抗日老兵至今还有两百零五人。盛承慧甚为震动，马上飞过去了解情况，并成立了一个"功臣关爱"慈善项目，资助这些已经步入晚年的老兵回故乡探亲，同时每月给他们生活费（具体金额视每个老人的不同情况发放，一般为每季度几千元）。

　　现在，她在宁夏和河南省都设立了"盛承慧教育基金会"，通过当地教育局和民政厅，资助那些品学兼优、生活困难的学生，每人每年两千元。

　　2011年，在上海交通大学纪念建校一百一十五周年的日子里，盛承慧与丈夫捐献一千万元，在该校成立了"盛毓绶细胞与免疫研究中心"，资助该校对于细胞学科的深入研究。该校发布的消息介绍说："盛毓绶细胞与免疫研究中心的成立，不仅为纪念盛毓绶先生'坚韧豁达、慈悲乐观'的处世态度，加深了上海交大和盛氏家族的友谊，还进一步增强了交大生命学科的整体实力……通过组建细胞与免疫学研究的方向，促进生物化学、微生物学、细胞生物学、遗传学等学科的交叉和协作发展，辐射带动整个生物学一级学科的快速发展，将会造福社会公众健康，并为交通大学冲击世界一流大学的目标助力！"

盛承慧的丈夫黄炳均为了报答父老乡亲的养育之恩，于2012年在家乡设立了"昌兴关爱基金"，助学、助衣、助困，基金总数达一亿人民币，每年两千万元，分五年到位，资助那些衣食不周、孤苦无依、老弱病残者，在当地引起巨大反响。

现在，每年的春夏成了盛承慧的大忙季节，她要奔赴各地视察基金会的工作，看看落实情况，发现问题并及时解决问题，还要家访，组织学生夏令营，与当地民政厅一起举办各种交流活动，还要应付各地媒体的采访。人们问起她的初衷，她总是说："我们资助这些不幸的孩子，不仅仅是给他们生活费或者学费，重要的是要使他们懂得，知识改变命运，我们要给他们生活的勇气和智慧。""人要豁达，要学会反思，还要学会吃亏。能吃亏的人才能无往而不胜。""我们要用自己的生命去影响我们身边的人，生命才有意义。"

各地的孩子们都很喜欢她，每次参加交流活动，孩子们的天真和热情每每令她深深感动。有一次她问学生们："你们对我有什么要求吗？"居然有一个孩子提出："我

盛承慧（左）走访抗日老兵家庭

⊥ 盛承慧捐赠一千万元建立"盛毓绶细胞与免疫研究中心"

中 盛承慧(左三)在签约仪式上

下 上海交通大学校庆115周年时盛毓凤(左)、盛承慧与校长合影

可不可以抱抱您?"于是孩子们都围上来了,排着队要抱抱他们的大恩人……现在,这些孩子们每年会给她写两封信,汇报他们的学习、生活和思考。阅读孩子们的来信,成了盛承慧生活中的一大享受,她觉得自己的热血正在这些孩子身上奔腾……

穷则思变闯天下

20世纪五六十年代的盛家毓字辈、承字辈,凡生活在大陆者多数日子过得很困窘。盛老四的第11个儿子盛毓珅曾对笔者说:"十年间我们不断地搬家,住过愚园路、长乐路、巨鹿路、万航渡路,车子越乘越大,房子越住越小,最后只剩一间,而且是间灶披间,却要住我们一房八个人——母亲和我们兄弟姐妹七个。晚上,我只能睡在一张桌子上……"父亲1958年去世以后,母亲去了香港。1962年,盛毓珅怀揣着六元港币也到了香港,开始在小店里打工,当练习生,后来与几个朋友合伙做点小生意,等到有点积累时就到外界闯荡。他先去台湾,后又出国去日本、加拿大、毛里求斯,打过零工,也办过服装工厂。毛里求斯开始对外开放时,有些优惠政策,后来实行排华,优惠政策全部取消,他们只好返回香港。祖国大陆改革开放以后,他又回上海办餐馆。办餐馆并非熟门熟路,只能跟伙伴们一起"摸着石头过河"。几年下来,他们的锦亭酒家发展成了有九家分店的粤派连锁餐馆,以其高档的粤菜知名,都是上海滩"款爷"们时常光顾的去处。

盛毓珅的经历很能代表盛氏第三代人赤手空拳闯天下的情况。

现在另一在大陆投资较多的盛家后代,也是盛老四的儿子,名叫盛毓凤。"文革"中他还是五原路房管所的小泥瓦匠,改革开放以后去香港创业。在香港,他白手起家,凭其聪明机智和在大陆积累的关于建筑维修、装潢、材料等方面的知识,广泛开拓,做过小工，组织过小型建筑队，也当过中介人，甚至做过代办墓园的业务，拼搏到现在，已是一位在南京、上海、杭州、无锡、苏州都有投资企业的老板了。他还担任了江苏省政协委员，经常参加社会活动。

盛七小姐的女儿庄元贞，解放后也经历了一场"炼狱"般的磨难。首先是父亲庄铸九被打成反革命，继而哥哥庄元端被打成右派，送到安徽劳动改造，这个家庭从此不得安宁了。她家原住在淮海中路常熟路口的愉园8号，花园洋房，独立小院，后来被扫地出门，去住人家的汽车间。庄元贞1958年从浙江美术学院毕业，由于家庭出身的牵累，被分配到福建教书。这期间，她父母亲年迈多病，生活没有保障，这对年轻的庄元贞来说，精神上无时无刻不是个沉重的十字架。

但是庄元贞个性十分要强，尽管环境十分苛刻，但她对自己的要求一刻也不放松。经过数十年耕耘，她终于在工艺美术的领域里做出了突出的成绩。在创作方面，她的单色木刻画《工间》参加了第二届全国版画展览，并入选十一国巡回展览；她的另一幅作品《母爱》，不仅参加了第三届全国版画展，入选赴苏联、蒙古、捷克等国展出，被编入《十年来版画集》一书，还被中国美术馆永久收藏。著名版画家力群对这幅作品非常赏识，曾以《谈版画上的魅惑力》为题，在《版画》杂志上作了评论："'母爱'中母亲的手，却能够做到既真实而又富于造型美，这也是这一作品的魅惑力之所在。"在教学方面，她任教十二年，担任创作教研组组长，编写了十余万字的教材，先后培养了十届数百名学生，连续被评为教学标兵和先进工作者。60年代上半期，她的艺术创作日渐成熟，构思更加精巧，刀法更加洗练。她尤其善于融汇中国传统绘画中的笔墨技巧于版画艺术之中，使作品色墨交融，水分淋漓，更加强了艺术的感染力。1962年创作的《闽南女》，不仅入选第五届全国美展，而且被 *Chinese Literature*《萌芽》《热风》等杂志选作封面和画页，并印入挂历。

遗憾的是，正当她的版画创作进入黄金阶段的时候，"文革"爆发了。到了70年代，她甚至失去了在城市里工作的权利，不得不肩挑着行李，带着两个孩子下放到闽北山区。她过去多次创作过闽北山区农妇的形象，这一回，自己也成了"画中人"。几年后，她被调入福建省工艺美术公司从事工艺品创作指导、组织技艺培训等工作。这期间，她设计的车木玩具《民族娃娃》，曾参加全国玩具展览；设计的磨漆画《狮舞》参加了福建省磨漆画展；设计的金漆四扇屏风、六扇屏风《七仙女》《红楼梦》《杨贵妃》《仙女祝寿》等作品，均投产后销往海外……1982年，她在福建被评为工艺师；五年后，又被国家轻工业部评审为中国首批高级工艺美术师。

直到她母亲去世的1983年，庄元贞才得以调入上海工艺美术研究所工作，担任情报资料室主任兼《上海工艺美术》杂志主编。可喜的是，她那两个在生活的逆境中磨炼成长的儿子，周大虎和周二虎，无形中继承了父母坚韧不拔的个性和艺术天赋，也成了工艺美术领域的好手。近些年来，他们成功地找到了工艺美术与市场经济的结合点，与朋友们一起办起了艺术装潢公司，把他们对艺术的理解体现在现代各式建筑物中，先后承包过多项大型、综合型建筑的艺术装潢设计和施工，是当前方兴未艾的装潢领域中的新秀。庄元贞的丈夫周荷生教授在上海交通大学任教，多年来从事青铜艺术品的设计和研究。前几年中国送给联合国的"世纪宝鼎"就是他的杰作之一，并由他亲自从上海护送到纽约联合国总部。

盛毓新与盛毓敏是盛老七盛昇颐的女儿，她们有一段与众不同的人生经历，颇为传奇。

小时候她们与哥哥盛毓骧跟着父母住在盛家老公馆，过着金山银山、完全海派的生活。老公馆是个小社会，孩子们吃饭、穿衣、读书、运动、理发、看病均可以在自家搞定，无需出院门。而且家里客人多、宴会多、各种派对多，尤其是新年和圣诞节，老公馆的排场很大，张灯结彩，大摆宴席，动辄车马成群，屋里屋外宾客盈门。毓新、毓敏和哥哥毓骧常在派对上唱歌跳舞，表演节目给客人们看，而且都长得胖嘟嘟的，所以很讨大人们喜欢。由于父亲盛昇颐很能干，是圣约翰经济系毕业的，很得孔祥熙的赏识，属于孔家"公馆派"的核心人物，担任苏浙皖税务局局长，所以他们一家与孔家人走动得很勤。

可是抗战一爆发，生活就完全变了，常常逃难、搬家，生活变得很不安定，学业也耽误了。父亲跟民国政府一路后撤，到了重庆，孩子们在上海跟着杨冰瑜女士（盛老七的姨太太）暂住。1941年下半年眼看局势愈加紧张，盛昇颐于"一·二八"日本人打入租界前夕，把他们接到重庆，生活上托付给宋霭龄，住在孔家隔壁，后来又转到香港。由于孔祥熙夫妇不喜欢"白牡丹"和杨冰瑜，因为她们都是"堂子"里出来的人，所以去香港就只带了三个孩子。他们与宋霭龄、宋庆龄一起住在跑马地，生活上仍由宋霭龄照看，这期间宋美龄也来住过，当时盛毓新才10岁。眼看日本人要攻入香港了，宋霭龄、宋庆龄带着孩子，乘坐香港飞重庆的最后一班飞机离开，又到了重庆，直到抗战胜利后回到上海，住进太原路上的蓉园。

抗战胜利后，盛昇颐作为国民政府的接收大员，又任中央信托局高管，很是风光了一阵。全家人都能在战乱中活下来，并且战后能在上海团聚，自是万分幸运。可是好景不长，盛昇颐不幸炒股失败，金山银山很快冰释。更不幸的是，一个坏女人闯入了他们的生活，此人即盛昇颐的最后一个夫人、原大流氓高鑫宝的儿媳妇陈佩君。解放前夕，父亲带着兄妹三人再次去香港，同时去的还有杨冰瑜、陈佩君与她的女儿。当时大家对台湾都不看好，孔家人去了美国，宋子文也去了美国，当年的老朋友都自寻出路，各奔前程。盛家在香港没有基业，也没有新的靠山，只能是坐吃山空，不久，毓新、毓敏姐妹与杨冰瑜又回上海。

1951年，盛毓新接到哥哥盛毓骧从香港拍来的电报，说是父亲病重，叫她们姐妹俩速来香港。到了香港才知道，父亲并没有病重，而是打算与那个坏女人去日本。盛毓骧比毓新、毓敏姐妹大几岁，考虑到时局不稳，一家人不应当分在几个地方，他本人已经服役去台湾，他想让两个妹妹跟父亲住在一起。于是，两姐妹再来香港，并与父亲及陈佩君母女一同乘船去日本。在日本，虽然台湾的俞鸿钧给了盛昇颐一个职位，任台湾驻日本的航业公司总代表，但他们的生活并不宽裕。更可怕的是，陈佩君这个坏女人的本来面目日益暴露，她把自己的女儿当千金小姐，而把毓新、毓敏姐妹当丫鬟使，稍不如意就摔摔打打，甚至打毓敏耳光，想方设法把她们姐妹赶走。她一会儿要把毓新嫁给一个珠宝商，毓新不干；一会儿又要把毓敏嫁给一个轮船公司的大副，毓敏也不干。她就整天嚷嚷着，说是她"湿手沾面粉，甩也甩不掉她们"。

在这个时候，父亲的态度很令人费解，软弱无能，听之任之，没有一句公道话，可知这个女人本事大，把盛老七完全控制住了。这么一来，两姐妹对父亲彻底失望了，于是作了一个大胆的决定，逃离这个家，回中国大陆去！ 1955年，毓新从报纸上看到，中国红十字会和华侨总会正在东京工作，把一些愿意回国的华侨带回中国，同时把日本人在中国的骨灰运到日本。两姐妹想得到中国红十字会和华侨总会的帮助，就拿着报纸，与之在一家咖啡馆秘密约见，说明了自己的处境，申请回国。红十字会和华侨总会的人员很同情她们，答应帮助她们回国。

为了回国，姐妹俩作了很周密的安排，装得像没事一样，只收拾了很简单的衣物，选择了一个星期天的早上出走，因为周日大家都起得晚，没人注意。只有家中的小狗醒了，看出苗头不对，来回蹦。毓新喂它吃的，把它引到花园里，小狗总算安静了下来。来到华侨总会后，为了安全起见，华侨总会的人把她们藏了起来，还改了名字，改成日本名字，因为离船期还有好几天。父亲发现她们不见了，立即报警，到处去找。到了开船的那一天，又派人到船上搜寻。毓新、毓敏躲在货舱里，看到甲板上警察走来走去，还好没有被发现，她们顺利到了天津，又转到北京。

在北京，她们被安排进华侨补习学校学习汉语和数理化知识，因为多年来家庭生活不安定，她们的学业被耽误了。从华侨补习学校毕业后，毓新考取了护士学校，后来长期在首都钢铁公司的医院工作，接着结婚生儿，相夫教子，总算过上了幸福、安定的生活。毓敏考取了河北师范大学，毕业后在天津一所中学教英语，1976年去香港定居。后来从亲戚那里得到消息，她们逃走后父亲大病一场，于1961年在东京去世。那个女人也有报应，1964年去世，她的女儿三十来岁就潦倒而终。

这一切如今回想起来，两姐妹像是做梦一样。

改革开放以后，盛家后代中有一大批人走出国门，或留学深造，或移民创业，他们各自有着一部奋斗史，汇成了盛氏家族近四十年来不断进取的生活旋律。盛四小姐的曾孙邵宛誉，是其中的典型代表。

邵宛誉由于其祖父和父亲的冤案，从小生活在大丰劳改农场，直到18岁时才随父母回到上海。他从小就生活在一个被歧视、被遗弃的环境里，精神上非常压抑，只有父母才是他温暖的依靠。父母从小就告诫他，到外面不要多说话，只能埋头读书和干活，一旦说错了话就要犯大错误。他在学校成绩总是名列前茅，课外活动、义务劳动也总是积极参加，可是无论他怎样努力，总是一个"反革命家属"，仍是被人看不起，因此形成了十分内向却又非常坚强的个性。让他最痛苦的莫过于填表格，一填表格，家庭出身栏又要触动他那深深的痛……

21岁那年，他随出国大潮东渡日本自费留学，去时口袋里仅有七万日元，交掉住宿费（与同学合住）只剩下一万日元。他本想一边读书一边打工，自己养活自己，但由于中国赴日留学生太多，工作很难找，竟然整整一个半月任何工作都没找到，口袋里的钱日见消耗，于是就不敢花钱，每天只吃两片面包，喝自来水，这是他万万没有想到的。一个半月后，经同学介绍，他到一家餐馆去当洗碗工。餐馆下午六点开张，他五点半就到了，老板娘叫他先吃饭，这是他到日本后吃到的第一顿米饭，老板娘被他那狼吞虎咽的样子惊呆了，没想到他一口气能吃那么多！那份工作一月可挣六七万日元，可以交学费了，但吃饭问题仍未解决。半年后他日语过关了，找工作才方便了些。他要打三份工，每天工作十四五个小时。

一年之后，他才找到了他家的亲戚盛毓度和盛毓邮。他跟盛毓邮见面的那一天也把对方吓了一跳。见面地点在盛毓邮的新亚饭店，盛毓邮请服务员端来一笼刚出笼的小笼包子，饥饿的邵宛誉不到十分钟就一扫而光。新亚饭店的小笼包与上海不同，笼屉有上海的两倍大，包子也大一倍。盛毓邮叫他慢慢吃，一笼屉下肚后问他还要不要吃，他点点头，还要吃。后来盛毓邮问他，是因为这包子好吃呢，还是因为饿？他老老实实地回答，包子很好吃，但主要是因为太饿了。

善良的盛毓邮把他留在自己的饭店里打工，这个工一打就是七年。这期间，他不仅成了主人的好帮手，而且顺利完成了学业，读了两年日本语言学校，又读了两年商业英语，继而考入东洋大学商学科，共读了八年书。东洋大学毕业后，他不用再去餐馆打工了，而是进了日本住友集团的一家商社，即三昌株式会社，成了这家公司的第一个外籍职员，也是唯一的一名中国籍职员。

在找工作的日子里，曾有三个单位录取他，其中两家是工厂，一家是商社，他最后决定去商社。因为他考虑到工厂的格局要小一些，商社的接触面大一些，另外，过去因环境的关系，总是谨小慎微地过日子，对外社交的机会和能力就较别人差些，而商社的工作恰恰可以锻炼自己，弥补这方面的缺憾。到三昌株式会社面试的那一天，主管负责人拿着他的成绩单说："你的成绩很好，但还要考一篇作文，请你用半个小时写一篇作文，任你写什么都可以。"

这可把邵宛誊乐坏了，因为他受父亲的影响，从小就喜欢文学，他本来就想读文科，但父亲认为太危险，所以才读商科的。在国内读书时他的作文成绩常常是第一名，想不到来日本求职时，倒派上用场了！邵宛誊略思片刻，挥笔立就，题目是《十年后的我》，文章描述了他进入该公司十年之后，代表总公司去上海开拓业务，在上海最繁华的南京路设立分公司的种种景象，把属于未来的东西放在现在写，其中既融汇了他对现代市场的理解，又显示了他对商业战略的种种思考，主考官看了后连声叫好，认为是所有前来考试的人中写得最好的一篇。

又经过了七道考试、四次面试，六个评委一致同意录取他前来工作。进入三昌株式会社后，社方对其格外栽培，要他一年换一个部门，以便熟悉和掌握全面的情况。令人高兴的是，他在作文中写到的种种憧憬，后来竟然提前来到了——他于2000年下半年被委派到上海来开拓业务，建立中国业务事务所。这个消息传来，最为高兴的自然是他的父母，他们在劳改农场含辛茹苦带大的唯一的儿子，现在可以衣锦还乡了！

盛家在新亚饭店打过工的子弟兵，还有夏农（邵洵美的外孙、邵绡红的儿子）、盛松（盛宣怀的曾侄孙）、刘起凤（盛八小姐的外孙）。现在夏农已赴美国，担任芝加哥大饭店的部门经理；盛松在东京一家公司任职；刘起凤在上海一家日资公司工作，都是挑大梁的骨干。

盛家第四代人中还有一位名人，那就是盛宣怀的侄孙盛胜保，是位工程学家。抗战前后他主持修造了著名的兰新公路和中缅公路，为西南地区的建设和抗战时大后方的运输立下了汗马功劳。他还曾在新疆筑路三年，生活极为艰苦。他的妻子是位美术家，他筑路三年，妻子就在敦煌莫高窟里临摹佛教壁画临摹了三年。后来他们夫妇来到美国，各自都成为本行业中的佼佼者，夫妻双双入选世界名人录。

盧毓郇先生八秩壽慶祝賀酒會
壽

钓鱼岛之谜

徐逸说：钓鱼岛是我的！

1972年，当钓鱼岛的归属问题成为中日敏感话题时，盛氏家族也鬼使神差地被卷了进去，这当中主要是突然冒出了个自称是盛老四女儿的"盛毓真"，并出示一张"慈禧手谕"而引起的。

这个盛毓真，自称是盛老四当年在美国留学时与一个美国女人生的，后来过继给国民党前驻加拿大大使徐淑希为女儿，所以改名徐逸。

关于那张"慈禧手谕"，徐逸说：由于当年慈禧太后患有风湿症，各种医药无效，而盛宣怀经营的广仁堂所监制的风湿性特效药医好了慈禧太后的风湿病，慈禧高兴之余，就下诏把钓鱼岛等三个小岛赏给了盛宣怀，作为采药之用，因为钓鱼岛上盛产海芙蓉（又名石苁蓉），而海芙蓉正是盛家所制风湿药丸中最重要的一味药。

因此，徐逸对记者称，她对于钓鱼岛、黄尾屿和赤屿这三个小岛，拥有所有权。钓鱼岛归属问题的争执发生之后，她请律师向美国国务院和美国参议院外交委员会备案，要求美国承认她对钓鱼岛的所有权，后来又到台湾，向台湾当局提出就她的所有权问题要求备案。

这张"慈禧手谕"的出现，顿时引起一场轩然大波，美国的中文报刊及港台地区的大小报刊，一时沸沸扬扬，连篇累牍地报道、转载，甚至到处"捕捉"盛家的后代，采访、追踪报道，几乎所有的盛家毓字辈子弟都被采访过，有的还不止一次。热闹的中心自然是徐逸，因为她不仅出示了"慈禧手谕"，同时出示的还有钓鱼岛的地图，和所谓盛老四在1960年写给她的一封信。

信中说：

台湾外海有三小岛，曰钓鱼台、黄尾屿、赤屿，皆无人荒岛，见于出使琉球使者赵文楷介山公之记述。此三小岛，虽属荒岛，然盛产药草，当年吾家盛时，在烟台、沪、常（州）三处，设有广仁堂，施诊给药，远近知名。皇上以此三岛，赐与汝宗，作为采药之用，诏书就在家中，是吾家物也。家中并有图说，兹寄汝，望汝能设法前往一看。

徐逸出示的所谓其父寄给她的钓鱼台地理图说的原文是：

> 钓鱼台、黄尾屿、赤屿小岛，位于台湾基隆外海，孤悬海中，向无居民，为台湾北部渔民栖息之地，虽归我家，亦仅采药，而未知经营。清末我家曾就赵介山公之副使李鼎元公之使琉球录派人步测，有图稿藏于愚斋图书馆中，民国十六年忽认盛氏产业为逆产，上海租界外之财产，全遭查封，后虽获启封，经理人员，悉已散尽矣。愚斋图书馆存稿存书，余已全部捐赠国立交通大学，即先父手创之南洋公学也，此图亦为存件之一。

关于那张"慈禧手谕"，徐逸出示的内容是：

> 皇太后慈谕：太常寺正卿盛宣怀所进药丸，甚有效验。据奏原料药材，采自台湾海外钓鱼台小岛，灵药产于海上，功效殊乎中土，知悉该卿家世设药局，施诊给药，救济贫病，殊堪嘉许，即将该钓鱼

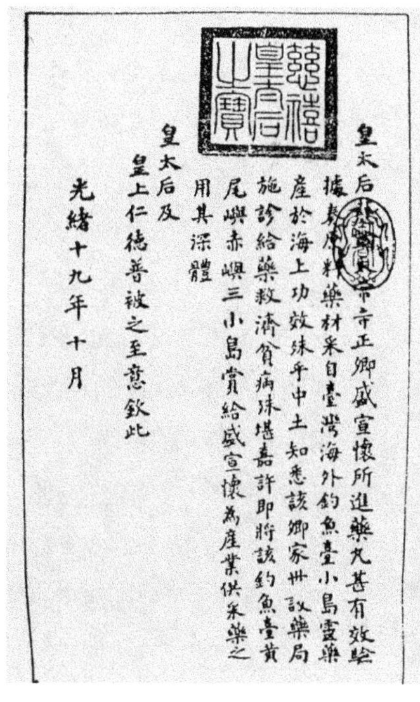

皇太后 太常寺正卿盛宣懷所進藥丸甚有效驗
據奏原料藥材采自臺灣海外釣魚臺小島靈藥
產於海上功效殊乎中土知悉該卿家世設藥局
施診給藥救濟貧病殊堪嘉許即將該釣魚臺黃
尾嶼赤嶼三小島賞給盛宣懷為產業供采藥之
用其深體
皇太后及
皇上仁德普被之至意欽此
光緒十九年十月

徐逸出示的"慈禧太后诏书"

台、黄尾屿、赤屿三小岛赏给盛宣怀为产业，供采药之用，其深体皇太后及皇上仁德普被之至意。钦此。光绪十九年十月。

"诏书"上还钤有"慈禧皇太后之宝"和"御赏"两枚印章。

对于此事表示格外关注的除了海外媒体外，盛家在大陆的子孙也非常起劲。这很自然，因为大家都有一颗爱国心，按逻辑推理，既然慈禧太后早就把钓鱼台岛赐给了盛家，那岂不是说明，起码在清朝末年时，钓鱼岛原本就已有归属了吗？既然如此，不就说明钓鱼岛是中国的领土吗？于是，大家把这张"手谕"复印来复印去，传来传去，事情被弄得像真的似的。

中国的《参考消息》鉴于海外沸沸扬扬的舆论，在1972年4月4日也转载了香港报刊的有关报道，题目是《台湾、盛宣怀和钓鱼台》。于是盛家的故事就与钓鱼岛扯在一起了，更增加了扑朔迷离的传奇意味。

专家说："慈禧手谕"是假的！

可是，这毕竟是一场骗局，是一般善良的人所无法想象的国际笑话。骗局所无法遮掩的种种漏洞，很快就暴露无遗了。

当"慈禧手谕"最初面世的时候，著名图书馆学家、古籍版本目录学家顾廷龙尚在上海图书馆馆长任上。他是20世纪50年代初期，亲自把八百包"盛档"资料从北京西路、万航渡路路口的盛公祠，接收到上海图书馆的图书馆界老前辈，是一生对"盛档"的整理和研究倾注了极大热情和心血的老专家。当时，华东师范大学历史系的教授夏东元，为了撰写《盛宣怀传》，正在顾廷龙的帮助下，成年累月地"泡"在"盛档"里（原八百包"盛档"资料，经解放后的整理与合并，归为五百包。其中一部分在解放前，已

本书作者、编者与夏东元先生(中)

由盛氏家人刊行为《愚斋存稿》,尚有大量未经面世的原始文电、奏稿和朋僚信函,据上海图书馆介绍,总量有十五万件)。顾廷龙和夏东元两位,可以说是对盛氏资料掌握最多的人,尤其是夏东元,为写《盛宣怀传》,把"盛档"全部翻阅过一遍,但并没有发现盛宣怀与钓鱼岛有关的任何资料。

而且,他们从徐逸公布的"慈禧手谕"影印件上,一眼就看出了破绽。

主要依据是:该手谕注明的日期是光绪十九年即1893年,而对盛宣怀的称谓则是"太常寺正卿",这就与实际情况不符,因为盛宣怀是在1896年才被任命为太常寺少卿的,并非在1893年。也就是说,"手谕"上的时间比盛宣怀实际被任命的时间早了三年,此为一。二是头衔也不对,他是"太常寺少卿",而非"正卿"。这说明此"手谕"的作伪者连盛宣怀的履历及官职的称呼还未弄清楚呢! 这怎么能不露出"马脚",怎么能"唬"得过研究有素的大陆学者呢？

鉴于当时的国际舆论，因为此事与钓鱼岛的归属问题客观上已扯到了一起，所以顾老和夏老就没有吭声，也没有对外发表这些看法。

台湾的学者也看出了破绽。一位教授发表文章说，慈禧太后在那个时候早已不使用那两枚图章了，那两枚图章的款式是慈禧早些年使用的，因而也认为那手谕是假的。

这么一来，就更忙坏了那些新闻记者，大家被真真假假弄得莫衷一是，于是更加起劲地"捕捉"各地的盛家后代，以探究竟。

毓邮说：徐逸做假！

20世纪50年代起就居住在日本东京的盛家毓字辈老大哥盛毓邮和二哥盛毓度，是当时盛家在海外年纪最大的了。当记者们找到他们时，他们被这突如其来的事情弄得丈二和尚摸不着头脑，活了这么大年纪，还从未听说盛家与钓鱼岛有什么关系，也从未听说有什么家传的"慈禧手谕"，更没有听说过父亲还跟美国人生过孩子。对于这位似乎是从天上掉下来的"毓真妹妹"，他们是认也不好，不认也不好，拿毓邮的话来说就是："弄得我好尴尬。"因为当时的社会舆论已经沸沸扬扬，似已认定这个自称"毓真"的人就是他们盛家的人了。然而盛家过去谁也没听说过此人，谁也没见过此人！

尽管如此，善良的盛家人还是暂且把她当作了盛家人接待。然而，当这个"毓真妹妹"拿出所谓"爹爹给我的一封信时"，毓邮和毓度全明白了：这完全是假的！不仅字迹是假的，里面的称呼、内容、落款全都不对！他们由此开始怀疑，持有这样一封假的"爹爹的来信"的人，能拿得出一份真的"慈禧手谕"吗？

既然盛家两位老大哥都不能证实"毓真"的身份，也不能证实钓鱼岛与盛家的关系，年轻一代就更加无法证实这一切了。于是舆论界又一阵大哗。

　　2000年初夏，笔者在东京曾就钓鱼岛问题请教已90岁高龄的盛毓邮，情况就更明白了。他说："我们谁都不认识她，也从未听说过有什么家传的'慈禧手谕'。不过有一条，假如我家真有这么个'慈禧手谕'的话，无论传到谁手上，也绝不会传到她手上。我在家里是老大，家里大事都是不瞒我的，我就从未听说有这么回事。关于那张'慈禧手谕'的真伪，我不是历史学家，所以说不出意见，但是我以前从来没听说过，也没看见过。至于那封所谓的我爹爹写给她的信，那确确实实是假的！"

　　原来，这个徐逸本来在美国生活，曾与一饭店老板同居，日子过得很不得意，后来到了台湾，说是来"寻根"的，找到了盛家的后人。在"慈禧手谕"的假象被层层剥去之后，她慌了手脚，就跑到东京做两位老大哥的工作。她对毓邮的太太任芷芳说："等我把事情（指钓鱼岛的事）搞定了，我们就都'发'了，盛家的人都可以'发'了，到那时你们也不用辛辛苦苦地开饭店了……"这就是打开天窗说亮话了，意思是现在请你们帮帮我的忙，帮我把此事弄假成真，将来你们都是有功之臣，可以发大财。

　　徐逸说此话的时候，天并不怎么冷，她已经皮大衣裹身了，但那大衣的衬里已破烂不堪，有的地方已丝丝挂挂地露在外面了。一双鞋也不合适，走不多远路就脚疼。脚疼起来，即便是在百货公司里，也会把鞋子一甩，赤脚站在人家大堂里……这些都令盛家人感到怀疑，此人处处都不对味。

　　为把事情进一步弄清楚，笔者返沪后特意再去上海图书馆，查阅盛家的家谱。该馆馆藏的《龙溪盛氏宗谱》是1943年由盛文颐总修，盛渤颐主稿，盛恩颐总校的，分校的还有棠颐、慕颐、重颐等人，其中一篇盛氏后人撰写的《盛宣怀（杏荪）行述》，洋洋洒洒二万余字，历数老太爷一生功业、嘉奖、升迁等各项，尤其对于皇上几次召对，慈禧几次问策，并有所赏赐事，记叙甚详，有的地方还把原话抄录其上，比如"京汉全路完工，引疾求退。慈圣面谕：'国家正值多事，汝系旧臣，不应出此。'及再叫起，奏对逾四刻，上曰'汝今日精神已大好'，旋蒙赏紫禁城骑马"。又如"三月初十日，召见。先垂询病状，后述蒙尘情形，且谓非汝等力保东南，恐无今日。命赏福字匹头、饽饽、肉食，并奉懿旨以承办大差，一切周妥，交部优叙"。然而，未有一字提及钓鱼岛之事。试想，这篇行述已把慈禧赏赐饽饽、肉食的事情都记录在册了，如果真有赏赐钓鱼岛这样的大事，能不记录在册吗？在1943年修的家谱中都没有的事，在1972年却冒出来了，其"形迹"

马芳踪夫妇为盛毓邮祝寿

之可疑，不是昭然若揭吗？

另外，细审那封"爹爹的信"，内中讲的事情与年代也不对。查封盛家除租界以外的所有财产是辛亥革命后一年间的事，而"爹爹的信"中却讲在民国十六年（即1927年）。如果是讲国民党，那也不对，国民党在1927年并未查封盛家财产，只是将愚斋义庄的慈善基金充公（二百三十万元），但时间也不对，那是1928年的事。更为离奇的是，徐逸出示"爹爹的信"，落款时间竟在盛老四去世之后的第三年，"马脚"露得实在太大了。

由此可知，徐逸造假，其手段实在不够高明。

"钓鱼岛事件"后来发展到两军对垒、剑拔弩张的地步。徐逸的"慈禧手谕"无疑是起了推波助澜的作用。对于盛家来说，不少人认为，此骗局真是丢尽了盛家的脸，居

324

然国际舆论也被她骗得团团转。更要命的是，直到现在为止，没有一个人能证明徐逸是盛老四的女儿，一切都是她自己说的。所以有的盛家子弟认为，她是个骗子，是借着盛家的名望和钓鱼岛问题的争端，蓄意行骗之人。

笔者从日本返回后，又接到彭菊影女士（盛毓度的夫人）的电话，电话中讲五毛（即盛毓珠，盛老四的女儿、马芳踪的夫人）前些日子从台湾来过，她也认为徐逸根本不是盛家的人，建议把她的名字从盛家资料里去掉。马芳踪在给笔者的信中，更是对此事表示了极大的愤慨。

现在，大风大浪是过去了，可小风小浪并未停止。据说直到前几年，台湾报界仍有把盛家与钓鱼岛扯在一起的报道。

值得庆幸的是，徐逸十多年前在台湾病死了。盛毓邮夫妇说："还好她死了，如果不死的话，还不知要闹出多少笑话来呢！"

第十四章

海上寻踪

盛家的老房子

现在盛家人已星散各处，除了大陆之外，主要集中在日本、美国、加拿大及中国香港、台湾诸地。第三代是毓字辈的人，老的已经八九十岁，年轻的也过了不惑之年。在上海、苏州、常州等地，现在还保留了不少当年盛家的或是与盛家有关系的老房子，时时能勾起人们"怀旧"的思绪。

外滩中山东一路6号和9号，均是与盛家有关的老房子。6号是盛宣怀于1897年创办的中国通商银行旧址；9号是原轮船招商局的旧址。

这两幢房子均为砖木结构的老房子，在外滩林立的大厦群中显得十分局促和寒酸，但是它们资格最老，仅次于外白渡桥南面原英国领事馆的老房子（外滩33号），很能说明中国洋务运动起步时期与列强争雄的艰苦境况。

外滩6号的房子为四层砖木结构，坐西朝东，建筑面积为四千九百九十平方米，占地面积一千三百六十八平方米，正门有立柱，门楣有简单的纹饰，东立面二、三、四层楼窗子还加有小阳台点缀，中央高处有山墙压顶，外墙采用花岗岩贴面砖镶贴。此楼由马礼逊洋行设计，建于1896年。解放后由交通部接管，归长江航运公司和长江航道局上海办事处使用。改革开放以后经过置换，现为旅游休闲场所。

外滩9号的房子建在美国旗昌洋行旧址。上海小刀会起义时期的上海道台吴健彰，早年就是旗昌洋行的买办。该行的轮船公司，曾经是长江航运中的三霸之一（另外两家是怡和洋行和太古洋行），盛宣怀奉李鸿章之命开办轮船招商局时，与之进行过激烈的竞争。1877年，盛宣怀以二百二十万两银将旗昌轮船公司盘下，又于1901年拆去旧楼，重起新楼。此楼为三层砖木结构，占地四百五十五平方米，建筑面积

盛老五的老房子，现为日本总领事官邸

三千五百三十八平方米，外观仿文艺复兴式，每层有明显的腰线，内部楼梯迂回曲折，木扶手上的雕花也十分精致。北伐战争后，轮船招商局于1930年被国民党接收，改为国营。解放后，此楼先后归上海港务监督局、交通部上海海上安全监督局及上海海上搜救中心使用，目前也已置换，成为旅游休闲场所。

　　盛家在上海历史最久的老房子，自然是静安寺路上的老公馆，是盛家在上海的老根据地，现在已完全"旧貌换新颜"了。这处老公馆占地一百零五亩，除一栋老花园洋房之外，其余的在盛宣怀和庄夫人相继去世之后，都被盛氏后代拆建为里弄住宅出租，后又陆续卖出。抗战期间，连这栋老花园洋房也卖掉了，成为中国银行的财产。汪伪时期一场金融血战（中行惨案）之后，中国银行就是在这栋老洋房里宣布复业的。解放以后归中国人民银行，曾作为该行静安区支行的营业所，直到前几年成都路高架工程施工，才完成了它最后的使命。

盛家最负盛名的老房子，要算淮海中路1517号，现为日本领事馆总领事官邸的那栋顶级花园豪宅了。多年来人们一直传说是盛宣怀买下的，其实并非如此，盛氏本人绝非奢侈到这个程度。现经多方证实，其实是盛老五（盛重颐）从外国人手中买下来的，并非从其父亲手里继承下来。此处原先是一个英国商人的住宅，回国前要把房子卖掉。当时盛老五在外滩开公司，又做地产生意发了财，于是斥资购下。买进时花费已难以考证，在20世纪40年代末卖给荣宗敬的儿子荣鸿三时，是以一百万美元高价卖出的。解放后荣家人出国，房子由国家管理，曾作为上海市高教局和市妇联的办公用房，直到70年代中期中日建交，成为日本领事馆。近些年日本领事馆迁往虹桥开发区，这儿成为日本领事馆总领事的官邸。

目前作为旅游胜地并列入国家重点保护单位的，是苏州的留园。这座园林占地两万三千三百平方米，始建于明朝万历年间，是中国四大名园之一。盛宣怀的父亲盛康于1872年斥资购下，经过三代人的不断修整、增建，今已古木蔽空，厅堂华美，移步换景，美不胜收。花园里布置了很多形象丰富的太湖石，其中三块最有名，后来就成为盛家三个孙女的名字，即冠云、瑞云、岫云。这座园林对于盛家具有不同一般的意义——盛康去世后停棺于此；盛宣怀去世后亦停棺于此；盛老四盛恩颐就在这里去世。这儿不仅是盛家的别墅、花园，还是盛家当年的祠堂、家庙、客厅、住宅。从这个意义上讲，是中国传统家族文化和古典园林文化的结晶。过去每年盛家的后人来此祭祖，孩子们每人可得四块大洋的盘缠费，所以这儿也是孩子们的乐园。解放后国家实行土地国有，留园遂归入国家的账册。50年代初园中建筑已年久失修，国家斥资二十万元，整修一新对外开放，1961年3月被列入国务院首批公布的全国重点保护单位；1997年又被联合国教科文组织列入《世界遗产名录》；2003年被评为国家AAAA级旅游景点，如今更是享誉中外。

至于盛家的祖居，现在常州市青果巷还保留了两排平房，边门开在马园巷，挂了"盛宣怀故居"的牌子，但已年久失修，成了民居大杂院。

盛家的新企业

由于苏州留园原是盛家的祖业，所以盛家后代都有着浓浓的留园情结。办企业喜欢用留园这个名称，以示不忘祖先的恩泽。

日本东京御城门附近有座蓝色的玻璃大厦，名留园大厦，大楼的顶部造型独特，比周边的方形大楼多了不少秀气。这里现在是留园株式会社，从事房地产和金融方面的多种经营，现在的社长是盛宣怀的曾孙、盛毓邮的长子盛承洪。这个企业1962年刚成立时叫留园饭店，是一栋挂着大红灯笼的类似中国古代宫殿的豪华建筑，描红烫金，雕龙画凤，塔式屋顶，是当时世界上最豪华的中式餐厅，常常接待国家元首及各国政要。留园饭店由盛承洪的叔叔盛毓度创办，在日本餐饮界一枝独秀，独享了三十多年的风光岁月。十几年前顺应新的经济形势的需要，转而从事多种经营，在留园饭店的旧基上建成了目前这栋写字楼大厦。除了留园，盛承洪和盛承兴兄弟还各自经营着一家新亚饭店，他们保持了父亲盛毓邮时代的传统，把上海美食，尤其是把蟹粉小笼包做到了极致，至今仍是东京的特色美食。

上海改革开放以后也有过一家留园饭店（现已关闭），是盛承洪与无锡唐氏家族合办的，在陕西南路淮海路，以高档精美的上海菜及香港人性化的服务闻名，深受海内外人士和港台美食行家的欢迎。

香港的湾仔也有一家留园饭店，在港岛骆克道，是盛宣怀的另一个孙子盛毓凤先生二十多年前创办的中式餐厅，经营上海菜和广东美食，是在港上海人时常聚餐的场所。

现在盛家子孙后代遍布世界各地，经营着大大小小的房产公司、进出口贸易公司、建材公司、工程成套公司等等。如果说盛家怀字辈、颐字辈、毓字辈和承字辈中多数人

上 日本留园新厦

下 上海留园落成典礼

上　盛毓凤先生近影

下　左起：王征、盛毓凤、盛毓南、盛承业

专注于办实业的话，那么他们再下一代的乐字辈的人则埋头用功于现代科技了，且逐渐在当代高科技领域渐露头角。

从盛氏家谱上看，盛宣怀的祖父盛隆是第十二世，目前正在读书和创业的乐字辈是盛隆的第七代孙，排在第十八世。去年，盛家在苏州的西园举行了隆重的祭祖仪式，把列祖列宗的牌位放在西园集中供奉，一来，因西园离留园不远，盛家后人便于走动；二来当年盛家对西园有很多捐献，西园与盛家人感情匪浅。如今，参加盛氏家族的祭祖活动的盛家人越来越多，他们均以盛家人为自豪，并以此激励后人，奋发向上，承继祖德，更加有为。

纵观两百年来，盛家人从读书做官起家，经过七八代人的沧桑历程，又回到了读书时代。当然现在读的不是过去的"圣贤书"，而是高科技领域的新知识、新技术、新文化。然而，仍旧在读"圣贤书"的盛家后代不是绝对没有，盛承洪就是其中典型的一个，只要看看他办公室里的一排大书橱就会明白，他为收集和研究与盛家有关的历史资料，下了多少功夫！

家族文化就像中国人的一条根，树大枝繁，盘根错节，走到天涯海角，永远不会断绝。

"盛档" 新成果

最近七八年来，报端不断传出有关盛档整理和开放的好消息。

2007年3月16日，盛宣怀档案出版编纂委员会在上海图书馆宣告成立，同时盛宣怀档案研究中心也宣布成立并揭牌。著名学者王元化先生担任该编纂委员会的主任及研究中心主任。王元化先生在书面发言中指出："委员会成立和中心揭牌，是一项具有现实意义与历史意义的文化工程，可以使我国近代史研究进入新的阶段"；盛档"其存世数量之大，内容之丰，涉及面之广，罕有匹配"。当时上海市委副书记殷一璀出席大会并讲话指出：委员会和中心成立后，将组织编辑出版盛宣怀档案整理研究成果，中外学术界翘首以待的盛宣怀档案面世有望。殷一璀和时任市委常委、宣传部部长王仲伟为盛宣怀档案出版编纂委员会暨盛宣怀档案研究中心揭牌，有二十五位特约研究员在会上接受了聘书。这以后，数量多达17.8万件、字数上亿、号称"中国第一私人档案"的盛档的整理步伐，的确是加快了。

2008年年底又有消息说，盛档研究中心已经完成了全部盛档的编目、整理、修复、装裱，以及原件扫描工作，并建立了盛档全文电子数据库。现在读者坐在上图近代历史阅览室的电脑桌前，只要点击"盛宣怀档案"，即可在电脑上阅读盛档的全部文献。

这实在是盛档文献的"大解放"，实现了这部分历史珍档资源的全民共享，在这以前，只有少数学者和少数图书馆工作人员，才有机会接触到盛档的原始资料。

解放以后，国内最早着手盛档研究的是北京大学历史系的有关学者。20世纪50年代末，他们在上海图书馆老馆长顾廷龙的帮助下，来沪埋头盛档之中，抄录了其中大批书信资料，回北京后，由中华书局出版了近三百万字的《盛宣怀未刊信稿》，自然，这只是盛档的冰山之一角。尽管如此，我们暂且可以视之为盛档整理的第一轮。

上海这边最早对盛档下大功夫的是华东师范大学历史系的夏东元教授，他与盛档有着近四十年的渊源。当极左思潮盛行时，在一般人还不敢去碰李鸿章、盛宣怀等洋务派的年头，他就一马当先，我行我素，毫不犹豫地把李鸿章、盛宣怀、郑观应等列为他的研究重点。几十年间，他根据盛档撰写了《盛宣怀传》《郑观应传》《盛宣怀年谱长编》；还参考盛档撰写了《晚清洋务运动研究》《洋务运动史》，以及百余篇学术论文，是目前利用盛档进行学术研究的最卓著者，堪称开发、研究盛档第一人，也是为盛宣怀和洋务运动正名的"学术豪侠"。夏先生还因此得了一个雅号——扑在盛档上的"江洋大盗"。

颇具讽刺意味的是，"文革"中"四人帮"居然也动过盛档的脑筋，组织过人马为盛档梳"辫子"，但他们不是为了整理盛档、研究历史，而是利用盛档搞庸俗的影射史学，想通过批盛进而达到批邓的目的。1975年，邓小平同志已经出来主持全国工作。那时的上海市委是"四人帮"的帮凶，他们有个写作班子（笔名罗思鼎），是"四人帮"的舆论工具之一，他们要从批判盛宣怀入手，进而批判李鸿章，并且联系实际，借古讽今，为批邓造舆论。为此，他们在复旦大学、上海师范大学（"文革"中五所高校合并，华东师范大学与其他四所院校合并为上海师范大学）和上海社科院历史研究所，召集了一帮历史专业的秀才，来上图整理盛档，目的是要从盛宣怀的言论中，找出与邓小平言论相似的内容，两相对照，组织批判。他们的逻辑是，既然盛宣怀是大买办、大洋奴，反动透顶，邓小平的言论与之一致，那么邓小平不也就是大买办、大洋奴，反动透顶了吗？当然，"四人帮"的真实目的，最初并没有向这个写作班子挑明，他们于1976年春节后就开工，把盛档八百个包袋（1958年上图将全部盛档翻晒后，剔除发霉烂掉的，其余分装入八百个大纸包）——打开……可是人算不如天算，半年后，党中央一举粉碎了"四人帮"。在清查原上海市委写作班子的时候，有些事就牵连到盛档小组。因为他们选编了一本《大洋奴买办盛宣怀反动言论选》，正要准备出版时，"四人帮"的丧钟敲响了！

但是，尽管"四人帮"的阴谋有目共睹，那时候的秀才们做学问还是非常认真、扎实的，撇开政治运动的因素不说，他们整理盛档是不肯马虎的，逐页逐页地抄写、标点、注释、核对、考证、归类……粉碎"四人帮"后，上海图书馆老馆长顾廷龙没有把他们的心血一笔抹杀，而是在上海人民出版社的支持下，将辛辛苦苦整理出来的资料，分门别类，组成一套"盛宣怀档案资料选辑"，陆续出版，主编是华东师大的陈旭麓教授、上图的顾廷龙馆长、复旦大学的汪熙教授。从1979年出版的第一辑《辛亥革命前后》至2004年出版的《汉冶萍公司》（第四辑第三册），二十五年间陆续出版了八辑。分别是：《辛亥革命前后》（第一辑）、《湖北开采煤铁总局、荆门煤铁》（第二辑）、《中日甲午战争（上下册）》（第三辑）、《汉冶萍公司（全三册）》（第四辑）、《中国通商银行》（第五辑）、《上海机器织布局》（第六辑）、《义和团运动》（第七辑）、《轮船招商局》（第八辑）。等到2001年出版第七辑《义和团运动》时，主编陈旭麓和顾廷龙的名字上都框上了黑框，只有汪熙教授一人在世了。整理盛档的工程并没有完成，笔者因要研究和撰写盛宣怀家族，久久期盼盛档中能有盛家家族史料面世，可惜未能如愿。这段时间的整理和出版社工作，或许可以视为盛档整理的第二轮。

直到1997年，上海图书馆才又重新成立了整理盛档工作小组。

当时报端报道："1996年，中国学术界大师级人物胡绳、顾廷龙、王元化等人，不约而同、急迫地发出整理、开发盛宣怀档案的呼吁。1997年，在上海市委、市政府的重视下，先后拨款七百万元左右，由上海图书馆抽调人员成立了盛档整理小组。"其实新闻记者只知其一，不知其二。当年胡绳、顾廷龙、王元化三位大师级的人物的确出面呼吁过整理盛档，但是这个"不约而同"就有待推敲了。笔者从盛家传出的消息知道，这件事的起因是盛家后人的主张，背后直接的推手是，盛宣怀堂房兄弟盛葵荪（即盛宜怀）的曾孙、北京荣丰控股集团股份有限公司的董事长王征。

关于盛葵荪这一支的故事，细数起来又是万把字打不住的"陈芝麻烂谷子"。简而言之，王征的曾祖父叫盛葵荪，是盛宣怀的堂房兄弟；祖父盛观颐；父亲盛毓南；母亲王云飞，是苏北抗日根据地出来的老干部，王征随母亲姓。

至于王征为什么会对盛档这么热心，也需要简而言之——因为他们这一支与盛宣怀一家的关系特别密切——盛观颐在轮船招商局的一条船上当经理，船名"图南号"，所以他大儿子叫盛毓图，老二叫盛毓南。盛宣怀是轮船招商局的大股东，还是创办者之一，生前对盛观颐这个侄子一直非常关照。盛观颐去世后，他的三个孩子还在读书，就由盛宣怀的五小姐盛关颐牵头，由盛宣怀的几个子女分别来领养，盛关颐领养了最小的女儿，盛重颐领养了老大盛毓图，盛老七盛昇颐领养了老二盛毓南，即王征的生父。所以盛毓南长期生活在盛老七家，与盛老七的儿女盛毓骧、盛毓新、盛毓敏就像一家人一样。盛毓南思想进步，在抗战胜利之后进入苏北解放区，认识了年轻的女干部王云飞，后来恋爱、结婚，生下姐姐盛小宁、弟弟王征。谁知好景不长，数年后王征的父母离婚，他随母亲来到北京，住进钓鱼台，他的继父是著名的革命老干部、党内最有名的书法家舒同同志。于是，王征就从一个盛宣怀家族的"狗崽子"，变成了"红五类"。

当王征长大成人、事业有成、想为盛氏家族做点事情的时候，知道上海图书馆里"八百大包盛档"乏人整理，九十九个樟木箱都要坏掉了，一般读者无法利用的时候，他非常着急，于是开始动脑筋，要从上而下地来推进这件事情。他前去拜访了王元化先生，王元化先生非常支持，他认为盛宣怀是代表了当时先进的力量，推动了中国近代化的发展。他问王元化先生："听说顾老（顾廷龙）不发声音，就不能动。"王元化先生马上说："顾老不是这样的人，我写个东西给你，你去找他。"王征拿着王元化的"手谕"又

王征在上海交通大学盛宣怀铜像揭幕典礼上讲话

马不停蹄地去拜访顾老，结果如其所说，顾老对于整理盛档的事情非常积极，但是要重新抽调各校专家，组织力量继续深入整理，这需要市委发文，统一调配力量，仅仅靠上图的力量是不够的。顾老不愧为老马识途，他还告诉王征，关于盛宣怀的事情，难免牵涉到意识形态，所以，最终恐怕还得中宣部点头才行。这样王征就心中有底了。

1997年，舒同同志生病住院，与胡绳同志住在同一层楼，王征就趁机前去拜访了胡绳同志，告诉他目前盛档面临的困境。胡绳同志非常明确地表示，应当抓紧做好这件事，这也是对历史负责，而且要用现代化的手段来做，要使用电子技术。胡绳同志赞成了，他又去找时任中宣部部长的丁关根。说来也巧，有一段时间，舒同同志生病住在解放军301医院，丁关根同志也住在这个医院，住在专供政治局委员们住的南六楼，青光眼开刀，听说快要出院了。王征瞅准机会，抓紧"301外交"，捧着一块端砚前去探望他，那端砚上刻的是其继父舒同同志的书法，想必他会喜欢。丁关根果真对端砚和舒同同志的书法有兴趣，但他更感兴趣的是王征带来的话题。他明确表示："盛宣怀就是

338

改革开放啊，他的一套到现在也还管用啊，把这件事情抓一下。"

很快，胡绳、王元化、顾廷龙、丁法章关于抢救盛档的专访文章陆续发表了，社会反响极好，从上到下思想上似乎是没有障碍了，接下来才有市里正式拨款，并在全市抽调专家和工作人员搭班子，这就是1997年成立的"盛档整理小组"。经过十年发展，2007年3月"盛宣怀档案出版编纂委员会"和"盛宣怀档案研究中心"成立。到目前为止，盛宣怀档案已经全部输入电脑并系统编程，读者可以在上图的电脑上阅览、利用了。这些，或许可以视为盛档整理的第三轮，也是最全面的一轮了吧。

那么，究竟是什么原因使得盛档"引无数英雄竞折腰"呢？毫不夸张地说，盛宣怀档案的确是一座宝藏，时间跨度自1850年至1936年间，盛宣怀本人经手的洋务诸项要政，以及其家族后人经办的纷繁事务，均有记载。他生前十分重视企业档案和个人档案的保存，包括日记、奏稿、文稿、信札、账册以及来信、来电、来文等，内容涉及政治、社会、经济、外交、贸易、军事、金融、教育等，堪称彼时官宦豪门的百科全书。但凡近代中国历史上的重大事件，如洋务运动、甲午战争、戊戌变法、义和团运动、东南互保、辛亥革命等，无不涉及，以至于现存上图的盛档就达17.8万件，如果加上现存香港中文大学及海外的，数量就更惊人了。原上海社会科学院副院长、历史研究所所长、著名历史学家熊月之教授曾统计过，盛宣怀在世共26 106天，仅以上海图书馆收藏的178 633件档案笼统一算，平均每天就要保存近7件档案。这种勤奋、执着、有远见的档案意识，在古今中外的历史名人中，罕有其比。从这个角度上讲，盛宣怀还是一个勤政的标兵，对当今的官员也有镜子作用。

至于盛档究竟何时进入上图的仓库，笔者一直很疑惑。看上图某些领导的署名文章，盛家后代在20世纪30年代末就捐献给了上海合众图书馆，解放后上海合众图书馆捐献给国家，于是把盛档带到了上海图书馆。但是，合众图书馆是1939年才成立的，顾廷龙先生从北京来上海主持合众图书馆的创办是在1939年7月，用顾老的话来说，那时还"空无一书、空无一物"呢。有关介绍中还说，该馆到1953年捐给国家时，藏书仅25万册，而对于总数达17.8万件的盛档之事，只字未提。

笔者在做盛宣怀家族史实调研时，听到的是另一个版本。据盛老四盛恩颐的四儿子盛毓琛先生回忆说，盛档原先一直收藏在位于北京西路万航渡路路口的盛家祠堂里，这个祠堂的后面就是汉冶萍公司的俱乐部。解放后汉冶萍俱乐部被军队接管，现在是上海警备区的老干部活动室。50年代国家征用盛家祠堂，后来又被拆掉，原址上盖起了交通银行大楼。当初政府有关部门要征用盛家祠堂时，盛毓常在苏州，盛毓邮与盛毓度都在日本，于是排行老四的盛毓琛成了当家人，当时最要紧的是要给这一大堆盛档找个落脚之处，经奔走联系，位于淮海中路常熟路路口附近的鸿英图书馆愿意接受，于是赶紧大车小车，运载过去。由于年代久远，装载过程中有资料和照片掉出来，这就是为什么盛毓琛先生家里的盛家老照片要比其他盛家后人要多的原因。直到鸿英图书馆也归并给上海图书馆了，这一大批盛档才被带到上海跑马厅（建国初期的上海图书馆）二楼的一个夹层里。其实这个问题很简单，只需细查一下当年鸿英图书馆的业务档案，或者上海图书馆50年代的业务档案就可以弄清楚了，问题是这些业务档案至今存在一个如何开放的问题。

附　录　一

盛宣怀家族世系简表

（第十二世以上从略）

（一）自盛隆至盛宣怀辈（十二世~十四世）

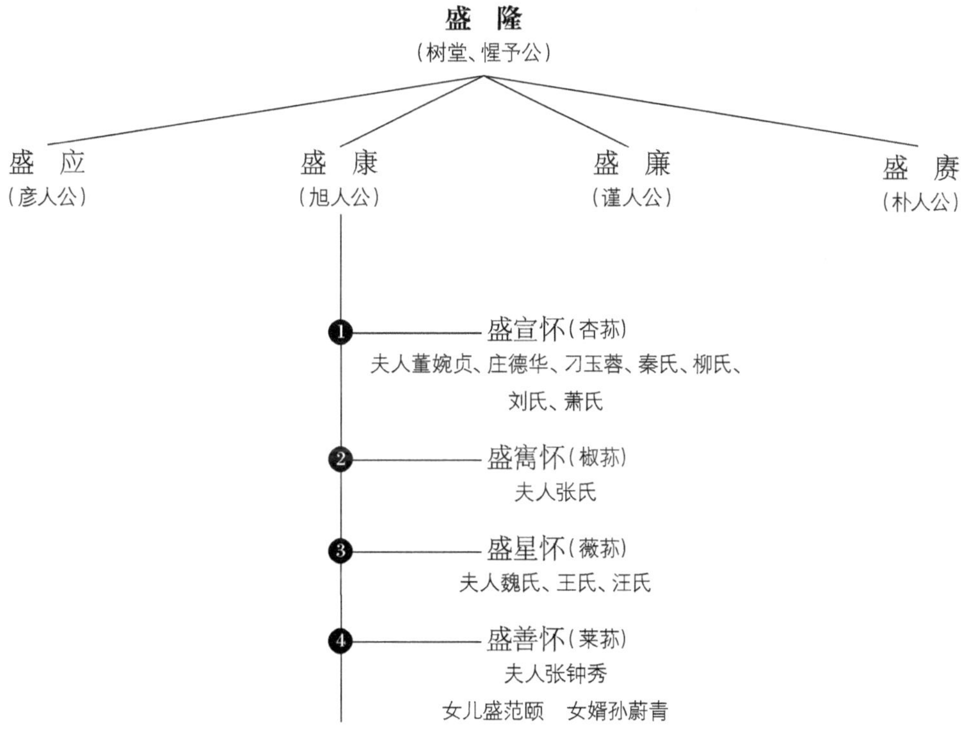

（二）盛宣怀一支（十四世~十五世）

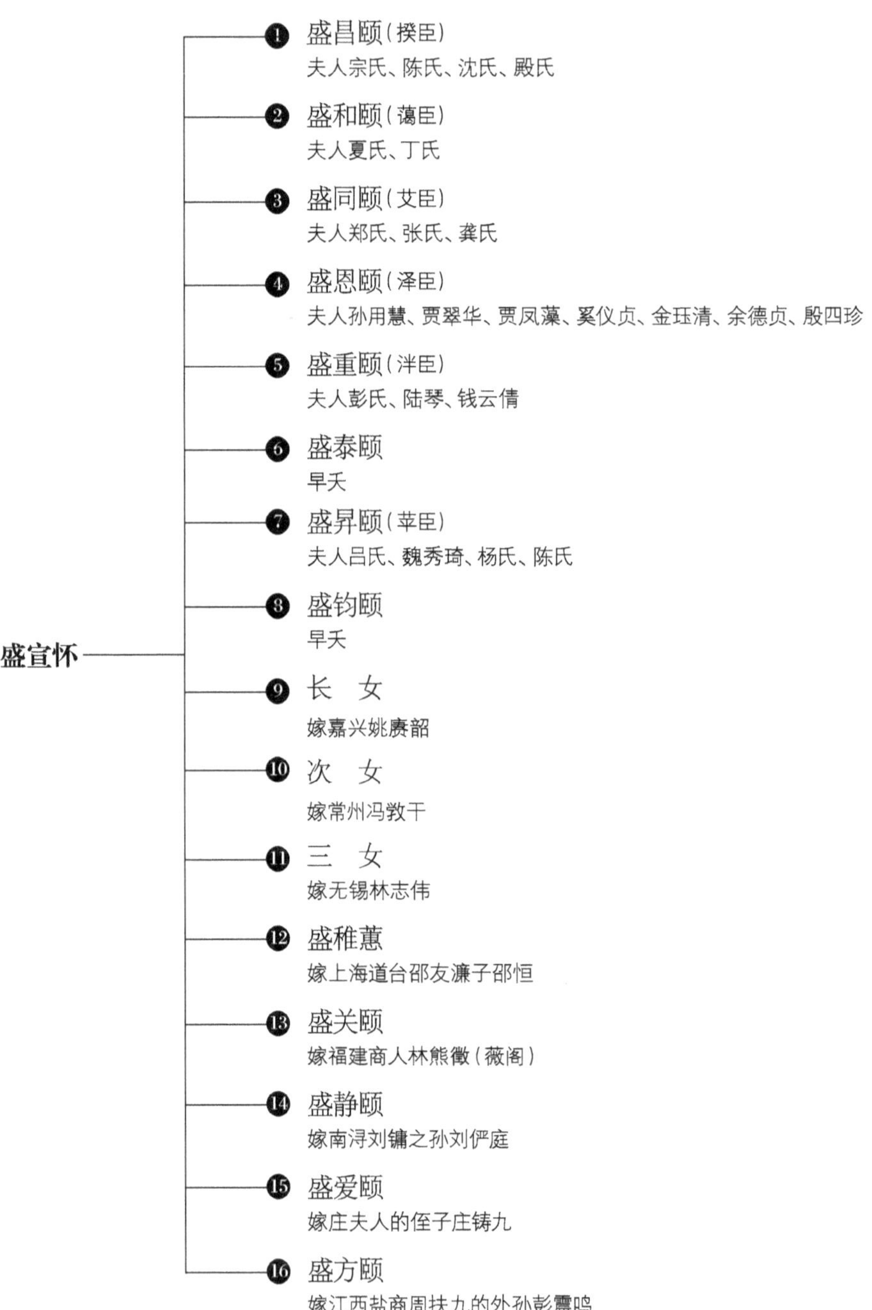

（三）盛宣怀房一支（十五世~十六世）

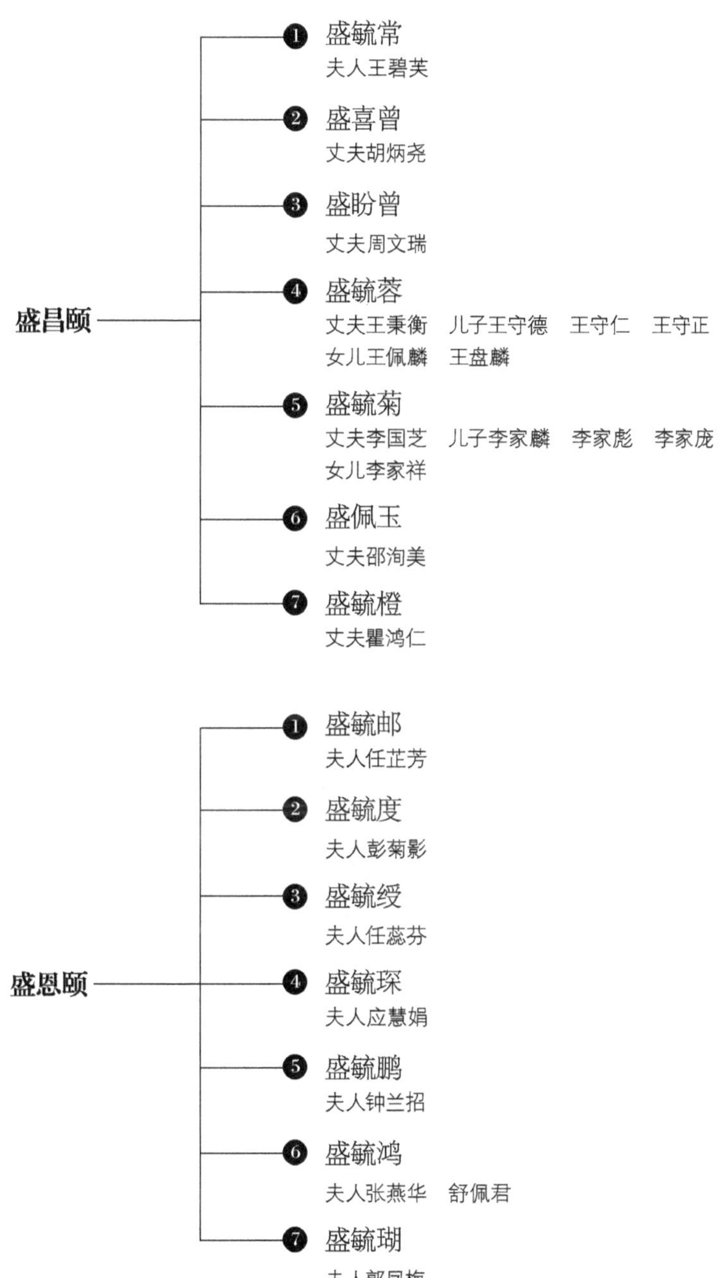

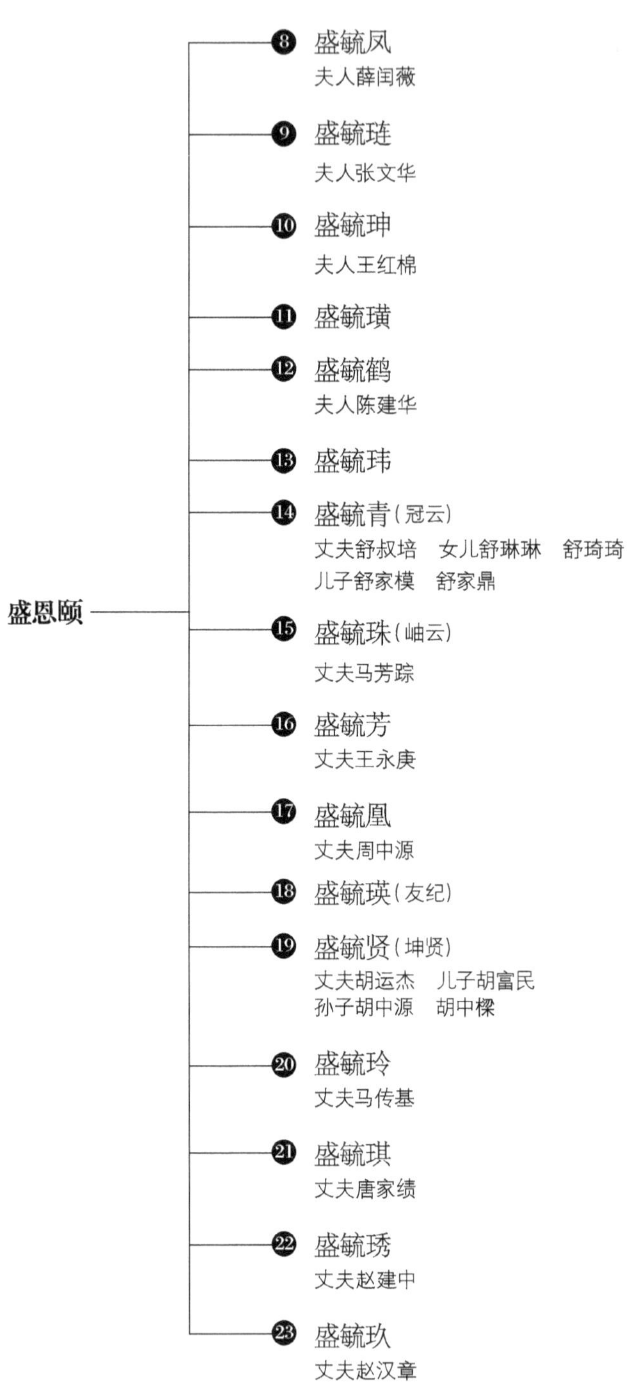

盛恩颐
❽ 盛毓凤
夫人薛闰薇
❾ 盛毓琏
夫人张文华
❿ 盛毓坤
夫人王红棉
⓫ 盛毓璜
⓬ 盛毓鹤
夫人陈建华
⓭ 盛毓玮
⓮ 盛毓青（冠云）
丈夫舒叔培　女儿舒琳琳　舒琦琦
儿子舒家模　舒家鼎
⓯ 盛毓珠（岫云）
丈夫马芳踪
⓰ 盛毓芳
丈夫王永庚
⓱ 盛毓凰
丈夫周中源
⓲ 盛毓瑛（友纪）
⓳ 盛毓贤（坤贤）
丈夫胡运杰　儿子胡富民
孙子胡中源　胡中樑
⓴ 盛毓玲
丈夫马传基
㉑ 盛毓琪
丈夫唐家绩
㉒ 盛毓琇
丈夫赵建中
㉓ 盛毓玖
丈夫赵汉章

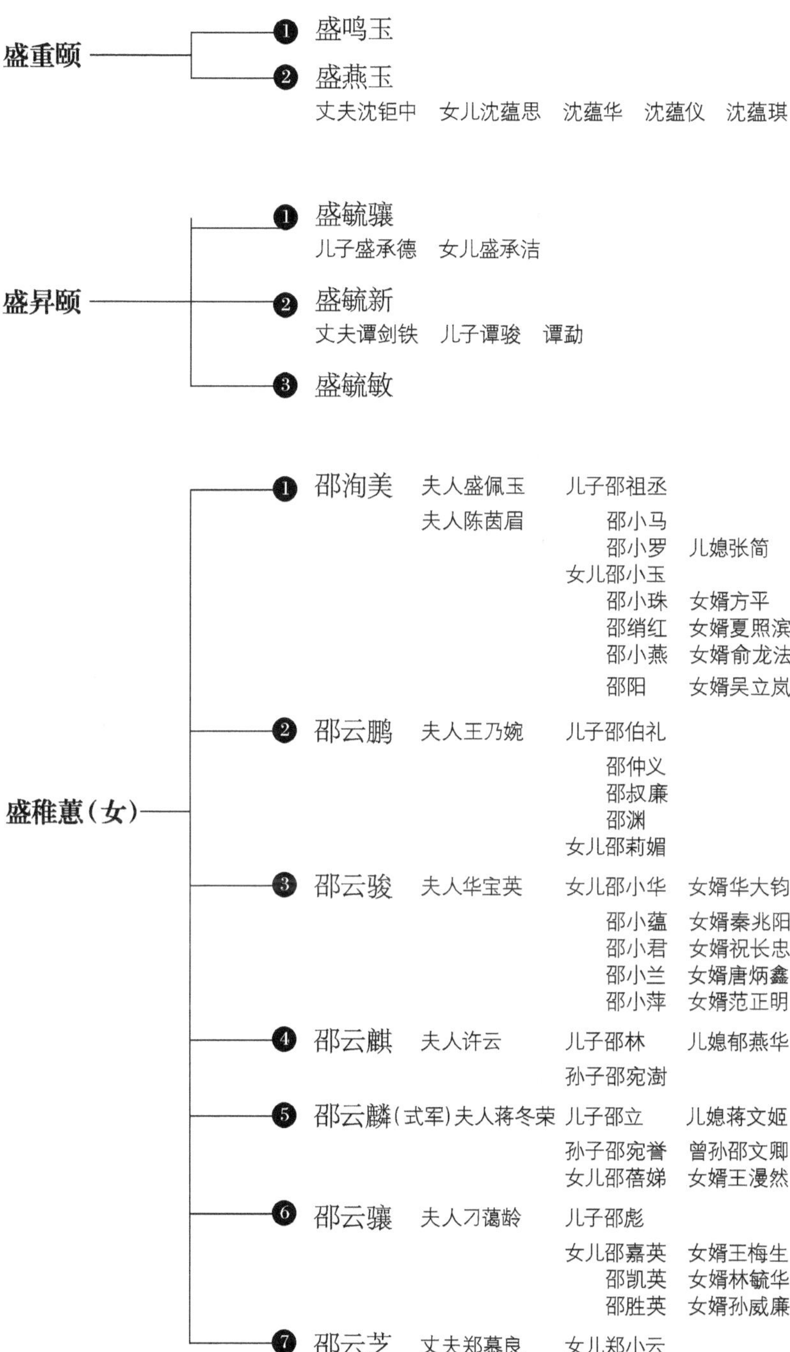

盛重颐
❶ 盛鸣玉
❷ 盛燕玉
丈夫沈钜中　女儿沈蕴思　沈蕴华　沈蕴仪　沈蕴琪

盛昇颐
❶ 盛毓骧
儿子盛承德　女儿盛承洁
❷ 盛毓新
丈夫谭剑铁　儿子谭骏　谭劭
❸ 盛毓敏

盛稚蕙（女）
❶ 邵洵美　夫人盛佩玉　儿子邵祖丞
夫人陈茵眉　邵小马
邵小罗　儿媳张简
女儿邵小玉
邵小珠　女婿方平
邵绡红　女婿夏照滨
邵小燕　女婿俞龙法
邵阳　女婿吴立岚
❷ 邵云鹏　夫人王乃婉　儿子邵伯礼
邵仲义
邵叔廉
邵渊
女儿邵莉媚
❸ 邵云骏　夫人华宝英　女儿邵小华　女婿华大钧
邵小蕴　女婿秦兆阳
邵小君　女婿祝长忠
邵小兰　女婿唐炳鑫
邵小萍　女婿范正明
❹ 邵云麒　夫人许云　儿子邵林　儿媳郁燕华
孙子邵宛澍
❺ 邵云麟（式军）夫人蒋冬荣　儿子邵立　儿媳蒋文姬
孙子邵宛誉　曾孙邵文卿
女儿邵蓓娣　女婿王漫然
❻ 邵云骧　夫人刁蔼龄　儿子邵彪
女儿邵嘉英　女婿王梅生
邵凯英　女婿林毓华
邵胜英　女婿孙威廉
❼ 邵云芝　丈夫郑慕良　女儿郑小云

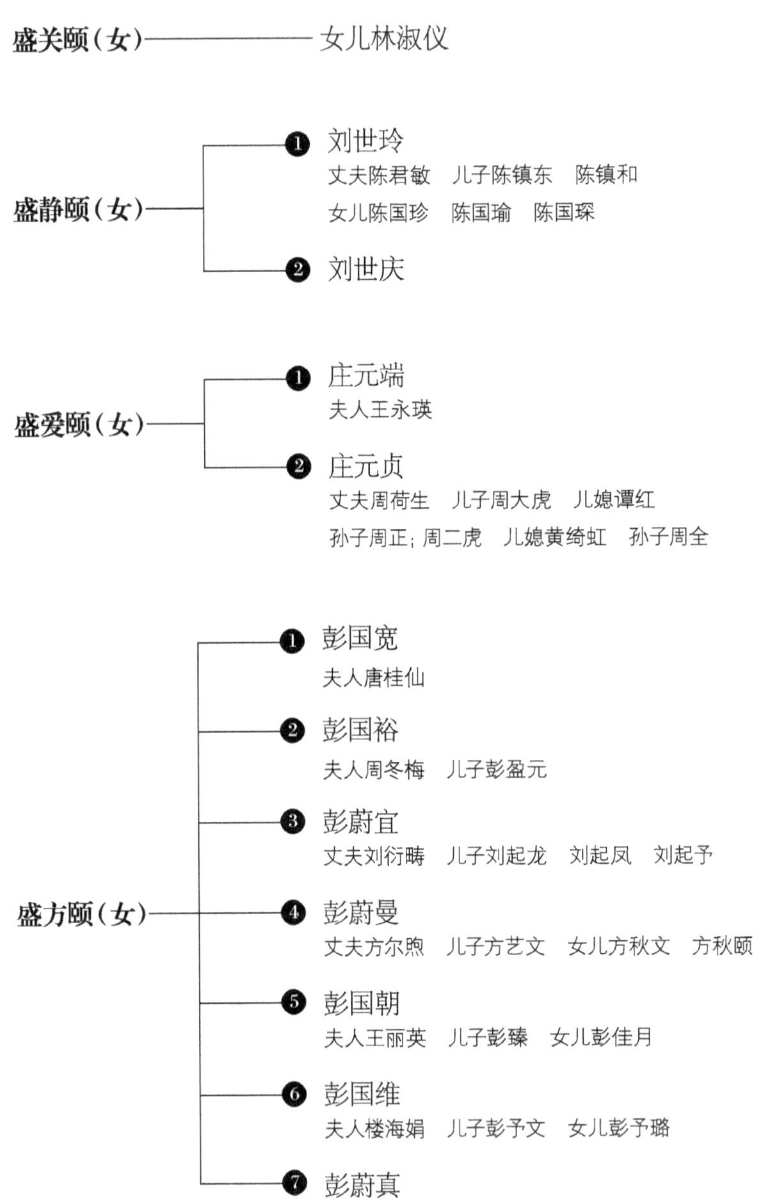
盛关颐（女）——————女儿林淑仪

盛静颐（女）
❶ 刘世玲
丈夫陈君敏　儿子陈镇东　陈镇和
女儿陈国珍　陈国瑜　陈国琛
❷ 刘世庆

盛爱颐（女）
❶ 庄元端
夫人王永瑛
❷ 庄元贞
丈夫周荷生　儿子周大虎　儿媳谭红
孙子周正; 周二虎　儿媳黄绮虹　孙子周全

盛方颐（女）
❶ 彭国宽
夫人唐桂仙
❷ 彭国裕
夫人周冬梅　儿子彭盈元
❸ 彭蔚宜
丈夫刘衍畴　儿子刘起龙　刘起凤　刘起予
❹ 彭蔚曼
丈夫方尔煦　儿子方艺文　女儿方秋文　方秋颐
❺ 彭国朝
夫人王丽英　儿子彭臻　女儿彭佳月
❻ 彭国维
夫人楼海娟　儿子彭予文　女儿彭予璐
❼ 彭蔚真
丈夫陈福祥　女儿陈黛　儿子陈巍　陈晴

（四）盛宣怀一支（十六世～十七世～十八世）

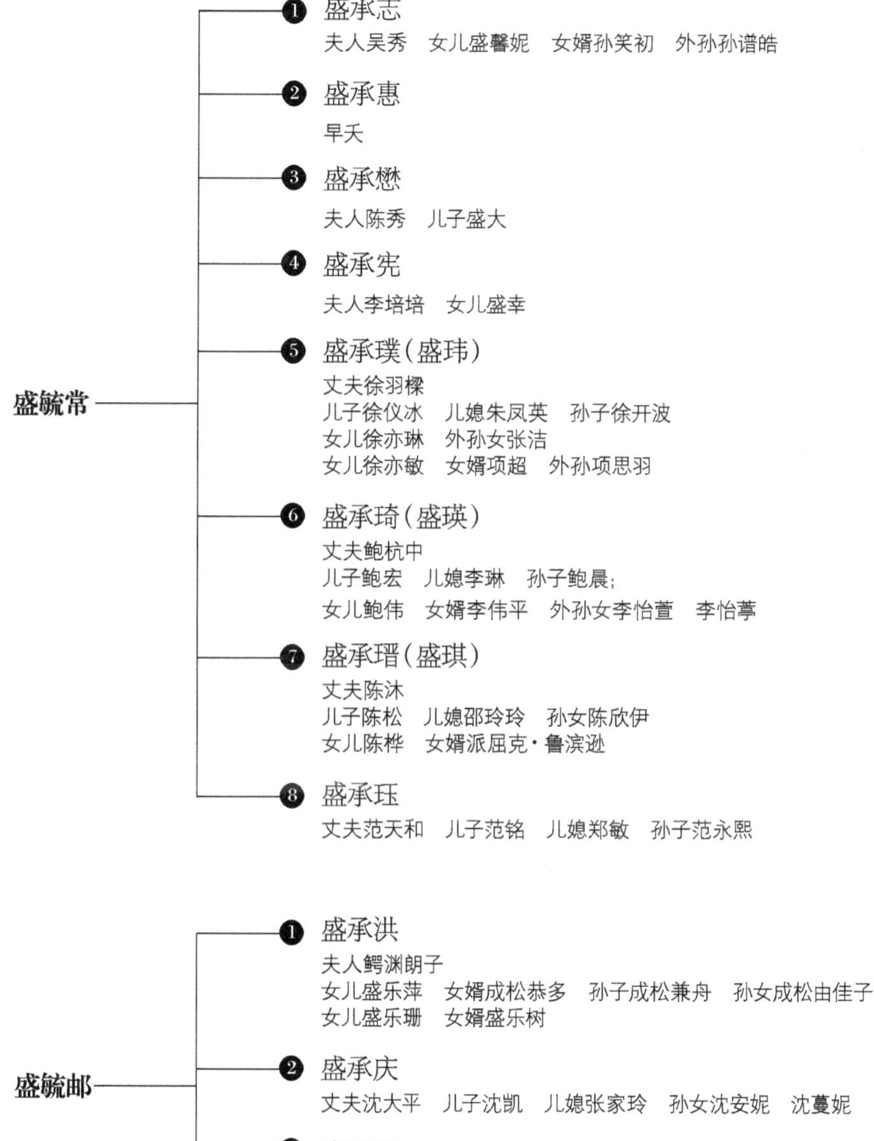

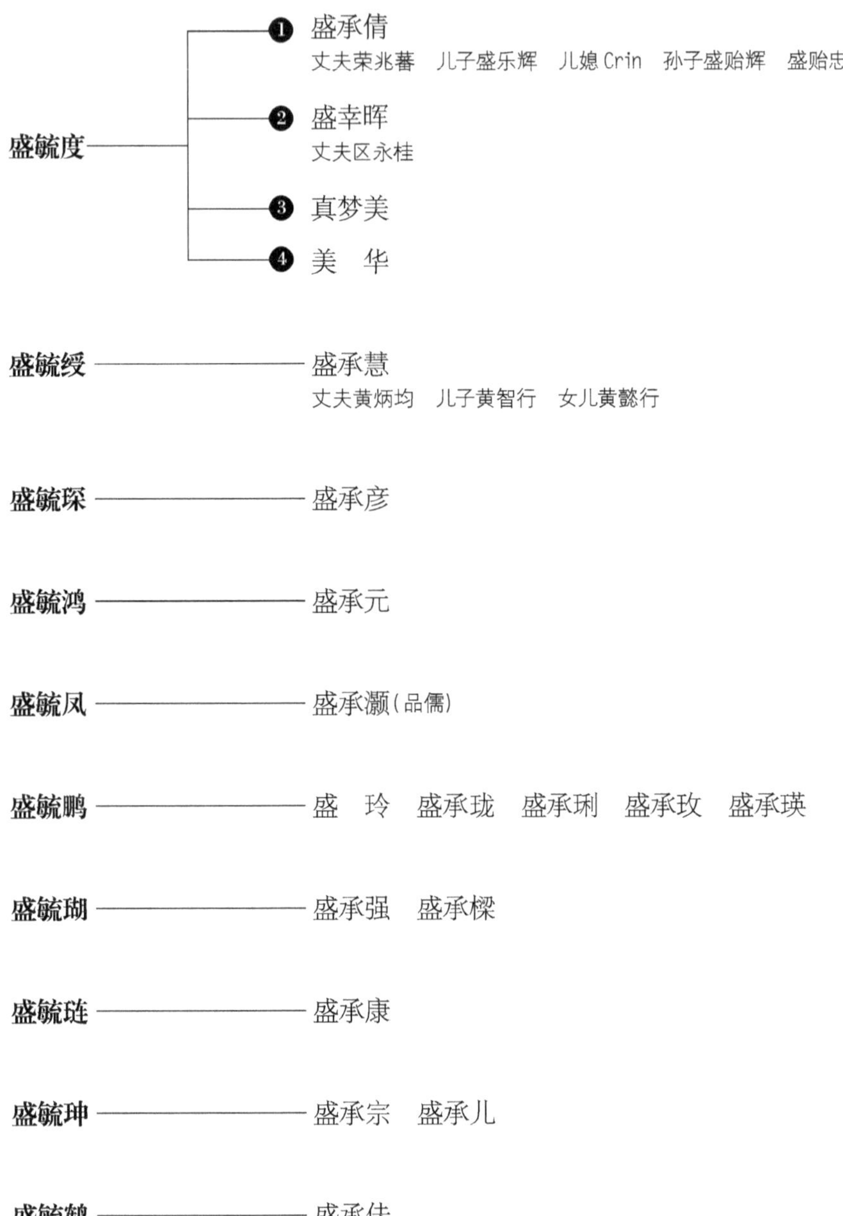

盛毓度
❶ 盛承倩
丈夫荣兆蕃　儿子盛乐辉　儿媳 Crin　孙子盛贻辉　盛贻忠
❷ 盛幸晖
丈夫区永桂
❸ 真梦美
❹ 美　华
盛毓绶 —— 盛承慧
丈夫黄炳均　儿子黄智行　女儿黄懿行
盛毓琛 —— 盛承彦
盛毓鸿 —— 盛承元
盛毓凤 —— 盛承灏(品儒)
盛毓鹏 —— 盛　玲　盛承珑　盛承琍　盛承玫　盛承瑛
盛毓瑚 —— 盛承强　盛承樑
盛毓琏 —— 盛承康
盛毓坤 —— 盛承宗　盛承儿
盛毓鹤 —— 盛承佳

附 录 二

盛宣怀年表

1844年	11月4日,生于江苏武进(今常州市)。
1850年	入塾读书。
1860年	太平军进军苏、常、沪、杭,随祖父盛隆避居盐城,转辗至时任湖北粮道的父亲盛康处。
1861年	与董夫人成婚。
1862年	长子昌颐出生。
1866年	次子和颐出生。
1867年	三子同颐出生。
1870年	被杨宗濂荐入湖广总督督办陕西军务李鸿章幕,任行营内文案,兼任营务处会办,后奏调会办陕甘后路粮台淮军营务处。经绥远城将军定安保奏,奉旨以道员补用,并赏花翎二品顶戴。
1871年	奉李鸿章面谕,草拟轮船招商局第一个章程,亦是中国第一个商本商办的企业章程。
1872年	任轮船招商局会办,后升为督办。
1875年	奉李鸿章命,赴湖北勘查煤铁矿。
1876年	与英使梅辉立谈判,几经磋磨,以二十八点五万两银赎回了英商擅自修筑的吴淞铁路。
1877年	以二百二十二万两银,为轮船招商局吞并美国旗昌公司。
1880年	天津电报总局成立,任总办。
1881年	金州矿务总局在上海成立,任督办。 是年,清政府正式将电报机构命名为"中国电报总局",设于上海,任督办。
1882年	与英国大东电报公司、丹麦大北电报公司谈判,收回电线利权。
1886年	任山东登莱青兵备道兼烟台东海关监督。
1889年	用"以工代赈"之法,整治山东境内历年泛滥的小清河,历时三年,疏浚河道四百余里。
1890年	与庄夫人成婚。

（续　表）

年份	事件
1891年	调补天津海关道兼津海关监督。 12月,四子恩颐生。
1892年	五子重颐生。 10月,上海机器织布局被焚,奉命赴沪规划重建上海机器织布总局,改为华盛纺织总厂,任督办。
1894年	9月平壤之役,五弟星怀在前线阵亡。
1895年	上书北洋大臣王文韶,拟在烟台建葡萄酒厂,即张裕公司,被批准。
1896年	应张之洞邀,赴汉阳参观汉阳铁厂,张之洞请其接办,任督办。是年,皇上召见,以四品京堂候补督办铁路总公司事务,并授予专折奏事特权。是年,被授予太常寺少卿衔。
1897年	1月,铁路总公司在上海正式成立,任督办。 5月,中国通商银行在上海成立,任总办。 12月,被清廷补授大理寺少卿衔。
1900年	义和团运动爆发,在沪策划"东南互保"。
1901年	七子昇颐生。 10月,担任清廷办理商务税事大臣,会办商约大臣。 12月,被清廷赏加太子少保衔。
1902年	父亲盛康去世。
1906年	铁路总公司裁撤。
1907年	3月,任邮传部右侍郎,管摄路、电、航、邮四政。 是年,汉冶萍公司正式成立,任总理。 9月,请假赴日本就医,兼考察钢铁厂矿和银行各业。 11月,从日本返回上海。
1908年	8月轮船招商局在上海召开股东大会,被推为董事会主席。
1909年	2月,担任中国红十字会会长。 10月,捐建上海图书馆落成。
1910年	1月,被任命为邮传部尚书。 春夏间,因"铁路干线国有"引起保路风潮。 夏秋间,四川保路风潮大作,广东、两湖继起,清王朝处于风雨飘摇之中,盛氏成为众矢之的。 10月,武昌起义爆发后,逃出北京,经天津赴青岛。 12月,从大连去日本。
1911年	10月,从日本回上海,从此在上海当寓公。
1912年	6月,在轮船招商局的股东大会上,当选为董事会副会长。
1916年	4月,在上海病逝,终年73岁。

附 录 三

主要参考书目

《盛宣怀传》(图文版)，夏东元，上海交通大学出版社2007年。

《盛宣怀年谱长编》，夏东元，上海交通大学出版社2004年。

《盛宣怀日记》，盛宣怀，江苏广陵古籍刻印社1998年。

《盛宣怀未刊信稿》，盛宣怀，北京大学历史系近代史教研室，中华书局1960年。

《中国早期工业化：盛宣怀与官督商办企业》，费维恺、虞和平，中国社会科学院出版社1990年。

《盛宣怀与交通大学》，陈先元，山西教育出版社1996年。

《上海图书馆藏盛宣怀档案萃编》，上海古籍出版社2008年。

《中国第一代实业家盛宣怀》，易惠莉，江苏文史资料第77辑。

《愚斋存稿》，盛宣怀。

《人范须知》，盛隆。

《愚斋东游日记》，盛宣怀。

《愚斋图书馆藏书书目》，愚斋图书馆编。

《龙溪盛氏宗谱》，盛文颐主修，1943年印本。

《昆陵庄氏增修族谱》，庄清华修，1935年印本。

《常州市志》，中国社会科学出版社1995年。

《苏州市志》，江苏人民出版社1995年。

《辛亥革命前后——盛宣怀档案资料选辑之一》，陈旭麓、顾廷龙、汪熙主编，上海人民出版社1979年。

《常州名人传记》，常州市政协文史委，1998年。

《孙慕韩（宝琦）先生碑铭手扎集》，杨恺龄辑，文海出版社（台湾）1978年。

《中国近代铁路史》，杨勇刚编著，上海书店出版社1997年。

《上海近代史》，刘惠吾著，华东师范大学出版社1985年。

《近代上海大事记》，汤志钧主编，上海辞书出版社1989年。

《庚子之变图志》，赵健莉编著，山东画报出版社2000年。

《叶景葵杂著》，顾廷龙编，上海古籍出版社1986年。

《晚清史》，胡礼忠、戴鞍钢新撰，上海古籍出版社1997年。

《晚清七十年》，唐德刚，岳麓出版社1999年。

《惜阴堂笔记》，赵凤昌。

《盛毓度》，留园株式会社编著，1996年。

《留园》，周铮，古吴轩出版社，1998年。

《上海研究资料》，上海通社编，中华书局发行所1936年。

《近代中国工商人物志》，寿充一等编著，中国文史出版社1996年。

《清史稿》（第四十、四十一册）。

《异辞录》，刘体智，中华书局1988年。

《盛宣怀遗产分析史料》，丁士华整理，近代史资料总111号2005年。

《义和团运动——盛宣怀档案资料选辑之七》，陈旭麓、顾廷龙、汪熙主编，上海人民出版社2001年。

《申报》相关资料（主要是盛宣怀大出丧、盛家诉讼的有关跟踪报道）。

图书在版编目(CIP)数据

细说盛宣怀家族 / 宋路霞著. —上海：上海辞书出版社,2015.1
(细说中国近代家族史书系)
ISBN 978-7-5326-4300-4

Ⅰ.①细⋯　Ⅱ.①宋⋯　Ⅲ.①盛宣怀(1844～1916)-家族-史料　Ⅳ.①K820.9

中国版本图书馆CIP数据核字(2014)第277002号

统　　筹　蒋惠雍
责任编辑　俞柳柳
装帧设计　姜　明

细说盛宣怀家族

宋路霞　著
上海世纪出版股份有限公司
上海辞书出版社出版　出版、发行
中国图书进出口上海公司

2015年1月第1版
ISBN 978-7-5326-4300-4/K·993

www.ingramcontent.com/pod-product-compliance
Lightning Source LLC
LaVergne TN
LVHW060349200726
843506LV00003B/164